21世纪广告智能运作书系

书系主编　高凯征　副主编　宋玉书

U0748023

广告创意方要

高凯征　主审　　李东　著

中南大学出版社

图书在版编目(CIP)数据

广告创意方要/李东著. —长沙:中南大学出版社,2007.6
ISBN 978-7-81105-524-5

Ⅰ.广... Ⅱ.李... Ⅲ.广告学 Ⅳ.F713.8

中国版本图书馆 CIP 数据核字(2007)第 074062 号

广告创意方要

李 东 著

□责任编辑　彭亚非
□责任印制　文桂武
□出版发行　中南大学出版社

　　　　　　社址:长沙市麓山南路　　　　　邮编:410083
　　　　　　发行科电话:0731-88876770　　传真:0731-88710482

□印　　装　长沙瑞和印务有限公司

□开　　本　730×960 1/16 □印张 18.75 □字数 333 千字
□版　　次　2007 年 6 月第 1 版 □2013 年 7 月第 3 次印刷
□书　　号　ISBN 978-7-81105-524-5
□定　　价　38.00 元

总　序

　　广告业的繁荣在中国也就是十几年的时间。十几年间，中国大体上完成了计划经济向市场经济转型，广告业伴随着市场经济的发展而发展起来。同时，它也是市场经济的有机构成，广告业在市场经济中发展、市场经济在广告业中展示。

　　不过，广告作为传播商品或商品生产信息的形象手段，却由来已久，大约有两千多年了。声音广告、实物广告、标志广告、色彩广告、语言广告等，先秦至汉就不断地普遍起来。历史是文化的构成与展现形态，又是文化的过滤器。在漫长的历史过程中，很多存在过甚至繁荣过的东西消失了，很多先前没有的东西产生了并且繁荣了，更有一些东西消失了复又产生，产生了又再消失，几起几落，这就是历史的文化过滤作用。历史过滤有历史根据、历史标准，合于这根据的东西就保留和繁荣起来，不合于这根据的东西就被滤除或者淘汰。这历史的根据或标准又不断地变化，此一时彼一时，这就有了此时被淘汰而彼时又生出的情况。再有，这历史的过滤作用又有空间地域的差异，在此一地产生的东西在彼一地未必产生，在此一地被淘汰的东西在彼一地未必淘汰。比如中国的京剧在西方就没有，而西方规模宏大的教堂群在中国也没有。时间与空间是历史的基本形态也是历史过滤作用的基本形态。不过，不管历史怎样发挥着过滤作用，怎样使不少东西被滤除使不少东西消而又生或生而又消，也不管历史怎样地体现为空间或地域差异，广告却在历史中长存并长盛不衰。这样，广告及广告业就成为一种普遍的历史现象。当然，广告业作为业而产生并繁荣这是社会分工的结果。社会分工有社会分工的条件，当广告业作为业而独立并繁荣时，相应的历史条件便是商品经济的一定程度的发展与发达。据史记载，唐宋两代是中国广告业相当繁荣的两个时期，专门有一批技艺高超的手艺人在专门的场所从事着花样繁多的精美的广告制作，当时，车船、房架、院墙、廊柱、铺面、门脸、摊亭等都作为广告媒体被开发出来。唐宋时期，正是中国商品经济空前发展的时期。有人说，盛世广告多。这话不假，不仅唐宋，历史上凡值盛世，便都有广告的繁荣。从这一意义说，广告是建立在商品经济基础上的社会繁荣的晴雨表。

广告及广告业与商品经济的内在联系则在于广告乃是商品经济的表象，商品及商品经济经由广告及广告业创造的表象而自我表征、而传播信息、而营造市场并赢得市场。"酒好不怕巷子深"是因为好酒借助于人们的口碑广告而走出深巷，广为人知，进入市场。有些人认为商品好没有广告照样不愁买主，这种看法的迂腐处在于它不知道一传十、十传百的好口碑本身就是广告，同时它也不知道大家所以乐于传、乐于使自己成为那"好酒"的活广告，乃是因为那好酒需要广告，需要广告才有一传十、十传百的广告效应，也才有那酒的更好；此外，这迂腐还在于，迂腐者没有想到，如果那好酒有了更多的广告宣传形式，它会获得更大的市场，它将由深巷进入闹市，再由闹市走向全国乃至世界。

这就涉及到广告与商品与厂家与市场与消费者与媒体的关系。这是一个复杂的关系群。构成关系群的每一方都在不停地变化，而任何一方的任何一点变化都会经由这复杂的关系引起其他各方的变化。问题是所有这些方面又都在不断地变、同时地变，这就是变幻莫测了。不少商品，不少厂家，不少广告部门，不少广告媒体，就是因为没有很好地顾及各方之变，顺应各方之变，进而以应万变而寻求自身发展的不变，而终于每况愈下甚至淘汰出局。商品经济愈发达，广告业愈繁荣，由上述诸关系方面组成的关系群也就愈千变万化，充满玄机，愈要求眼观六路、耳听八方，随机而起、应时而动。这样一来，专门研究广告的广告学就成为综合各方的、动态的、机智的、富于创造性的学问，从广告业的经营与发展角度说，这几乎成为一门事关存亡的学问。

当下，中国的市场经济进入繁荣期，很多专家学者认同这样的说法，即随着市场经济的更加繁荣，中国的社会发展已呈现出众多的历史盛世特征。这样一来，就盛世广告多的历史一般性而言，中国广告业的更加繁盛正成为不争的事实。广告业的繁盛自然要集聚一大批广告从业人员，即所谓广告人；而广告学的事关经营与发展之存亡的严重性，又使得这门学问成为广告人及有志于广告的人无可回避必须精修的学问。由此，广告便有了相当普遍而且强烈的求教与施教的社会需求。一些专门从事广告学教学的院校或专业陆续被催生与发展，一批专事广告教学及研究的教师先后进入角色，更多急欲求知的学生也带着广告人的梦想走进课堂。20世纪90年代初，极少数率先开设广告专业的教学者还被业内人士讥笑为投市场经济之机巧，曾几何时，大家又都唯恐不先地挤入这块专业教学领域。这又一次证明任何选择都无从离开发展变化的现实，发展才是硬道理。

　　真正有成效的广告教学离不开适宜于广告发展现实的教材。然而现实发展太快，广告学问的社会需求也来得太猛烈，而任何一门知识的教材又需要一个积累沉淀的过程。虽然可以借鉴，借鉴邻近学科的教材，借鉴先行的他国同类学科教材，但这毕竟是借鉴而且也只能是借鉴。中国的广告教材如果不适宜中国广告的发展规律，那就只能是花拳绣腿误人子弟。

　　适宜于中国广告业实际、适宜于中国广告发展、适宜于中国广告人才需要的广告教材，成为急切的时代呼唤。

　　摆在读者面前的这套"21世纪广告智能运作书系"正是应时代呼唤而生，应时代的广告教学需要而生。它承载着历史的广告业的坎坷起落而来，积聚着广告的经验积累而来，负载着广告人的热切期待而来，承担着广告学及广告业繁荣的压力而来。它是一个风尘仆仆的赶路者，带着喧嚣的市场风尘进行冷静的思索。

　　广告这门学问是一门综合性很强的学问，它须直面充满活力并变动不居的现实复杂的广告场景，须对解答实践着的广告及广告业难题提供富于实践意义的启发与引导，它还必须提供广告开发与创造广告精品、更充分地发挥广告效应的方略。这就是广告学的现实具体性特征。在所有的学问中，具体性的而非抽象性的学问是极具知识综合性的学问，没有众多知识的融会贯通就没有现实具体性的学问性及实践性的实现。广告策划、广告创意、广告经营、广告媒体开发、广告制作等，都直接面临具体的实施效果问题，而每一个效果的获取又都涉及众多方面知识。广告策划的总体方略，怎样既合于商家又合于市场更合于消费者的关注？这就既要知晓商家的经营之道及经营状况，又要了解市场的变化规律、变化现实，还要了解消费者的消费期待、消费水平、消费习惯。这里的每一个方面都靠相关知识的支撑：工商管理学的知识、经济学的知识、市场学的知识、消费学的知识、心理学的知识、美学的知识、文化学的知识、民俗学的知识、传播学的知识、媒体学的知识、设计学的知识、写作学的知识，等等。这众多知识如血液贯体般地流转于广告学问及其应用中，任何一方面知识的不足都会给施教与应用带来窘迫与尴尬。有人说广告的学问在广告之外，这话当然是有道理的。当广告人不是很难，也就是个谋业与敬业问题，但要成为广告界精英、成为呼风唤雨的广告大师，那就大不容易了。其中的难就难在这需要大量的知识积累，需要从业于广告的人是一个真正意义上的通才。按照这样的标准来编写广告学教材，要通过这样的教材去培养广告人，去为广告业精英、广告大师打下坚实的广告学基础，不突出广告学的知识综合性特点，显然不行。

　　此外，广告学问既非知的学问亦非技的学问，但它又离不开知与技，它界于知与技之间，是知的具体运用、是技的经验向着知识升华。中国古人称这类学问为"术"，古希腊的亚里士多德则称之为"艺"。广告学的教材如果按照纯然的知识类教材去编写，对定义、范畴、特点、功能等，条分缕析，成识成体，不能说这类教材没用，这也只是专业知识的入门之用。而且，不管这类教材如何追求知识的体系性、理论的精深性，它也比不上那些理论性很强的专业。眼下不少这类关于"术"或"艺"的教材，特别在知识性理论性上下工夫，整个体例建立在原理、特点、功能等的知识性阐述的基础上。使用这样的教材，学生知道了是这么回事甚至知道了为什么是这么回事，但却不会动手动脑去做这事，这就是问题了，这显然有违教学的初衷。像这样的以知为重的教材，在广告学的各类学问中，在总类或重要分类中有一本两本概论性的东西也就够了。至于少数人要进一步深造，要在广告学领域做大学问，如攻读硕士或博士学位，进而成为这一领域的理论家，那当然有更富于理论性的教材，但那又绝不是概论性的东西，而只能是专题研究的专著性教材。像现在不少教材那样，应用而不能用，专题研究却既非专题又不得专题之究，就不伦不类了。

　　当然，走另一种极端，把广告学问做成技术性教学，只是在动手、动口能力上下工夫，使学生所学仅止于如何市场调查，如何谈判，如何做灯箱广告、路牌广告等，这也不合于广告的学问规定。这些具体动手或上手的技术性的学习或训练确实应该有，应该学与练，但不能仅止于此，还要进一步向知识学问的高度提升，即不仅使学生会动手去做，更要使学生知道为什么应这样去做，知道何以这样做行而那样做就不行。一则电视广告，从形象到言辞到场景和音乐，做出来播出来了，看上去似乎原本就应该如此，其实从制作者角度说，他着手制作时是面临着众多种选择的，每一个局部或细部都有众多选择，对每一个选择他都要进行大量比较，而最终所以这样来做而不那样去做他都必须有所根据。这里是容不得盲目性的，也非随意之举。为什么有些电视广告，从模特表演到场景，音乐、言辞、摄制技术都很不错，受众也乐于观看，但十几遍播过去了，就是记不清所宣传的商品叫什么名称？为什么一些报纸广告整版地做，不断地做，受众应合率却远不如预期那么高？为什么一些优秀的现场广告可以技压群雄，从其他现场广告中脱颖而出一下便抓住受众的注意，而其他广告反倒成了陪衬？为什么一个广告策划可以救活一个企业、创出一个品牌，而更多的广告策划却无助于企业走出打不开市场的困境？为什么有些广告语美则美矣却乏力于促销，而另一些看似平常的广告语却产生出强而有力的关注效应，甚至一语定乾坤？这类问题主要并不是技术或技艺水平问题，这里有众多学问的灵活运用。仅从心理学角度说它就涉及感觉强化问题、知觉注意问题、同构问题、认知问题、想像问题、记忆问题、情感问题、共鸣问题，等等。对于制作者来说，桃李不言可以，心中无数则绝然不行。这心中的数就是学问。这学问的体现及获得这学问之方法的重要习得处所就是教材及使用教材进行教学的课堂。

广告学的"术"或"艺"的学问，在亚里士多德的识、智、艺的三元划分中属于"智"。"智"，即智能，这是开启、运用、展示聪明才智的能力。它不同于观念的知，也不同于技术技艺的技，智能是知与技的汇聚场所。无知则无智，同样，无技也无智，专门的知汇成专门的智，专门的技受导专门的智。而广告学问的综合性又决定了广告之智乃是综合的智，它由众多知识支撑又向广告所需的众多技艺敞开。广告学问做成知的学问或做成技的传授都未见其本分，唯基于广告知识的广告智能开发，才是这门学问的起点与归宿。概括地说，就是如何进行广告学的智能传授与训练。这套"21 世纪广告智能运作书系"就是奠基于广告学智能的传授与训练，并以此组合知识、转用知识、综合知识，再以此为根据形成思路和体例，建构以智能实训为特征的学问体系。

广告学的智能实训，须以教为引导以训为主元。教，主要讲授待训之智能的性质、结构、心理特征、训练根据、训练方法根据、训练要求、训练目的等等；训，则分导训、助训与自训，引导学生成为智能开发的主体。这类教与训再与相应的广告学知识关联起来，以相应的广告专业知识为专业智能实训的知识提领并据此营造相应的知识场景与应用场景，专业知识由此被讲授。在这样的学问系统中，专业知识铺设进去了，专业知识向专业智能实训的转化展开了，提升专业智能的目的也现实化了，学生学成后用于专业开发的业绩也就随之而来。就这样的知识—实训—智能提高—专业应用四位一体的教材学问构架及学问体系而言，这是一套应广告及广告业现实发展的实际需要，实现知识智能转化的富于创新性的教材。这套教材的构架与体系，决定着旨在开发智能的案例分析，旨在进行智能实训的专业场景式、专业课题式、专业情境式训练题目的设立，以及学生的实训参与、实训参与过程设计、实训成果检验这三个方面，它们在教材中占据重要位置。这里的难点及特点并不在于案例分析及训练题目的设立形式，这类形式在其他教材中也都不同程度地引起关注并设立，而在于把这类形式的根基设立于智能开发的基点。显然，让人知道一件事与教人做好这件事并不是一回事。出于知识的基点与出于实训的基点，两者即便用到同一个案例与设立同样的习题，其要求其侧重其具体分析与展开过程也大不相同。其中的差别，与告诉人南极旅游的知识和亲自组织旅游团到南极旅游是完全不同的两回事一样。

这套教材中的半数以上内容在此前三年中已在辽宁广告职业学院及部分从业人员培训中不同程度地试用，并在试用中不同程度地修改与完善，收到的教学效果是令人振奋的。一些综合性大学的广告专业也已引入或正在引入这样的教学思路及这套教材此前已然成形的部分。

广告业的繁荣与发展催生着与之适应的广告学教学，卓有成效的广告学教学通过源源不断地为广告业输送开发了专业智能的人才而促进广告业的更加繁荣与发展。这个过程中，作为广告业及广告人才的答谢式馈赠，以智能实训为基点的广告学教材也在实践中如根基于沃土的苗木，饱受阳光雨露的滋养，正长成繁茂的森林。

现在，这套教材向读者们交付了，它需要在读者的批评中不断完善。

以此为序。

高凯征

目 录

第一章 广告创意概述

压题图片

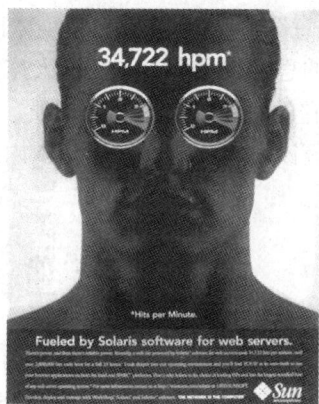

图 1-1 美国某网站平面广告作品

广告创意一向被人们看作是一件神秘莫测的事情，人们把诸多赞赏的桂冠给予了它，同时也把诸多误解的猜疑留给了它。时至今日，广告行业高歌猛进，但广告创意的科学性、规律性还没有被彻底地澄清。

你看得出来左边的招贴画是为什么产品（服务）在做广告吗？如果每分钟有这么多的网友来访问你的网站，你的眼睛就算是汽车转数表也是目不暇接呀！

关键概念

创意——"idea"是目前被认为比较恰当的英文创意一词的对译词，源自广告大师詹姆斯·韦伯·扬（Jams Web Young）的名著（*A Technique for Producing Ideas*）。

广告创意——是指人们在实际调查的基础之上，依据广告主的营销目标，通过对广告传播规律的灵活把握，面向受众所进行的一系列思维创造、智慧创想的广告实践活动。

广告创意的原则——广告创意应遵循六大原则，即"靶心原则"、"眼球原则"、"结晶原则"、"尺规原则"、"共鸣原则"、"诚实原则"。

第一节　广告创意的内涵

"创意"一词在当代社会得到了普遍的使用,俨然成为一个流行词汇,在诸多需要凭借睿智和创造性思维的领域,成为一个使用频率极高的时髦词汇,人们已经习惯性放弃使用像"主意"、"点子"、"想法"这样的常用语,转而以"创意"来为自己的新想法、新创想命名。当人们骄傲而自豪地称自己有了一个"创意"时,仿佛"创意"一词将使他们的思想发出熠熠的光辉。时值今日人们也普遍地认为,一个奇思妙想的"创意",有时能起到"四两拨千斤"的作用,甚至可以"化腐朽为神奇"。但理性的思考提示我们,在众人广泛使用"创意"、大肆宣扬"创意"的时候,是否对它的来龙去脉、内涵本质、概念界定进行了仔细的探究和学理性的钻研呢? 应该说,对广告创意基本内涵的求索,正是构建广告创意理论体系的逻辑起点。

一、"创意"的词源学考察

1. "创意"的汉语词源考察

在中国传统文化典籍中,寻找"创意"的渊源并非易事。作为一个当今时代的日常用语,"创意"是否是汉民族本身历史的产物呢? 关于这个问题,学术界目前还存在着许多争议,有的学者对"创意"是汉民族的"原创词"抱有怀疑的态度。从现有的资料看,将"创"与"意"结合起来使用,形成一个含义大致成型的词语应该是在汉代:"早在公元 1 世纪东汉王充所写的《论衡》一书中就已出现过,其意是指写文章能有新意"①,但是在以后的中国传统文化典籍中鲜有出现。这种文化史上的追溯可以证明一点:"创意"一词在我国漫长的古代文化历史中,并没有成为一个成型而稳固的词汇,也没有得到广泛和大量的使用与传播。直至 20 世纪 80 年代,当我们查阅 1989 年出版的《辞海》时,"创意"也没有被收录进去作为词条。

国内一些学者研究认为,"创意"一词在我国的普遍使用,应是改革开放以后的事情,随着对外交往的扩大,通过对英语相关词语的翻译得来。比如有可能是经由港台地区,将英语"idea"和"creative"意译过来,也可能是借鉴了港台、日本地区对"concept"一词的转译。随后,"创意"一词的使用频率不

---

① 引自余明阳、陈先红主编《广告策划创意学(第 2 版)》,复旦大学出版社,2003 年 4 月第 2 版,第 192 页。

断提高，其指代的含义也日益丰富，早已超出了"想法"、"点子"等浅层含义，而是将之与广告活动中的诸多创造性思维过程联系起来，构成了其复杂的内涵。

2."创意"的英语词源考察

从目前的资料看，在英语的语言体系中，"创意"一词没有形成一个比较一致的、被广泛认可的标准性的专有名词，而是存在着相似含义的多种表达形式。例如，在英文中以下三个单词都曾经被翻译为中文的"创意"：

A：creative——意为"创造性的"、"有创造力的"；现被引申为"创意"；有时"creative strategy"就被翻译为"创意策略"。例如，(*Creative Industries*) 翻译为《创意产业经济学》①；(*The Flight of The Creative Class*) 翻译为《创意经济》②；(*Flicking Your Creative Switch*) 翻译为《点亮你的创意灯泡》③等。

B：creativity——英文原意是"创造力"，也时常被翻译为"创意"。例如，(*Serious Creativity*) 翻译为《严肃的创造力》④。

C：idea——英文原意是"思想"、"概念"、"主意"、"念头"、"计划"、"计算"等；现在经常被翻译为"创意"。值得一提的是，"idea"是目前被认为比较恰当的英文创意一词的对译词，源自广告大师詹姆斯·韦伯·扬(Jams Web Young)的名著(*A Technique for Producing Ideas*)这个书名被翻译为《产生创意的方法》，这样一来，"idea"一词作为"创意"一词便得到了比较广泛的认同。

二、广告创意的内涵考察

正所谓"名不正言不顺"，当我们要集中探讨广告创意的诸多领域时，不为广告创意下一个相对科学严谨的定义是说不过去的。那么什么是广告创意呢？关注当今的理论研究界，虽然很多专家学者表达了大量对于广告创意的真知灼见，但为其下一个定义却十分困难，而造成困难的原因又是多方面

---

① （美）凯夫斯著：《创意产业经济学——艺术的商业之道》，孙绯 等译，新华出版社，2004 年 5 月出版。

② （美）弗罗里达著：《创意经济》，方海萍、魏清江译，中国人民大学出版社，2006 年 6 月出版。

③ （美）韦恩·罗特林顿著：《点亮你的创意灯泡——创造性的思维的 6 种工具》，马敏译，汕头大学出版社，2005 年 5 月出版。

④ （英）波诺著：《严肃的创造力运用水平思考法获得创意》，杨新兰译，新华出版社，2003 年 8 月出版。

的。在这些原因中，首要的一点是广告创意活动本身处在一个日新月异、飞速发展的变化状态中，我们很难用一个"静止"、"停滞"的表述去概括它的勃勃生机；再有，由于广告创意主体自身认识的差异性，使得对广告创意的理解"仁者见仁，智者见智"，很难有一个权威、统一的说法；还有，广告创意涵盖的领域极为广阔，几乎囊括了广告活动全部的思维创造领域和实践行为领域，因此为其下一个全面的定义，几乎成为不可能。

下面我们引用一下近几年来国内几部有代表性的关于广告创意专门著作中提出的定义方式。

《广告策划创意》①认为："不少广告学论述中都有过对创意的研究与分析，其中不乏有价值的思考，但总觉得在思考的逻辑起点上步入了一个误区，这就是都试图为创意找到一种规范性的概念表述，以显示出理论研究的科学严谨。也有的摆脱了对概念的概括，但在几点分析罗列之后，仍试图建立一个精巧的说明模式。其实，创意首先不是一个概念问题，它是广告在运作过程中的一种技巧性表现，所以对创意的认识，应该从概念的演绎中超越，进入到对过程的把握。"②《广告策划创意学》③认为："'创意'这一概念包含多层含义，它既是一个静止的概念，又是一个动态的过程：静态的'创意'是指创造性的意念、巧妙的构思，即我们常说的'好点子、好主意'；动态的'创意'是指创造性的思维活动，是'从无到有'这一逻辑思想的产生过程。"④

《广告创意——从抽象到具象的形象思维》⑤认为："广告创意是广告人员在对市场、产品和目标消费者进行调查分析的前提下，根据广告客户的营销目标，以广告策略为基础，对抽象的产品诉求概念予以具象而艺术的表现的创造性的思维活动。"⑥

《广告创意教程》⑦认为："创意（idea），它的基本含义是指创造性的主意，一个好点子，一种从未有过的东西……当这种新的组合在苦思冥想的广告人的脑海里像闪电划过夜空般闪过时，一个激动人心的点子出现了，一个将来甚至可能发展出伟大的广告运动的生命胚胎诞生了，广告人如获至宝……"⑧

① 卫军英著：《广告策划创意》，浙江大学出版社，2001 年 4 月。

② 卫军英著：《广告策划创意》，浙江大学出版社，2001 年 4 月，第 147 页。

③ 余明阳、陈先红主编：《广告策划创意学（第 2 版）》，复旦大学出版社，2003 年 4 月第 2 版。

④ 余明阳、陈先红主编：《广告策划创意学（第 2 版）》，复旦大学出版社，2003 年 4 月第 2 版，第 193 页。

⑤ 丁邦清、程宇宁著：《广告创意——从抽象到具象的形象思维》，中南大学出版社，2003 年 9 月第 1 版。

⑥ 丁邦清、程宇宁著：《广告创意——从抽象到具象的形象思维》，中南大学出版社，2003 年 9 月第 1 版，第 5 页。

⑦ 王健：《广告创意教程》，北京大学出版社，2004 年 11 月第 1 版。

⑧ 王健：《广告创意教程》，北京大学出版社，2004 年 11 月第 1 版，第 6～7 页。

从以上的例举中可以发现：《广告策划创意》不主张对广告创意做概念性的界定；《广告策划创意学》《广告创意——从抽象到具象的形象思维》将广告创意看成是创造性的思维活动；《广告创意教程》着意描绘广告创意的特性。可以说，上述引用的几段文字粗略地反映了国内学术界目前对广告创意内涵的认识程度。

下面我们再例举一下国际广告界曾经出现过的关于广告创意内涵的著名论述。

詹姆斯·韦伯·扬在其所著《产生创意的方法》中认为："创意有着某种神秘的特质，就像传奇小说一般在南海中会出现许多岛屿。古代水手们所说，在航海图上所表示的深海黑水洋某些点上，会在水面上突然出现可爱的环形状珊瑚岛，那里充满了奇幻的气氛。我想许多创意就是如此形成。它们的出现，好像突然飘浮在脑际表面，接着就是相同的奇幻气氛，并且是一种无法解说的状况。"

韦氏字典对创意（creativity）的定义是："某件事物被创造就在于其被产生、被形成，或将其变成现实。"

威廉·伯恩巴克将广告创意视为"将广告赋予精神和生命"的环节，他说："一个化学家不必花费太多，就可以用化学物质堆砌成人体，但它还不是真正的人，他还没有被赋予生命力；同样，一个广告如果没有创意就不成其为广告，只有创意，才赋予广告以精神和生命力。"

扬·罗必凯公司的口号是"拒绝平凡的创意"；李奥·贝纳认为广告中潜在的戏剧性可以启发出好的创意；威智汤逊广告公司的一位经理在 1991 年的首届国际广告研讨会上，总结公司的百年广告实践认为："创意能引导消费者以新的眼光去观察做广告的产品和服务。创意能使消费者停下来甚至目瞪口呆。在 127 年的公司历史中，我们一再感受到，有'创意'的广告是真正起作用的，而且能经受住时间的考验。"

通过以上的引用不难发现，国际广告界对广告创意内涵的理解，更多的是处于实践性的领会，他们不太执著于为广告创意下一个严谨的定义，而是更强调广告创意在实践中的积极意义。

综上所述，综观国内外业界的认识经验，本书也无意对广告创意做盖棺定论式的界定，但考虑到作为知识传授的整体性与系统性，尝试将广告创意的内涵表述如下：广告创意是指人们基于实际调查的基础之上，依据广告主的营销目标，通过对广告传播规律的灵活把握，面向受众所进行的一系列思维创造、智慧创想的广告实践活动。

第二节　广告创意的品格

在这里"品格"是一个形象的说法，正如人的品格指"品行"、"品性"，文学的品格指"质量"、"风格"一样，广告创意的品格就是其本性所属。一般来说，广告创意具有如下四种品格。

一、"创造性"品格

今天，谈及广告创意的"创造性"，估计不会有人反对。实际的情况是，广告创意活动本身早已被打上了深深的"创造性"的烙印。甚至可以说，广告创意活动就是创造性活动的一部分。因此，我们将"创造性"视为广告创意的本质属性；而那些描述"创造性"运筹的话语，如"独具慧眼"、"独具匠心"、"独树一帜"、"独辟蹊径"等，都可以毫不吝啬地送给广告创意活动。

有这样一则美国电视广告：在一次业余演出的舞台之上，两个孩子在森林里迷路了，这时候突然出现一位好心的仙女从空中向他们飞来，说道："亲爱的孩子们，你们不要怕，我会帮——"不想"砰"的一声，仙女摔在了舞台的中央。此时出现标题："应该使用'丝特韧'，世界上最值得信赖的钓鱼线。"这个电视广告中所使用的幽默让观众大吃一惊，广告营造了一个能让人同情的场景。这则广告富有新意，有的放矢，便于人们记忆，使消费者有足够的购买理由。这则广告也充分地表现出了广告创意所具有的"创造性"的品格，那出其不意的情节设计、那令人忍俊不禁的意外表演、那不露声色的信息推介，无一不渗透着广告创意主体思维智慧的睿智色彩。

二、"转换性"品格

虽然广告创意是一种"运筹帷幄"式的思维创想活动，但它与其他的类似活动还有诸多不同之处，一个很明显的区别就是思维的"转换性"。所谓"转换性"，简单一点说，就是指从逻辑思维到形象思维的转换，从抽象思维到具象思维的转换，善于寻找事物之间的普遍联系，善于捕捉事物的细节，善于架构不同凡响的素材结构。"转换性"的关键在于，广告创意主体要在广告产品(服务)、广告主、消费者、竞争者等诸多立场之间、利益诉求之间，寻求最适当的转换，以求得这多重关系的平衡与和谐。

在世界广告史上，美国著名广告大师威廉·伯恩巴克为纽约一家打折商店奥尔巴仕(Ohrbach)创作的充满智慧的广告作品堪称经典。在这则平面广告中,画面中央的一个形象是一只带着女人帽子、叼着雪茄烟的猫。画面上方的标题是"我发现了琼的秘密",接下去是"她谈话的方式,令人觉得她是个人物。啊,我发现她的秘密了,她的丈夫拥有一家银行? 天啊,原来连个银行户头都没有。为什么他们的那所宫殿里有许多抵押贷款买的东西? 还有那辆汽车? 亲爱的,那是马力,不是赚钱能力。他们用 50 美分的抽奖赢的! 能想像吗? 还有那些衣服,当然,她穿着非常高贵,貂皮披肩,法国套装和所有的衣服……用他的收入买的? 啊,我发现秘密了,我碰巧在路上撞到她,发现她从奥尔巴仕店走出来!"——这是一条精彩的的打折服装店的广告,这则广告的成功之处就在于完成了一个常人难以完成的思维转换过程,将打折店、产品信息与意想不到的视角、出其不意的表述、特殊的形象符号完美地结合在一起,实现了从抽象到具象的转换,实现了从"叫卖"到"演绎"的转换,实现了从"平凡"到"瑰丽"的转换。

三、"穿透性"品格

广告创意的目的首先是要吸引受众的眼球,促进受众对广告信息的关注;进而是改变受众的既有态度,将之引导到所推介的产品(服务)上来;再者就是催促受众付诸行动,劝服其产生购买行为。在这个完整的链条中,广告创意自始至终推动着广告传播活动的运行,自始至终服务于广告传播的信息传递和销售宣传,当它完成了这样的任务和使命,反观它的属性与品格就会发现它贯穿始终的"穿透性"品格。再更进一步说,从内在特质看,广告创意流露出一股直指人心的力量。

美国作家詹姆斯·戈尔曼用杂志上三页篇幅做长篇的广告,向消费者劝说廉价铅笔的魅力。他在广告文案中写道:"你记得铅笔吗? 记得削下来的柏木屑的味道,用刚刚削好的笔尖在洁净的纸上书写的愉悦的感觉吗? 记得使人着迷的长长的、尖尖的笔头和光滑的六角形的笔身慢慢磨损,变得又短又秃时心中生出的罪恶感吗? 最近,我过分依赖电脑,所以决定休息一下。此时,我想起了铅笔。人们还使用铅笔吗? 或者激光打印机和签字笔已经取代一切?"戈尔曼还在文案中附加说,他曾经打电话给位于美国新泽西摩尔斯顿的"铅笔制造者协会",向那里的工作人员询问近些年来铅笔的生产、销售情况。结果,那里的工作人员高兴地告诉他,据统计,美国铅笔的销售量一直很好,每年美国的铅笔制造公司的产量为 20 亿支。他同时也发现铅笔最早出现在 1564 年,当时人们在英格兰发现了石墨。从此以后,人们掌握了怎样加工石墨,以及利用石墨混合其他物质制造坚硬并易于书写的铅笔的方法。在美国的历史上，大作家海明威和著名诗人惠特曼在有生之年，都是使用铅笔创作的，而不是用钢笔或打印机。这则广告一经刊发，引起不错的反响。在这则广告中，创意主体利用文字的描述，激荡了受众的心灵，产生了一种难以名状的"穿透力"，将往昔的美好回忆、时代的进步发展、生活的沧桑变迁等复杂情境同时铺陈在人们的面前，很容易让人产生一种"百感交集"的情绪，有效地完成了广告创意的表达。

四、"科学性"品格

早在 20 世纪 50 年代，美国杰出的广告创意大师罗瑟·瑞夫斯就高举起了"广告是科学"的大旗，高声宣扬广告活动的科学性，为使广告步入现代科学的殿堂做出了积极的贡献。今天，随着广告事业的飞速发展，人们不会再怀疑它所具有的科学性了；相反，人们正一天比一天更深刻地感到，广告创意活动离不开科学。具体地说，广告创意的前提是科学的调查研究；广告创意的运行是科学的思维运作；广告创意的实施是科学的实践行动；广告创意的显效是科学的传播流程。广告创意在科学的推动下逐步完善和进步，科学也因有广告创意活动而变得更加丰富多彩。

美国古德柏·希尔维斯坦合作伙伴公司为其客户"贝尔头盔"制作了一系列著名的广告作品。首先，古德柏·希尔维斯坦合作伙伴公司大量了解了关于"贝尔头盔"公司和市场方面的详细信息。并在这个基础上，将"贝尔头盔"的目标顾客分为两类，即成年车迷和青少年骑车族。通过第一手的调查研究，公司小组发现，由于新"头盔法"的出台，头盔市场稳步成长，人们认为自行车头盔由一般商人销售，所有头盔的质量都差不多，结果迫使价格和边际利润下降。广告公司调查小组从美国中部的圣弗朗西斯科开车到了城市北部山区，仔细询问当地的骑车族怎样购买头盔。当他们回到城市以后，又分别对青少年和他们的父母进行了专门的访问。最后，在严密的科学调查的基础之上，公司的负责人设定了如下重要目标：纠正"所有头盔都是一样"的错误观念，不用真实的品牌注册，但树立贝尔头盔在人们头脑中的最高形象；开始矫正青少年"头盔和矫正鞋一样"的观念。广告创意的主题是"贝尔头盔是所能买到最安全的产品"。由此策略应运而生，他们想要传达的商业信息是："拥有传统的贝尔已经辉煌了 40 年，并且会再创造 40 年的辉煌。"这个高超的广告创意取得了丰厚的市场回报。据统计，在广告发布以后，"贝尔头盔"市场份额提升了 8 个百分点，本来不被看好的自行车专卖店的零售情况也是惊人的好。据可靠的调查反映，广告播出后，青少年不再讨厌戴头盔，父母们也强烈地认为头盔的质量有好坏之分，应该买最好的。这个案例给我们的有益启示是：有粗略的计划、细致的调研和创造性的思考，确实可以创造广告创意传播的奇迹。

第三节　广告创意的效用

所谓"效用"，简单地解释就是"成效"与"功用"。在这里我们探讨的是广告创意活动所引发的现实后果、所带来的现实改变。本书将广告创意的效用概括为四个方面，分别加以阐述。

一、信息效用

信息效用顾名思义，它讲的是广告创意首先要做的是对信息素材的组织与遴选，而它得以发挥作用的基础也正是信息的传递与输送。出色的广告创意通过使产品（服务）信息更形象、更生动而首先完成对受众的"告知"和"提示"，吸引受众眼光，博得受众青睐。从传播学的视角看，广告创意活动本身也是一种典型的信息发布活动，只不过这种发布活动是经过了精心的装扮与有意的思忖罢了。

所有的广告都是在传递着这样或者那样的产品（服务）信息，虽然经过历史的磨砺，有些广告作品只能坚持那么几年、十几年，但更有一些产品（服务）却总能利用杰出的创意手段，不断地强调崭新的信息元素和新颖的价值理念，就总能站在时代的浪尖而不被淘汰。宝洁公司的"汰渍"清洁用品就是个成功的例子。这个品牌已经确立了它半个世纪之久的清洁用品领域的领导地位。正如该公司一位发言人所说，"汰渍"能保持其地位是因为"它总保持新潮，迎合消费者的需要，并稳步提高自己的表现和价值。"当然，广告创意要跟上时代变化是必需的。1953 年"汰渍"的广告是一位穿围裙的女人抱着一大盒"汰渍"洗衣粉高兴得跳起来，标题是"从来没有这么干净，拥有汰渍之前，从未洗得如此干净"。在那个年代，这样的创意是出色的，但面临崭新的世纪就必须考虑广告创意信息传递的新鲜性了。当今的女性既要管理家庭又要工作，有些人甚至每天利用空闲时间多工作几个小时，以便一周能空出一天的时间去购物、洗衣服、娱乐，如此繁忙、充实的生活，时间变得格外紧张，至于选择哪个牌子的清洁用品就变得微不足道。面对这样的消费心理，"汰渍"在和新千年女性之间的交流中使用了他们欣赏的幽默语言，广告创意强调"汰渍"知道生活中到处都会遇到麻烦和问题，而有些问题是清洁剂可以解决的，但是他并不承诺结果，而是用暗示的方法说道："茶渍、汗渍、油渍，还有其他问题吗？"就这样，在不经意间既生动地传递了产品信息，又彰显了产品特色。

二、经济效用

不可否认的是，一则成功的广告创意会带来客观的经济效益，在这一点上，广告创意活动已经成为当今广告产业的经济价值生发器。难怪有人将杰出的广告创意称为"金点子"，那就是看中了广告创意在促进广告生产力方面所发挥的举足轻重的作用。

有一个例子很能够说明问题。时至今日，中国的普通消费者对"海尔"这个品牌已是耳熟能详，这样的一个民族企业也为中国的家电制造业赢得了世界的尊重。而今天"海尔"品牌的经营与早期企业扎实的广告创意活动是分不开的。1993 年，位于中国山东青岛的电冰箱总厂就着手开始了企业形象塑造的基础工作，他们与广州致城广告公司合作，以"海尔人"的理念亮相市场，以"市场需要什么，我们就生产什么"为宗旨，以"真诚到永远"为准则，全力打造品质优良、诚实守信的企业形象。结果，经过多年的市场检验和历练，在中国家电市场竞争激烈、反复调整的过程之中，"海尔"品牌的广告创意逐渐深入人心，慢慢崛起为中国家电行业的领军企业，得到了广大受众的认可，以至于在 20 世纪 90 年代末期，有人估算当时"海尔"品牌的经济价值可达 70 多亿元人民币。广告创意带来的经济效益可见一斑。

三、文化效用

在当今大众传播高度发达的社会背景之下，广告创意活动本身不仅仅是兜售商品的"推销术"，那些充满了奇思妙想的绝妙主意早已参与到了构筑当代文化的宏大过程中。尤其是随着世界一体化、经济全球化的发展，广告创意成为文化交流的桥头堡，成为窥视一个民族、国家、地域文化状况的试金石。

举一个例子来说。在国内，白酒的品牌可谓多种多样、种类繁多，要想在这样一个竞争激烈的市场中找到一席之地并非易事。而原本名不见经传的白酒品牌"孔府家酒"却一路过关斩将赢得了巨大的市场成功，在 1995 年的销售收入就达到了 8.8 亿元人民币，成为大曲白酒类商品出口量全国第一。当我们分析"孔府家酒"的成功经验时，不难发现优秀的广告创意为企业的发展和壮大起到了巨大而积极的作用。令很多消费者难忘的是"孔府家酒"于

1995 年推出的电视广告片"叫人想家"中那挥之不去的情怀。该广告片表现的是：画外音响起观众熟悉的热播电视连续剧《北京人在纽约》主题曲，在动人心魄的音乐声中，画面展现出一片雾霭晨曦，然后远远驶来一架班机，机场内一家人翘首期盼，焦急等待中露出惊喜的表情，他们终于迎接到了归来的游子（由著名的影视演员王姬饰演）。随后镜头切换到暖意融融的家中，归来的游子送给亲人礼物，家庭一片祥和为游子接风洗尘。此时，著名歌唱演员刘欢的歌声响起："千万里，千万里，我一定要回到我的家。我的家，永生永世也不能忘。"片尾，演员王姬对着镜头深情地说："孔府家酒，叫人想家。"——在这则广告中，画面的表现、情节的设计似乎并无出奇之处，但最为关键的是这则广告抓住了中国文化、民族传统的一些精髓之处，那句"喝孔府家酒、做天下文章"的广告语更是脍炙人口，广告创意以深沉的民族情感、悠久的民族传统、动人的民族文化打动了消费者，不仅完成了对商品的推荐，同时也完成了文化的张扬。

四、审美效用

优秀的广告创意作品具有极为可贵的审美价值，对于当今的受众而言兼备了难得的审美性。一方面，广告创意开拓了人们的视野，荡涤了人们的心胸，启发了人们的心智，滋养了人们的心灵，它使得人们看到了在产品（服务）背后那种美好的所在；另一方面，广告创意的优秀之作具有高超的艺术造诣，表达了深沉的人类情感，闪烁着睿智的思想光芒，激发着多彩的人生梦想。而这一切，都给人以审美的陶醉。如今，广告的审美效用已经越来越受到人们的重视，很多国际性的广告评选活动，都会开设诸如"饕餮之夜"这样专门的广告创意作品欣赏活动，以陶冶人们的情操，为生活增添美的愉悦。

在我国台湾，有一家著名的广告公司曾经为"耐斯"系列抗衰老美容化妆品做出了一则出色的情感诉求式的广告创意作品。广告文案是这样撰写的：

> 曾几何时，母亲不再有青春的梦，
> 而你，是母亲梦里的翅膀。
> 海阔天空，任意翱翔，
> 偶然栖息，才恍然想起
> 母亲期盼的眼神。
> 当母亲节又将到来之时，

你何不收起翱翔的双翼,
回头看看展翅的地方:
那儿,亲情浓浓,恒久不变,
那儿,曾是你力量的源泉。
表达爱心要及时,
在这属于母亲的日子里,
虽仅馨香一瓣,
却带给母亲无限的满足与快乐。
当你再度展翅而去,
愿你带着母亲的梦翱翔
——"耐斯"系列抗衰老美容化妆品
替你表达敬爱之心!

这则广告文案在一时间打动了很多的人,文案的字里行间所渗透出来的感情,已经使人们忘记了它推销产品的初衷,而当我们阅读它的文字的时候,感受到的是如诗歌一般的感染力,这样的文字撰写,这样的语言表述,很自然地给人们带来了美的享受,带来了美好情操的熏陶。

第四节 广告创意的原则

广告活动本身是一种重实用、讲功利、以推销产品(服务)赢利为最终目的的社会经济行为。不可否认的是,抛开广告创意的"艺术品质"和"文化色彩",评价其成败的现实标准就是市场的功利效果,这种注入广告活动血液中的不可更改的特殊性质,注定了任何天马行空的广告创意背后,都会有一只"无形的手"掌控着它的"毁"与"誉",这只"无形的手"就是广告创意的"清规戒律",即"广告创意的原则"。可以说,广告创意活动是不能越雷池半步的规矩之举,是遵循原则、以市场成败论英雄的"戴着镣铐的舞蹈"。

一、"靶心原则"——明确目标指向

美国广告创意大师大卫·奥格威说过:"我们的目的是销售,否则便不是广告。"这句话一语中的表达出了广告创意活动的一个基本原则,即"靶心原则"。所谓"靶心原则",就是明确目标指向,有针对性地开展思维创想活动。

笼统地说,广告创意目标可以分为两种:一种称为"营销目标",一种称

为"传播目标"。

就"营销目标"而言，包括考虑：如何吸引新的消费者知晓；如何增加消费者的关注行为；如何劝说消费者的使用；如何增加用户群体的数量；如何扩大产品使用的时间空间；如何延伸品牌的影响；如何针对竞争对手；如何进行公关活动，等等。

就"传播目标"而言，包括考虑：如何提高广告传播的覆盖率和接触率；如何在认知层面上吸引注意；如何在态度层面上进行劝服；如何在行动层面上进行鼓动，等等。

广告创意的一个"大忌"就是"目标含混"，这种"含混"可能会出现在这样的一些方面：一是目标对象宽泛，没有重点；二是目标对象疏离，难以捉摸；三是态度目标过大，欲速不达；四是信息内容超载，无力承受；五是目标期待过高，好高骛远。

二、"眼球原则"——汇聚受众注意

广告人埃利奥特·扬语曾说过："广告应有让别人停下来看它的力量。"日本广告心理学家川胜久也曾说过："要捉住大众的眼睛和耳朵，是广告的第一步作用。"这些话一语道破了广告创意制胜的法宝所在，即"眼球原则"。所谓"眼球原则"，就是广告创意能在第一时间汇聚受众的注意，赢得受众的青睐。作为一种创造性活动，广告创意以"标新立异"为思维动力，总是力求"出奇制胜"。

有人把当下的经济环境称之为"眼球经济"的时代，这表明在这个时代里，谁能更多地吸引人们的关注，谁就更有可能将产品（信息）有效地传递出去。依照广告心理学的规律，注意是人们心理上的一种对事物的指向与集中，而引发注意的因素则可以概括地归结为三个方面：外界的客观刺激；自身的主观需求；总体的氛围环境。这样一来，寻求对眼球的吸引，就具有科学的着力点。

再具体一点说：就"外界客观刺激"而言，广告创意要考虑信息的刺激强度、刺激的新异程度、运动状态、对比效果、刺激的愉悦性等方面；就"自身主观需求"而言，广告创意要考虑主体的需要与动机、主体的态度取舍、主体的兴趣偏好、主体的经验阅历等方面；就"总体氛围环境"而言，广告创意要考虑广告传播的场景环境、受众认知的接受程度、内容表达的情境气氛等方面。

美国广告专家丹·E·舒尔茨在谈到商业广告时说道："切记，广告是去

销售和影响购买产品和劳务。广告如果能和震撼得使观众落泪，那就了不起，但广告主要的工作是销售产品、劳务和构想。"日本"Aminovital"氨基酸功能食品的人体艺术广告就很能说明广告吸引受众注意的问题。该系列平面广告中的模特以各种充满张力的姿态展示人的形体美。富有光泽、结实饱满的深金色肌肉，匀称的身材，张扬着生命活力的边缘曲线，充满弹性和跳跃感的足弓、筋络，凸显出生命韵律的躯干，在运动姿态的节奏韵律中令人恍若回到古希腊艺术的圣殿。而画面下角氨基酸食品的包装和一些氨基酸对人体健康有益的说明文字都表明，模特们的健美形体除了需要体育锻炼之外也得益于"Aminovital"氨基酸功能食品的呵护与帮助。在这则广告中，人体艺术美的展现极大地吸引了受众的眼球，甚至令受众产生了陶冶身心的感受，也实现了更具震撼力的表现氨基酸产品保健食品功能的诉求。

三、"结晶原则"——表达疏朗明快

正如化学反应过程中的"结晶"过程一样，广告创意必须在一番考量、拿捏之后，沉淀出一些熠熠闪光的东西，这就是广告创意思维运作的又一个原则，即"结晶原则"。所谓"结晶原则"，就是力求广告创意在呈现时的舒朗明快。通俗一点说，广告创意的第一要义就是"把复杂的问题简单化"，即将丰富的信息资源经过思维加工后化为简洁、单纯、明确、清晰的诉求表达。说到底，广告创意的使命不是设置沟通的障碍，而是搭建理解的桥梁。

美国广告创意大师伯恩巴克认为："在创意的表现上光是求新求变、与众不同并不够。杰出的广告既不是夸大，也不是虚饰，而是要竭尽你的智慧使广告信息单纯化、清晰化、戏剧化，使它在消费者脑海里留下深而难以磨灭的记忆。"

事实上，不要指望一个创意就能够负载得了全部的创想，也不要奢求在一次创意传播中完成全部的任务，繁多的重元素最终只能带来无谓的浪费与损失。而且从受众的角度看，广告创意诉求的明朗凝炼，有利于受众的接受与认知。当今时代，人们整日面临着信息的重压，注意力和承受力都是有限的，简约、集中才能适应受众的接受现实。

广告创意毕竟要服务于面向大众传播广告信息的现实目的，其艺术加工既受到大众文化水准、理解水平、审美趣味的局限，也必须符合特定的商品、服务、理念的诉求宗旨，过于玄远艰深、过于分散都不利于广告信息的有效传播，广告美的艺术加工要充分考虑各种素材信息的适度配比，从而保证广告创意既能卓然脱俗、神采生动，又不至于曲高和寡、孤芳自赏。新华人寿

保险公司的系列平面广告，运用幻化风格的手绘笔调将"新华人寿"暗喻为三幅画面中的醒目意象：困于茫茫大海中孤舟的风帆；面对绝壁悬崖担起沟通梯索；陷于稠密丛林中的道路。并分别配以文案："关爱，让人生更开阔！""关爱，让人生更超卓！""关爱，让人生更长远！"从而喻指新华人寿保险公司助人于危难、馈人以希望的亲和形象。这则广告的意向取材于现实生活之中，理念酝酿在常理之中，没有故作高深，但却恰当地将商业诉求、企业公关、人文关怀、审美意境统一于一体，出色地把握了广告创意的运作规律和创造分寸。

四、"尺规原则"——符合法规责任

俗话说"无以规矩，不成方圆"，广告创意活动总要在一定的方圆之中、规矩之下运行。这所谓的"方圆"、"规矩"指的就是一个社会的法律法规、制度规则、伦理道德。更通俗一点说，任何广告创意活动都不是随心所欲、天马行空的，任何的广告创意活动都必须承担自己的责任和义务。

就法律法规、制度规则而言，它是一个社会得以正常运行的底线，是社会秩序不可触碰的"高压线"，广告创意的任何大胆举动、离奇主意都不能违规、越线，否则就会遭到彻底的失败，受到法规的制裁。

就伦理道德而言，它是一个社会人们的内心守则，是人们心灵秩序的底线，广告创意的任何大胆冲击、夸张行为都不能逾越这个规约，否则就会遭到唾弃，丧失受众。

五、"共鸣原则"——激发情感思绪

"共鸣"本是物理学中的一种物理现象，在这里借用过来说明广告创意激发受众情感所产生的交通、互融的传播状态。广告创意追求的高级境界就是能够达成对受众心灵的触及、对受众情感的激荡。情感是人类永恒的话题，对情感的诉求也是当今广告创意发展不可逆转的历史趋势。尤其是在当下市场经济逐步走向成熟的社会里，广告创意早已摆脱了传统的"叫卖"式的窠臼，而转求向消费者的内心寻求共鸣。在很多时候，消费者可能不仅仅是处于对产品（服务）物理属性的需求，而更可能是处于对产品（服务）文化属性、情感属性的需求而选择接受信息、实施行动。

事实上，在实际的广告传播过程中，广告信息不可能强制性地进行传递，现实要求它必须学会以"随风潜入夜，润物细无声"的方式走进受众心中。在一些广告创意活动比较发达的国家，广告业界早已认识到了"情感创

意"的重要性,一些著名的广告创意作品无不以此作为创作的策略,纵然是像电器、机械、汽车、烟草这些纯粹的工业产品,也每每被赋予了细腻、动人的人情味,借用情感的力量,将广告信息与消费者紧密地结合起来。

曾获得第22届时报广告金像奖银奖的李奥贝纳广告公司为"喜力"啤酒创作的《情人节篇》,画面左上角表现了一个心状的啤酒瓶盖,这在现实生活中绝对是子虚乌有的东西,但这种艺术变形不仅不能够损害广告的真实性,相反因为在现实生活情趣逻辑的保证下,不会有人因之导致对产品的认知偏差,反而其合情合理的艺术处理激发了人们内心的共鸣,产生了情感的互动激荡,使得这则情人节啤酒广告显得格外真情饱满、令人心仪。

六、"诚实原则"——创作真实适度

应该说,"诚实原则"是广告创意的首要原则和基础原则,是一切广告创意活动的基点,是广告创意活动的第一要义。真实性是第一位的,创造性是第二位的。离开了真实,任何广告创意都是无源之水、无本之木。说到底,任何精妙的广告创意无非都是一种外在的"包装"和"形式",其内在事实和真实才是本质性的所在,一旦抛开了广告创意的真实性,到头来一切的努力都是机关算尽、枉费心机。

广告创意的"诚实原则"可以从两个方面来理解:一方面是"真实",另一方面是"适度"。

就"真实"而言,广告创意要实事求是,要讲真话,这既是人类生活的根本准则,也是成熟的市场经济发展的必然要求。美国广告大师大卫·奥格威提出的广告创意的十一条戒律中,第三条强调的就是"讲事实"。纽约大学的查尔斯·爱德华博士认为:"讲的事实越多,销售的也越多。一则广告成功的机会总是随着所含中肯的商品的事实数据量的增加而增加的。"

创意赏析 ▬▬▬▬▬▬▬▬▬▬▬▬▬▬▬▬▬▬▬▬▬▬▬▬▬▬▬▬▬▬▬▬▬▬▬▬

达彼思广告有限公司(上海)为别克君威汽车所进行的广告创意:在寂静的城市工地背景中,一辆别克君威汽车的启动带动了整个城市的律动,驾驶员扭动着方向盘、机械吊车有节奏地摆动,促成了一曲流畅欢悦的合奏。进而随着一声深呼吸,汽车驶向公园,秋千和风车随风而动作为衬景点缀着漂亮的车身、优雅的车型。最后汽车停下来的一瞬间,整个城市又随之停止,归于寂静。广告文案的内容是:动,可生万象;静,能容万物;心至行随,动

静合一。这则广告中，雄浑从容的意境营造，优雅的审美气韵，蕴涵着浑融大气的哲理气息，而这一切无疑是为了突出别克君威汽车领导者的气度姿态，表现别克车主"大时代推动者"的优越地位，以艺术化方式完成了商业信息传播的功利目，而又不落直白，不留痕迹，深得"不着一字，尽得风流"的艺术品位，这样的广告创意艺术旨趣值得我们借鉴。

　　图1-2是一幅国内"别克君威"的平面广告作品，你能分析一下它的创意风格吗？

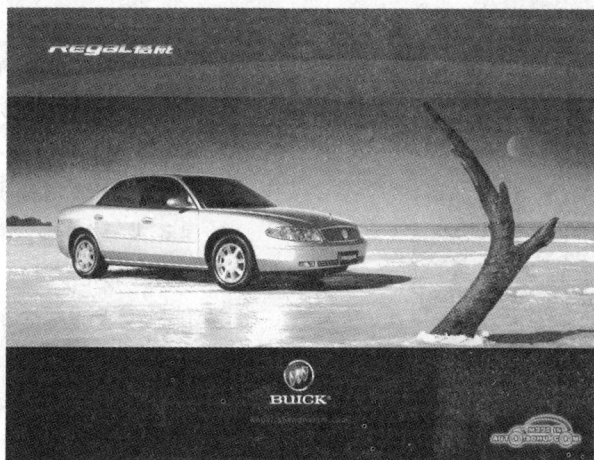

图1-2　"别克君威"平面广告作品

第二章 广告创意的著名理论

压题图片

SUPPORT THE NEW YORK CARES COAT DRIVE
DECEMBER 1 TO DECEMBER 31.

Please drop off your used coats at any N.Y.P.D. facility, Loews/Sony Theatre, Blockbuster Video Store, or Au Bon Pain in NY or NJ, as well as any participating NCA Drycleaners. Also at Grand Central Terminal and NY Penn Station. (Amtrak concourse and LIRR level) weekdays between 7:30 and 9:30 A.M. For more information call (212) 223-CARE.

图 2-1 美国公益广告作品

在百年广告史中，人们对于广告创意的理论归纳和经验总结可谓"仁者见仁，智者见智"。我们很难说清楚哪些有关广告创意的理论是最权威、最有效、最正确的，因为它们都从不同的方面言中了真理的某个部分。

但是，当我们抛开长篇大论的说教，亲身去感受那些杰出的广告创意作品时，身心所受到的震撼是强烈的。看看这则广告创意作品吧，这则广告是否会让你触目惊心，它打动了许多纽约市民捐献御寒衣物帮助穷人过冬。

关键概念

USP——即英文"unique selling proposition"的缩写，通常被翻译为"独特的销售主张"。

BI——即英文"brand image"的缩写，通常被翻译为"品牌形象理论"。

CI——其本质含义是一种科学的现代企业经营、传播战略。

ROI——是英文"relevance, originality, impact"的缩写，通常被翻译为"关联性、原创性与震撼性"理论。

BC——即英文"brand character"的缩写，通常被翻译为"品牌个性"理论。

第一节　USP(独特销售主张)理论

一、USP 理论的提出

USP 即英文"unique selling proposition"的缩写，通常被翻译为"独特的销售主张"。该理论在 20 世纪 50 年代，由美国著名的广告大师、彼恩公司的老板、美国杰出撰文家称号的第一位得主罗瑟·瑞夫斯(Rosser Reeves，1910—1984)提出，并迅速得到广告界的广泛认可和热烈讨论，成为影响深远的广告创意经典理论。该理论的提出，同时也是作为罗瑟·瑞夫斯举起"广告是科学"理论旗帜的一个重要举措，使 20 世纪中期的美国广告界超越了长久以来在广告创意领域的"随意性"和"经验性"状态，为广告创意及广告学崛起于学术殿堂奠定了坚实的基础。

二、USP 理论的主要内容

USP 理论的核心部分，包括具有内在逻辑的三个方面：

(1)每一则广告都必须向消费者提出一个建议，而建议的提出不只依靠文字、图示等方式；每一则广告都必须让信息的接受者产生这样的想法，"听从广告的劝服购买商品是对己有益的"。

(2)每一则广告提出的"主张"必须是独一无二、极富个性和与众不同的，应该是竞争对手所不具有或无法提出的。

(3)每一则广告突出的主张、建议，要具有足够的力量打动受众；这种建议本身要产生一种令人无法抗拒的磁力，吸引每一个新的顾客。

罗瑟·瑞夫斯在自己的理论中反复强调，一旦独特销售主张确定下来，就应该被毫不停歇地和矢志不渝地贯穿于整个广告活动中。

众所周知，作为 USP 理论实践运用的成功创造，1954 年罗瑟·瑞夫斯为 M&M 糖果公司构想的"只溶在口，不溶在手"的经典创意，在广告界流传已久。可以说这次创意的成功表现，正是将 USP 理论拓展到实践领域、发挥其价值的最好明证。

三、USP 理论的特征

早期 USP 理论在其思想体系和理论架构方面，表现出一些明显特征：

特征之一，从产品的功能出发，以激发受众兴趣为诉求目的。

USP 理论的着眼点在于对产品功用的分析，以及探讨它可能对消费者提供的使用价值；"特定销售"的分析结果便形成了所谓"特定的说法"，它可以被反复、多次使用——总督牌香烟有 2 万个滤嘴、棕榄香皂使肌肤更美好、神奇洗衣粉是没有臭味的清洁剂、乳酪米提供更多的碳水化合物、奇妙面包有丰富的矿物质。彼恩广告公司宣传的产品 90% 是食品和药品，因此，瑞夫斯说："最终全回到生理问题上来。我们有四名医生，为首的是位医学博士和哲学博士，他们负责与外部咨询专家的联系工作。上次我统计了一下，我们和 198 名各方面的专家在一起工作。我们请他们来和广告撰稿人研讨分析产品，之后总结出一条 USP。有时，如果我们不清楚对产品说写什么，我们就建议进行无拘束的临床研究直到准确地找到产品的特点。"①瑞夫斯一再强调的是产品的实际特性所可能给消费者带来的生活改变或购买欲望，而不是着意于广告形式的呈现或广告花哨的说服，因为在他看来过分强调广告的轰动效应、执著于编织广告幻象，会不可避免地导致广告创作人员耗费智力开发骗局，这只会最终毁掉广告的前途。所以，瑞夫斯说："杰出的推销员偶尔才'美'一次。他们并不是手持毕加索的画、不是押着韵脚讲话、或歌、或舞、或笛声悠扬。他们通常很诚实，说话令人信服，深知自己的产品为什么更胜一筹。"②

特征之二，以生产者为本位，视广告创意为"推销术"。

鉴于 20 世纪 50 年代的市场状况，企业生产的产品之间还存在着比较大的差异性，广告创意只要能够发掘出产品本身的卖点，往往比较容易在竞争中获利。"USP 既是基于产品独特性的思考，又要在广告中把它变成一句有利的说辞。"③因此，此时的 USP 理论的基本思路是典型的以生产者为本位、从已有产品的使用价值出发、用独特的推销术推销产品。罗瑟·瑞夫斯认为广告的真正作用恰恰是"第一位制造商雇用的首位推销员的作用，即从竞争者手中抢生意，或像经济学家所说的那样在'在产品之间转移需求曲线'。"④

特征之三，单向性的传播模式，传播者为主导的传播观念。

在大众传播时代的早期，广告传播活动借助于大众传播媒介的广泛影响力，将信息传递到千家万户。但是由于传统大众传播媒介本身的"传播单向

---

① 转引自[美]马丁·迈耶:《麦迪逊大道》，刘会梁译，海南出版社，1999 年版，第 54 页。
② 转引自[美]马丁·迈耶:《麦迪逊大道》，刘会梁译，海南出版社，1999 年版，第 204 页。
③ 何佳讯编著:《现代广告案例——理论与评析》，复旦大学出版社，1998 年版，第 282 页。
④ [美]罗瑟·瑞夫斯:《实效的广告》，张冰梅译，内蒙古人民出版社，1999 年版，第 245 页。

性"的特点，造成了使用该种媒介进行广告信息时也具有单向性的特点。具体来说，由于传播者掌控着大量的产品资讯，为消费者"设置议程"，使得消费者通常会受到传播媒介信息的影响来从事消费行为。因此 USP 理论诞生之初，经常是自觉不自觉地关注产品本身，着眼于产品所具有的特殊价值，着眼于产品的推销术。此时的罗瑟·瑞夫斯还没有形成彻底的"顾客是上帝"的理念，对消费者自身需求的因素考虑很少，因此广告创意的思路基本集中在表现产品、突出传播者意图方面，呈现出明显的"主观色彩"和"单向性"意识。

四、USP 理论的历史价值

罗瑟·瑞夫斯提出的 USP 理论，在广告创意理论的发展历史上具有里程碑式的地位，显现出不可替代的历史价值，具体而言表现在以下三个方面：

第一个方面：独创性——对产品个性化、差异化探究的先河。从 USP 理论的逻辑思路看，罗瑟·瑞夫斯的 USP 理论的核心便是"广告必须向消费者提供一个明确消费主张"，其理论关键词就在"独特"二字上。而"独特"所指向的问题，正是广告创意谋求实现"个性化"与"差异化"的基本策略。纵观20 世纪后半叶以来的营销学与广告学理论的发展趋势，不难发现，"差异化"问题恰恰是其根本性的理论课题。所以从这个意义上可以说，罗瑟·瑞夫斯是在广告学领域里，在广告诉求的问题上谋求实现"个性化"和"差异化"广告创意策略的第一人，其独创性可见一斑。

第二个方面：经典性——从产品功能出发对广告有效诉求的出色总结。由于广告创意谋求实现"差异化"策略的成型，意味着 USP 理论将从产品功能出发探求广告有效诉求的传统广告理论，完善和发展到一种高级阶段，它的贡献不仅超越了此前"原因追究法派"的广告诉求思想，而且还深刻影响了后来的大卫·奥格威的相关主张、李奥·贝纳关于产品内在的"与生俱来的戏剧性"的理论。从这个意义上来说，USP 理论的提出标志着从产品功能出发来探求广告有效诉求的传统广告理论的巅峰，其经典性不言而喻。

第三个方面：开拓性——对后世广告创意理论的启发与引导。

首先，由于 USP 理论在思想倾向上强调发掘产品功效中的特质、提出"独特"的销售主张等策略，反映了其在思想本质上对传统的"艺术广告"的挑战和颠覆，因而在现代广告史上被称为"科学路线"的旗帜，也被看作是20世纪 70 年代美国广告定位理论的源头。具体而言，定位理论中对"未来潜在顾客心智所下的功夫，把产品定位在你未来顾客的心中"①的思想，以及"通过演示消费者如何在心目中给品牌排名而将战略性思维推广至广告中"②的思想，所透露出来的"让产品占领受众的心理位置、形成产品在信息接受者心中的个性"等思路，均被看作与 USP 理论有千丝万缕的联系。

另外，USP 理论中对"个性"的反复强化，对"独特性"的专注追求，也与20 世纪 80 年代的 CI 理论具有内在的关联性。CI 理论中所倡导的运用统一的视觉识别设计传达企业特有统一形象，使企业能够彰显自己等，均在某种程度上继承和发扬了 USP 理论的精髓，丰富和拓展了 USP 理论的思维空间，超出了 USP 理论仅仅局限于产品本身的早期视野，而拓展到从企业内部理念到外部形象的立体考察上去。

再者，即使当代比较流行的整合营销传播理论，其中渗透了许多 USP 理论的思想因子。在整合营销传播理论中，关于"企业唯一的差异化特色在于其营销价值"、"企业核心竞争力（Core-competence）的关键在于品牌价值或品牌承诺"的思想，显然搀杂了 USP 理论的思维方式。

第二节　BI(品牌形象)理论

BI 即英文"brand image"的缩写，通常被翻译为"品牌形象理论"。该理论由美国著名广告大师、奥美公司的创立者之一大卫·奥格威（David Ogilry 1911～1999）最先提出，如今已经成为广告业界普遍信奉和广泛运用的创意理论。

BI 理论的着眼点在于所谓的"产品个性"，它是指消费者或广告传播的受众在接受广告信息之后所产生的全部印象，也常常被叫做"产品形象"。大卫·奥格威在领导国际著名广告公司奥美公司的工作中认为：任何产品（或服务）的品牌形象，都可以通过广告的信息传播建立起来；并且这种品牌形象的形成不是自然而生的，而是受众结合产品（或服务）本身的质量、价值、历史等内在因素，同时又受到外在因素的促发、诱导、催生作用后逐渐形成的。鉴于此种认识，使得 BI 理论有一种前提性假设，即消费者所购买的往往

①　艾·里斯等著：《广告攻心战略——品牌定位》，刘毅志译，中国友谊出版社，1991 版，导言第2 页。

②　（美）威廉·阿伦斯著：《当代广告学》，丁俊杰等译，华夏出版社，2000 版，Reference Library, R3。

未必是产品(或服务)本身，更可能是看中了产品(或服务)所能够提供的物质利益或心理利益。这样的话，BI 理论提出：广告的创意构思和传播活动，应该始终关注树立和保持品牌形象的长期投入；有时做出一些短时期内的牺牲也是值得的。

众所周知，BI 理论的一个实践范例是广告历史上著名的"万宝路香烟"的品牌形象创立过程(见图 2－2)。当时的广告创意人员于 1954 年 11 月拿到了万宝路的广告代理权，立即向创始人

图 2－2　"万宝路"香烟外包装及户外广告牌

提出建议，将淡红改成艳红，让包装更加显眼；还向周围的人征询意见：什么最能代表男人味的形象？一位文字写作人员建议采用"牛仔"，于是万宝路的牛仔形象就此确定，传播主题亦定调为"释放男人风味"。这个思路在于：将"牛仔"定义为"男人概念"，只要是硬汉、豪气的风格与个性，都属于"万宝路男人"。接下来，一系列的广告创意都以此为立意基点，具体形象包括猎人、园丁、水手、飞行员、手背上有陆军标志刺青的男子汉等。这些"万宝路男人"的广告宣传迅速在社会中产生强烈反响，甚至广告形象主角身上的刺青也成为一种时尚符号和精神图腾。就这样，"万宝路"以自己独特的品牌个性，一步步占领市场份额。此后，1962 年再次推出"万宝路故乡"的个性创意。这时的万宝路形象更加明晰，并且具有个性魅力，即是一种朴实的、放松的、户外干活的硬汉形象，具体形象包括牧牛者、海军军官、飞行官等。广告作品透过硬汉手背上的刺青和强壮的双手传达出勤奋的精神和对浪漫时光的回味，令人向往、尊敬。这种充分展现个性风采、着重塑造品牌性格的创意思路，为"万宝路"带来了巨大的成功，据说在 1955 年广告宣传发动后，"万宝路"压倒其他著名品牌，销售一路飙升，成为纽约滤嘴烟销售排行第一名，仅 8 个月时间，销售率创下 5000% 的成长奇迹。

在上述这个成功的范例中，体现了 BI 理论的一个宗旨：每一则广告都应该对品牌形象这个"多重象征"有所贡献、有所建构。现实的情况是，凡是那些长期致力于品牌建设而非追逐短期获利的企业、厂家，往往会经得住漫长的市场考验，成为"常青树"；而那些"鼠目寸光"、只着眼于眼前的暂时的利益取舍的企业或厂家，往往耐不住长时间的洗礼，而日趋陷入困境，此时再

提到重塑品牌形象，要么是耗费"九牛二虎之力"，要么就是"回天无力"。

归结起来，BI 理论的核心部分，包括以下几个方面：

（1）品牌形象是广告创意活动的终极目的，品牌形象的成功树立，有利于极大地提升产品（或服务）的知名度。

（2）广告创意活动的大原则是着眼于产品（或服务）的长远发展，为了有利于维护产品或服务的良好形象，甚至可以牺牲短期的经济回报。

（3）未来市场竞争的结果，必将缩小同类产品（或服务）之间的差异，而未来产品（或服务）竞争的焦点恰恰在于品牌形象在消费者心目中的优劣。因此，塑造品牌形象的过程要比单纯地夸耀产品（或服务）本身的自然属性更为重要。

（4）广告创意以及广告传播的过程中，必须考虑到消费者在"实利"和"心理"方面的多层次需求。因此，必须改变传统广告活动中只专注于满足消费者物质实利方面的需求，而更应注重其在感性的心理层面上的需求——品牌形象的建立正有利于实现这种满足。

图 2 - 3　平面广告作品
《戴眼罩穿哈撒韦衬衫的男人》

BI 理论的另一个成功实践范例是大卫·奥格威在 1951 年创作的《戴眼罩的穿哈撒韦衬衫的男人》（见图 2 - 3）。该广告创意不以简单地兜售产品为宗旨，而是强调产品与众不同的个性，倾力打造独具特色的品牌形象，一经宣传立即风靡美国——只用了区区 3 万美元的小额广告经费，就使得一个默默无闻百余年的衬衫一夜成名，在广告界传为佳话。

第三节　定位（Positioning）理论与 CI（企业形象）理论

一、定位（Positioning）理论的由来及其内容

20 世纪 70 年代，"定位"（Positioning）一词首先出现在美国的专业杂志《广告时代》上；20 世纪 80 年代，美国人艾·里斯（Al Reis）和杰克·特劳（Jack Trout）撰写的《广告攻心战略——品牌定位》一书问世，标志着广告定

位理论的正式形成。

广告定位理论的核心部分，包括如下几个方面：

（1）广告创意活动的终极目的是在受众心目中占有一席之地。

（2）为了谋求在受众心目中的心理认定，广告创意实施的着力点就应该是一个具体而限定的目标。

（3）广告传播活动应有利于创造出"第一说法、第一事件、第一位置"，只有创造第一，才能产生令人难以忘怀的记忆效果。

（4）所谓广告表现的差异性，并非是产品功能和使用价值上的差异，而应该是其背后品牌、形象方面的根本区别。

（5）广告定位一旦构建起来，无论时空条件如何改变，只要消费需求萌动、信息搜求过程开始，就会顺利地想到相关品牌或形象，由此形成"先入为主"的良好效果。

被看作是"定位"理论成功之作的是：七喜汽水的"非可乐"定位创意；Avis 出租汽车公司的"我们是第二"的定位创意；米歇罗伯（Michelob）的"第一家美国造特佳啤酒"的定位创意等。与广告大师李奥·贝纳、罗瑟·瑞夫斯、大卫·奥格威等人的想法类似，定位法看重的仍然是"应当说什么"的问题。"定位"理论认为，"定位"一旦确立，便大张旗鼓地进行广告宣传，这种宣传的坚持终会等到消费者产生实际需要之时，在其头脑中回忆起来，于是广告最初的创意构思就得到了实现。"定位"理论在实践领域中的出色运用，使"七喜"汽水迅速提高了知名度，并最终成为继"可口可乐"、"百事可乐"之后的第三大饮料品牌；而 Avis 出租汽车公司的"老二主义，艾维斯的宣言（NO. zism. The avis manifesto）"使其迅速成为行业领域的佼佼者；米歇罗伯的承诺也带动了啤酒销售量的猛增。

20 世纪末以来，定位理论被广泛地探讨，并在实践操作过程中被不断细化。许多广告创意学者认为，"定位"理论取得成功的关键是"实施合适的定位战略"，于是有关定位战略方法的研究成果不断涌现，并大致形成如下一些结论：

（1）品质定位——以产品特征或消费者利益来定位（例如美国美乐啤酒以"冷过滤的工艺流程"来定位）；

（2）价格定位——以"性能价格比"来定位（例如"西尔斯"品牌的物美价廉）；

（3）效用定位——以使用方式或商品功效来定位（例如美国宝洁公司仅洗衣粉就设计了 Tide、Cheer、Oxydol 等多种品牌，来分层次满足消费者对不同效用的需求）；

（4）对象定位——以目标消费群体来定位（例如 Busch 啤酒定位为酒量大的体力劳动者的啤酒）；

（5）归属定位——以产品类别属性来定位（例如将本土生产的酒定位为外来进口酒的替代品）；

（6）文化定位——以文化象征来定位（例如将一种商品视为某种生活方式的象征）；

（7）比附定位——以竞争对手来定位（例如 Avis 出租汽车公司的"老二主义"的定位）；

（8）反常定位——以反向思维、打破人们习以为常的认知模式的方式来定位（例如美国"皇冠"牌香烟制作"此地禁止吸烟，连皇冠牌也不例外"的广告牌，以反常态来刺激消费者的好奇心）。

在上述 8 种"定位"策略中，前 4 种类属于"实体定位"策略，即宗旨在于凸显产品带来的新价值、新体验、新功用，强调由此可能带来的更大的利益；后 4 类属于"观念定位"策略，即宗旨在于强调附着于产品之上的新理念、新思路、新主张，强调对传统习惯的革新和对消费观念的转换，实际上是通过对受众精神层面的冲击与敲打，寻求其态度层面上的改变和行动层面上的实施购买。

二、CI（企业形象）理论的含义及其内容

1. CI 的含义

中国广告界对"CI"的最初认识是从英文原词的语意中得来的。CI 是英文"Corporate identity"的缩写，其中"Corporate"意指一个单位、团体、企业；而"Identity"在汉语中很难找到直接对应的词，但包含着辨别、辨认、身份、标识等意思。因此在字面意上可以把"Corporate identity"理解为"团体的统一性或个性"或"企业（机构）的识别"。所谓企业识别，就是一个企业借助于直观的标示符号和内在的理念等证明自身性与内在同一性的传播活动，其显著的特点是同一性和差异性，正如日本学者山田理英所说："从主体性的观点来看，Identity 就是'我是谁'的疑问和解答；从同一性的立场来看，Identity 是企业本身某些事物的共通性。"

而 CIS 是英文 Corporate identity System 的缩写，可以翻译为"企业识别系统"。

目前，在我国还没有一个关于"CI"的统一翻译方法，因此在这里，笔者

仍然直接使用英文缩写的"CI"或"CIS"来指代这一理论。

现实的情况是，CI理论的内涵极其丰富，并随着广告实践的发展而不断被赋予新的含义，因此为"CI"下一个严密的定义就显得比较困难。在广告理论界对CI的界定和概说往往各有侧重，结果就体现为"众说纷纭"。下面例举了一些流传较广的定义或说法：

CI是企业的"差别化战略"（SONY公司的高级管理者黑木靖夫）。

CI是"企业经营理念和精神文化"（台湾的广告人林磐耸）。

CI是"意图地、计划地、战略地展现企业所希望的形象，从而服务于营造公司内外的经营环境"（日本的研究专家中西元男）。

CI是将企业经营理念与精神文化，运用整体传达系统（特别是视觉传达设计），传达给企业周围的关系者或团体（包括企业内部与社会公众），并掌握使其对企业产生一致的认同感与价值观。

CI是一种改善企业形象、有效提升企业形象的经营技法。

CI是一种明确地认识理念与企业文化的活动。

CI是重新检讨公司的运动。

CI就是那种整合性的关于企业本身的性质与特色的信息传播。

相对来说，国内广告学术界的人士比较认可台湾广告人林磐耸的见解，因为林磐耸在提出CI是一种"企业经营理念和精神文化"之后，更进一步指出：在这个过程中，运用统一的整体传达系统，特别是视觉传达设计，传递给企业周边的关系或团体，以及企业内部或社会大众，并使其对企业产生一致的认同感与价值观。在这里，有关CI的几个关键性问题被澄清了：CI的直接目标是把"企业的经营理念和精神文化传达给周边的关系和企业"，高级目标是"使其对企业产生一致的认同感与价值观"；CI的核心是企业理念和精神文化；实现CI的手段是"统一的整体传达系统，特别是视觉传达设计"。

因此，笔者认为，CI的本质含义是一种科学的现代企业经营、传播战略。即：将企业的经营理念与个性特征（包括产品服务的特性），通过统一的视觉识别和行为规范系统加以传达、整合，使社会公众产生一致的认同感与价值观，从而达成建立鲜明的企业形象和品牌形象，提高产品市场竞争力，创造企业最佳生产经营环境的一种现代企业经营传播战略。

2. CI理论的起源与发展

第二次世界大战以后，欧美国家各大企业的经营活动开始迈向多元化、国际化的大市场，企业形象问题受到欧美先进企业的重视。因此，从20世纪50年代开始，欧美一些大型企业纷纷导入统一企业形象经营战略。直到20

世纪 60 年代中期，才有了统一的名称：Corporate Identity，即 CI。

CI 理念的成功实践起源于 20 世纪 50 年代的美国，并且与当时美国国际商用计算公司(IBM)的推动有密切的关系。1956 年，美国的计算机行业巨人、国际著名企业 IBM 的领导者聘请顾问、设计师在全球范围内比较早地实行 CI 计划。IBM 的初衷是设计一个在世界同行中具有自己特色的新鲜形象，以体现公司的企业理想和开拓精神。在这一轮 CI 设计过程中，IBM 公司所使用的标志就是当时的作品。"IBM"是公司英文"International Business Machines"的缩写，其标识(见图 2-4)的造型精美、大方，蓝色的运用体现了企业的精神风貌，也开创了以蓝色象征高科技产业风采的先例。历史早已证明，IBM 公司通过系统的"企业形象"策划工程，在公众心目当中树立了良好的企业形象，最终走上了一条发展壮大的成功之路，被称为美国新兴产业的"蓝巨人"，也被夸耀为"地球上获利最高的公司"。无独有偶，美国著名饮料品牌"可口可乐"(见图 2-5)也在企业发展过程中，下大力气进行"企业形象"创意，运用诸如统一的色彩装饰、商标标志等手段，提升产品的公信度，打造享誉世界的百年传奇。由于这已是广告界的历史常识，在这里就毋庸赘述了。如此看来，CI 理论在西方广告的发展，至今已有近半个世纪的历史。

图 2-4　IBM 商标　　　图 2-5　"可口可乐"商标　　图 2-6　"太阳神"商标

欧美在 CI 实践方面的先进经验很快为日本所引进。将民族理念与民族文化融入其中，对 CI 进行了结构上的改良与完善，日本的 CI 理论与实践获得了长足的发展。

CI 在中国广告界的源头恐怕要追溯到 20 世纪 70 年代。有学者考证，1974 年苏州轻工职工大学袁维清教授在《包装装潢》中首次提到了"CI"。但遗憾的是，那时在中国内地尚无一家企业在自觉地运用 CI 进行广告传播活动。改革开放后，中国的市场经济日趋活跃，广告业得到了长足的发展，终于出现了自觉引入 CI 理念、服务企业长远发展的公司，即 1988 年广东一家生产"万事达"保健口服液的乡镇企业。据资料记载，当时该公司聘请广东新境界设计群为企业进行全方位的 CI 创意。随后，在新的"企业形象系统"的指导下，该企业"改头换面"，将品牌名称改为"太阳神"，启用新的标志、标识（见图 2 - 6）。这些措施很快就取得了巨大的市场反响，销路大开、利润大增。到了 20 世纪 90 年代，CI 理论被中国广告界所普遍认可，终于在中国经济市场上落地开花、广结硕果。

　　3. CI 理论的主要内容

　　CI 理论的主要内容至少包括两个方面：一个方面，企业的整体形象意识必须贯彻到企业的生产、广告传播等所有环节中，尤其是广告传递的信息内容必须符合业已确定的 CI 战略，同时还要注意延展和累积广告效果；另一个方面，CI 战略的核心命题是打造企业的总体形象，这意味着这种打造过程已经超越了单一的品牌领域。

　　在广告业界，一般倾向于将 CI 分解为三个层次加以把握，即企业理念识别（MI）、企业行为识别（BI）、企业视觉识别（VI）。下面简单介绍一下。

　　企业理念识别（MI）。MI 是英文"Mind Identity"的缩写，就是力求使企业以卓然不群的个性与其他企业相异，而使社会公众欣然向往。MI 要求企业在精神文化方面做出不懈的努力，建构企业独有的经营哲学、宗旨、目标、精神、道德、作风等。有人把 MI 看作是 CI 的灵魂和原动力，因为 MI 决定了CI 的发展和实现。

　　企业行为识别（BI）。BI 是英文"Behavior Identity"的缩写，就是力求企业组织与员工的言行和各项活动符合 MI 的统帅，以区别于其他企业。BI 是企业形象策划的动态识别形式，有别于企业名称、标志等静态识别形式。一方面，在实施的过程中，员工及其群体的行为本身就是一种传播媒介，可以使公众直接形成对企业形象的感觉和认知；另一方面，在传播的过程中，员工的举止言行无不是企业价值观、道德观、精神文化素养的生动体现。所以，BI 是 CI 的主要载体和显示器。

　　企业视觉识别（VI）。VI 是英文"Vision Identity"的缩写，就是力求通过独特的名称、标志、标准字、标准色等视觉要素而区别于其他企业。VI 可以说是在整个 CI 实践中最形象、直观的一个环节。心理学的研究发现，人体获取信息的最主要途径是视觉，其比例可达 80%，因此 VI 是最夺人眼目的传播策略。VI 的实现需要借助特定的物质载体，如厂房、店铺、广告牌、产品外包装等。相对而言，VI 在具体实施上要比 BI 或 MI 来得容易，效果反馈度也高，但它对企业形象建设的影响不够持久和深入，它只有与其配合才能发挥出更大的效益。

第四节 ROI 理论与 BC 理论

一、ROI 理论的主要内容

ROI 是英文"relevance, originality, impact"的缩写, 通常被翻译为"关联性、原创性与震撼性"理论, 是在 20 世纪 50 年代由美国著名广告公司 DDB 开创的一套十分实用的创意策略。

ROI 理论的核心部分主要有以下几个方面的主要内容:

(1) 一个好的广告创意应该具备三个基本特质, 即关联性、原创性、震撼性。

(2) "关联性"要求广告创意思维与产品自身的属性、受众的兴趣等密切相关, 无关的内容会使广告创意失去存在意义;"原创性"要求广告创意构想自出机杼, 具有蓬勃的生命力和新鲜的创造力, "抄袭"和"模仿"只会损害广告的吸引力, 窒息广告传播的生命, 使其变得脆弱而无力;"震撼性"要求广告创意振聋发聩、直指心灵, 具有非凡的冲击力和巨大的感召力, 软弱和平庸不但不会给受众以深刻的印象, 相反广告的全部努力还会招致失败。

(3) 有鉴于此, 广告活动必须在创意的过程中解决五个基本问题, 即广告为了什么? 广告针对谁? 品牌的个性在哪里? 什么媒体适合它? 怎样走进和吸引受众? ROI 理论的成功之作是伯恩巴克为"金龟车"创作的"次品"的广告创意。

二、BC 理论的主要内容

BC 即英文"brand character"的缩写, 通常被翻译为"品牌个性"理论。该理论的提出是基于美国格雷公司的长期实践以其对品牌内涵独特的思考、发掘、总结的结果, 成为逐渐被广告界认可且行之有效的创新理论。该理论的主体思路可以通过一个公式加以表示: 品牌性格 = 产品 + 定位 + 个性。其产品的自身属性与产品市场定位和其特点复合构成了品牌个性的内涵。BC 理论的核心部分, 主要包括以下几个方面的内容:

(1) "个性"是高级层面的创意策略——广告以信息传递方式寻求与受众的沟通, 在这个传播过程中, 产品的外在标志和形象属于"初级层面"因素, 品牌则属于"中级层面"因素; 而个性则成为统摄"初级"、"中级"层面灵魂的"高级层面", 成功的个性表达甚至可以制造崇拜。

　　（2）"人性化"是品牌个性的创意思路——为了有效实现品牌个性化的实施和表达，最有效的方式莫过于"人性化"的思路，即以"人性"的视角将品牌"拟人化"，寻找其构成"人格化的因素"，来诉诸表现。

　　（3）主题文（图）案是品牌个性化实施的关键所在——品牌个性所追求的传播效果就是"与众不同"、"别具一格"、"个性迥异"，而实现这种"独属"个性的一个关键性操作环节就是设计出合理、合情、合意的核心图案和主题文案。

　　（4）"象征物"是代表品牌个性最有力的武器——品牌个性最能打动受众的实现方式就是寻找一个贴切的"象征物"。例如，"花旗参"以鹰为"象征物"（见图 2 – 7）；"万宝路"以"美国西部牛仔"为"象征物"（见图 2 – 8）；"BRAND'S 鸡精"以灯泡为"象征物"；"骆驼香烟"以"驼脸人身"为"象征物"（见图 2 – 9）；"肯德基"以"慈祥的老人"为"象征物"（见图 2 – 10）；"麦当劳"以"小丑"为"象征物"（见图 2 – 11）。

图 2 – 7　"鹰"牌花旗参茶外包装

图 2 – 8　"万宝路"香烟平面广告作品

图 2 – 9　"骆驼"香烟外包装

图 2 – 10　"肯德基"商标形象

图 2 – 11　"麦当劳叔叔"形象

创意赏析

神奇的柑橘

在当今的美国经济界，新奇士公司（Sunkist Growers Inc.）早已是家喻户晓，且拥有百年历史。当我们翻开这家公司的年谱，细细琢磨它的百年历程时，不禁会感叹其成长过程与广告创意活动密不可分。

1893 年 8 月 29 日，一群来自美国加州各自为政的柑橘种植者自发地聚集在洛杉矶市中心的商会大楼，他们怀着焦急的心情商议如何兜售柑橘的商业计划。由于与美国东部市场相距遥远，加之中间商的有意盘剥，柑橘种植者们试图联合起来，以解决柑橘销售的燃眉之急。在俄亥俄州橘农钱布林（T. H. B. Chamblin）的带领下，他们成立了一个非盈利性的农场主合作社——"南加州水果协作社"（Southern California Fruit Exchange），对所有加入合作社的柑橘产品统一推行销售，取得了很好的收益。但随着销售量的增加，水果消费市场趋于饱和。于是，1907 年该组织拿出 10 000 美元做了第一条广告。在罗德暨托马斯广告公司（Lord&Thomas）（即现在的福康贝尔丁公司）的帮助下，该组织还推出了一版三色的报纸广告，登载在《得梅因名簿》（*DesMoines Register*）上，宣布时年 3 月份的第一周开展"爱荷华柑橘周"活动，届时该地将得到大量经由铁路运输来自加州原产地美丽果园的上等柑橘。此外，南太平洋铁路公司（Southern Pacific Railroad）也加入了这次广告活动，他们在爱德华境内大量散发海报，并传播广告口号"吃柑橘利健康、到加州挣钱忙"。在美国广告史上，这次广告创意活动被称为最早的一次"联合营销成功案例"。

1908 年，协作社组织再接再厉，加大对广告创意的投资力度。他们注资 25 000 美元在协作社所有的货运箱上张贴了六百万张特制标签，向世人宣传协作社的商标"新奇士"（Sunkist），以此名扬四方。

后来，这一系列广告创意活动的成功，不仅树立了一个享誉世界的水果品牌，也使福康贝尔丁公司脱颖而出，在与美托（Mattel）、RJR 纳贝斯克（Nabisco）的合作中，成长为具有国际影响的、规模巨大的广告代理公司。

下面是历史上"新奇士"曾经发布过的广告作品（见图 2 - 12、图 2 - 13），既包括报纸广告也包括电视广告，你能总结一下它的创意特色吗？

| 你观察过店里的人吗？他们都自以为知道如何挑选最好的橘子。 | 他们又挤、又拍、又摇，我不明白她在干吗？ | 其实，他们只需转一下手腕，如果上面有"新奇士"几个字，你就拿，嘿，别忘了看一下这个标签。 |

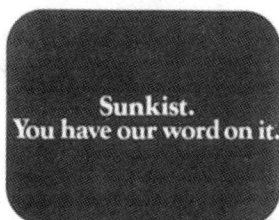

图 2 – 12 "新奇士"电视广告画面

图 2 – 13 "新奇士"平面广告作品

第三章 广告创意的代表人物

压题图片

图 3-1 "鳄鱼"牌 T 恤平面广告作品

在百年广告史中，闪烁着许多人的智慧，留下了许多人的成就，今天当我们承接这些历史经验时不禁感叹于人类创造力的神奇。广告创意绝对算得上是一种高超的思维创造活动，在它的背后反映了人们追求新奇和梦想的努力拼搏。看看左边的这幅广告创意作品，你见过以鳄鱼 T 恤为球场尺度的网球比赛场地吗？

关键概念

大卫·奥格威（David Ogilvy，1911—1989）——是美国奥美广告公司的创立者之一，是一位具有巨大国际影响力、并极富传奇色彩的广告大师。

威廉·伯恩巴克（William Bernbach，1911—1982）——国际著名广告公司 DDB 的创始人之一，被看作是 20 世纪后半叶以来在国际广告创意领域最有影响的人物之一。

李奥·贝纳（Leo Burnett，1891—1971）——美国著名广告企业李奥·贝纳公司（Leo Burnett Co.）的缔造者，被称为 20 世纪 60 年代美国广告创作革命的旗手和典范人物。

罗瑟·瑞夫斯（Rosser Reeves，1910—1984）——20 世纪 50 年代美国广告界第一位提出"广告是科学"的业内人士，USP 理论的创立者。

詹姆斯·韦伯·扬（James Web Young，1886—1973）——詹姆斯·韦伯·扬是美国广告委员会的创始人、著名广告创意大师和广告教育家。

　　在世界广告事业发展的历史进程中，涌现出了许多优秀的广告创意作品，也出现了一大批深谙广告创意之道的广告人才，同时产生了各具特色的广告创意理论流派。尤其是 20 世纪以来的百年间，随着商品经济的发展和商品市场的扩大，广告业以异常迅猛的发展态势逐渐渗透到社会经济生活的各个角落。时势造英雄，百年间出现了一个又一个广告创意领域的"风云人物"。他们远见卓识，善于把眼前的产品（服务）宣传与长远的企业发展联系起来；他们独具慧眼，善于把产品（服务）的特质与内在的潜质联系起来；他们独辟蹊径，善于突破原有的思维局限，无限开拓了广告创意的想像空间。下面将介绍一些国际著名的广告创意大师。由于篇幅所限，笔者无法将百年广告历史中所有熠熠闪光的名字一一道来，只能采取点面结合的方式，以其中的一人或多人为主，兼顾其他，概貌式地介绍这些广告创意领域的代表人物。

　　需要说明的是，在此介绍的人物包括大卫·奥格威、威廉·伯恩巴克、李奥·贝纳、罗瑟·瑞夫斯、詹姆斯·韦伯·扬等。其中由于大卫·奥格威在国际广告界的巨大影响及其传奇经历，笔者将其作为一个生动个案加以详细介绍，因而篇幅最长。

第一节　大卫·奥格威（David Ogilvy, 1911—1989）

　　大卫·奥格威是美国奥美广告公司的创立者之一，是一位具有巨大国际影响力、并极富传奇色彩的广告大师。在其 88 年的生命历程中，当过厨师、情报人员（二战期间）、外交官、农民、广告人，他丰富的人生经历好似一部情节起伏的小说，颇具传奇色彩。奥格威形容自己是"广告古典主义者"。他注重以事实为依据的长文案，发展了艾伯特·拉斯克的"平面推销术"的理论。他在二战后留下了许多令人难忘的创意：哈撒韦衬衫、壳牌石油、西尔斯连锁零售店、运通信用卡、国际纸业公司、IBM、罗斯－罗依斯汽车和帕伯瑞德农场。奥格威开创了一种收费方式，以对抗佣金制。1961 年"大变革"期间，他入选文案名人堂。

一、大卫·奥格威的早期经历

　　奥格威出生于 1911 年 6 月 23 日，其出生地是苏格兰的一个小镇，名为西霍斯利。在很多有关他的传记中，往往都会在一开篇提到一个有趣的细节，即奥格威的生日和他的祖父和父亲的生日是同一天。据奥格威本人回忆，他的母亲是一个漂亮的爱尔兰人，但脾气古怪，而父亲则显得格外慈祥。

据说奥格威的家庭是苏格兰的一个名门望族，很显然这些家庭和环境的因素，一定在某种程度上影响了年幼的奥格威。

在奥格威童年的生活经历中，父亲对他的影响十分巨大。据奥格威本人在 50 岁时写的回忆文章，当谈起自己的父亲，十分激动，称自己的父亲"是个仁慈、有耐心、和蔼、直爽、无私、热情的人，体格强壮得像牛一样"。据说他父亲总是用欣赏的眼光对待孩子们，并且从身心两方面尝试锻炼孩子的体质与意志：6 岁时，父亲就要求奥格威每天喝一大杯生血，后来又让他喝啤酒，为了增强心智，还要求儿子每周还要吃三次小牛脑。生血、牛脑，加上啤酒，都是当时流行的贵族式的生活历练。不难看出，奥格威的父

图 3 - 2   大卫·奥格威

亲希望儿子成为一个身体健壮、头脑灵活、敢于积极面对生活的人；而少年时代的奥格威，也从他父亲那儿耳濡目染地继承了两大嗜好——抽烟斗和遇事沉着的幽默感。另外，在奥格威成长的道路上，祖父对他的影响也十分重要。据说，少年时代的奥格威曾经把自己的祖父当作英雄来崇拜。因为他的祖父 14 岁辍学，后来移民阿根廷经营农场；既参加过巴拉圭战争，又迫于生计跑到新西兰去淘金；最后来到伦敦，从一名银行书记员做起，最后成为一家银行的经理；还把 7 个孩子都送进了私立学校和大学。由此，两个男性长辈的奋斗精神，深深地镌刻在奥格威的心中，也为日后他的个人奋斗之路埋下了伏笔。

1929 年，18 岁的奥格威进入牛津大学基督教会学院学习。奥格威很快就适应了牛津的鼓励竞争的奖学金制度，由于被老师认为是将来有巨大潜力和希望的学生，他顺利地获得奖学金，得以支付昂贵的学费。

然而，接下来的日子，却并非常人想像的那样一帆风顺。一方面，从小喝生血长大的奥格威患上了比较严重的哮喘病，让他痛苦不堪、彻夜难眠；另一方面，他也渐渐地失去了对学校生活的兴趣，而开始向往围墙之外的广阔生活。于是他开始早上打网球，下午骑马，晚上和朋友一起吃饭。但是在白天上课的时候，永远是昏沉沉的；只要考试，他也一定不及格。两年之后，奥格威选择"退学"。在奥格威成名后的传记中，曾经把在牛津的日子称作"不快乐的时光"，这段生活经历也促使后来作为广告大师的奥格威，强烈反对"填鸭式"教育。

二、大卫·奥格威的广告创意生涯

离开牛津后，奥格威出人意料地来到巴黎的皇家饭店，学习烹饪。巴黎

的厨师生涯只持续了一年，但却使年轻的奥格威练就了享用一生的烹饪手艺。当然浪漫的都市风光、美味的法兰西食品，也在奥格威的心中种下了终生挥之不去的"法兰西情结"。即便后来奥格威蜚声于美国广告界之时，也念念不忘回法国避暑度假。甚至在他56岁那年（1967年），还在法国买下了多佛古堡，使自己从奥美退休之后，有一个隐居之所，直至离世。

1932年，21岁的奥格威找到了一份新工作，他开始在苏格兰的一家厨具公司当推销员，挨门挨户地兜售厨房用具。1935年他为公司的同事们编撰了一本讲授销售技巧的小册子，事隔多年后，即1971年美国《财富》杂志在一篇报道奥格威的文章里，提及这篇计划书时，称其为"有史以来写得最好的销售手册"。当时由于奥格威本人在推销炉具的过程中表现出色，公司指定他写一份指导其他销售人员的手册，于是奥格威在销售手册《前言》中以如下的话语作为开头：

全英国总共有1200万户居民，其中有100万户拥有汽车，但是只有1万户家庭拥有将军牌炊具。一个家庭如果买得起汽车，就买得起将军牌炊具。

这段话，即使现在看来，也颇为精彩。在这本手册中，奥格威几乎把能想到的所有细节、处境、困难都制定出应对的办法，其周密、细致之极，显示出他天才般的推销本领，而其中也不乏生动有趣的销售案例。据说，当时奥格威卖了一套厨具给大卫·麦克唐纳，这个人是圣安德鲁和爱丁堡的罗马天主教大主教。设备装好后一个礼拜，这位宗教界的领袖人物主动来找奥格威，希望他能造访其他教区内的所有女修道院。在以后的3个月当中，奥格威以自己的勤劳，跑遍了苏格兰的所有女修道院，而由于主教事先的推荐，奥格威顺利地和这些修道院的主持修女签订了购买合同，创造了别人难以企及的销售业绩。可以说，正是这些难得的销售经验，激起了奥格威对广告的浓厚兴趣。

1935年，奥格威加盟伦敦的美瑟－克劳瑟广告公司，担任广告编辑的工作，而他的第一个广告客户就是原来的雇主——厨具公司。1938年，受公司委派，奥格威前往美国学习广告业务。当曼哈顿的摩天大楼出现在他眼前的时候，他不禁喜极而泣。这以后，带着一颗跳动的、不安分的心，带着对美国新生活的美好向往，他移居美国，开始在这片广阔天地奋力打拼。

奥格威在美国的第一份工作是在著名的盖洛普受众调查所为好莱坞制片商做民意测验，虽然当时一周的收入只有微薄的40美元，但精明的奥格威却以能够在盖洛普博士身边工作而倍感兴奋。因为他知道，在这里所学到的东西，对于一个想要在广告领域有所建树的年轻人来讲，是无比宝贵和值得珍惜的。

1944年，33岁的奥格威在二战中，偶然间步入了政坛，谋得了担任英国驻美使馆二等秘书的职位。奥格威每天的工作类似于情报人员，他要替外交大臣或首相发送电报。1945 年 6 月，奥格威曾经向伦敦和重庆发送了一封电报，其内容是表达英国官方的亲华立场，但由于发送电报时没有使用密码，当天深夜，奥格威还接到了大使馆的电话质询和指责。也许是由于战时工作给他带来的沉重感，也许是厌倦了政治领域的沉闷气氛，战后的奥格威携妻子来到宾夕法尼亚州的兰开斯特县，试图像当地的阿米什那样，过上悠闲的农耕生活。当时的所谓"阿米什教徒"，是 18 世纪中叶为了寻找宗教自由，从德国迁徙而来的一个群体部落。他们离群索居，远离尘世的变迁，以种植烟草为生活的经济来源，以严格的教规为生活准则，他们的居住地被外人形容成"一座宽阔的乡村修道院"。但是实际的生活过程，让奥格威逐渐意识到，繁重的农耕劳动和单调的乡村生活无法抚慰他那颗渴求创造和拼搏的雄心，于是他回忆着祖父当年由农而商的举动，于 1949 年来到纽约，继续他的人生梦想。

　　这一年，奥格威提出与马瑟 – 克劳瑟公司联合在美国开设一家分公司，同年 9 月，奥美广告公司在纽约的麦迪逊大道挂牌成立，奥格威的广告传奇生涯揭开了最绚丽的一幕。自奥美公司开业以后，奥格威创作出简洁、具有震撼力的广告，以华丽词句和切合实际的文案，以及尊重消费者的才智为特色。

　　公司创立初期，遇到了极大的考验和挑战，而奥格威这位广告天才以他不懈的努力、执著的精神和睿智的创想，克服了常人难以想像的困难，频出奇招，开拓市场。比如，他经常发表演说，以犀利和煽情的评论，在麦迪逊大道制造尽可能大的骚动；他善于和媒体打交道，时常把奥美公司的动作曝光给他的目标受众；他还发挥出色的外交才能，利用自己的社会关系来为公司制造社会声望。当时在麦迪逊大道，广告业界对英国人开的广告公司抱有偏见，于是他就迎合世俗的偏见，从广告巨头智威汤逊公司挖来了美国人安得森·休伊特做他的老板；当时他不计较偶尔的得失，不挑三拣四，能争取到什么客户就服务于什么客户；他还花费巨大的精力，主动为那些有希望争取到的目标客户做产品调查，拿出广告方案进行投标。经过一番辛苦的劳作，慢慢地像新泽西标准石油公司和海伦娜·鲁宾斯坦（这是一家与雅诗兰黛齐名的知名化妆品企业）这样的知名企业逐渐被他收入囊中。

　　1951 年，奥格威的广告公司接到缅因州哈撒韦公司的一个电话。当时这是一家默默无闻的小制衣公司，他们想做广告宣传自己的产品，但只能拿出 3 万美元的广告预算。从当时广告业界的惯例看，想用这点资金把一个名不见经传的企业宣传出去，绝非易事。但是奥格威还是决定接受这次挑战，并且由他亲自接手设计——奥格威为哈撒韦衬衫做了 18 套设计方案，"让模特戴上眼罩"本来是最后一套被大家否决了的方案，但在去摄影棚的路上，他灵感顿现，钻进药店，花 1.5 美元买了一只眼罩，于是在当代世界经典广告创意的历史长廊中，一个著名的作品诞生了，画面上是位风度翩翩的成熟男子，穿一件哈撒韦衬衣，一只眼睛被蒙上黑皮条，再配以简洁的说明文字，称赞购买者品位如何之高。这条广告以最快的速度和最低的广告成本，让默默无闻了 116 年的哈撒韦制衣厂一举成名，也为奥格威的广告公司赢得了极高的声誉。

　　20 世纪 50 年代以后，奥格威逐渐凭借自己的实力成为美国广告业界颇受欢迎的广告制作人，同时也逐步形成了自己独有的一套广告理论。比如，他建议在选用广告词时一定要遵循"一句话千万不要超过 12 个字"的原则；在为著名汽车制造商劳斯莱斯公司宣传产品时，他创造了令人难忘的、触目惊心的标题"开到时速 60 英里，唯一的噪音来自于钟表的滴答声"；他强调广告的关键所在是激发消费者的兴趣。奥格威不断地以他独特的创作风格为众多知名企业和公司设计广告。尤其是在 1955—1957 年间，他还举办了一系列的广告讲座，向广大业内人士和广告爱好者阐发自己对广告创作的理解与感悟，以及自己的实践经验。

　　20 世纪 60 年代，奥格威大踏步地拓展公司的业务，并且雄心勃勃地要让奥美旗下的遍布世界各地的分公司，打造出全美国乃至全世界最"杰出"的广告作品，以展现他的期望：使奥美的作品具有"令人无法抗拒的魅力"。1963 年，奥格威出版了他的第一本著作《一个广告人的自白》。奥格威把这本书的版权送给儿子做 21 岁的生日礼物。他原来以为这本书最多可以卖掉4000 册，结果到目前为止，这本书在全世界的销售量已经超过百万册，而且数字还不断地在增长，成为欧美广告专业学生的必读书。1964 年，他和从前的合作伙伴马瑟－克劳瑟公司合并，新公司取名为"奥美市场服务公司"，营业额高达 1.3 亿美元。1966 年，奥格威不顾部分股东的反对，执意把公司推上股市。在随后的 10 多年里，他继续使公司发展壮大，特别是在欧洲赢得了越来越多的广告客户。

　　经过长足的发展，目前奥美广告公司在 100 个国家和地区设有 359 个办事机构，拥有 1 万多名员工，为众多世界知名品牌提供专业性的策略顾问和传播服务。在奥美的几百家客户名单里，我们看到许多重量级的名字：美国运通、福特、壳牌、美国政府、英国政府、法国政府、IBM、柯达……

　　1975 年，64 岁的奥格威不再担任公司的领导者，转而专心负责公司在世界各地承揽的广告创意。1983 年他放弃在奥美市场服务公司的一切职务，在法国的一座中世纪的城堡里过起隐居生活。据说奥格威有随时记笔记的习惯，他经常把第一时间产生的灵感或想法随手记在便签上，作为备忘录提醒自己以及身边的人，奥美的员工亲切地把这些便条上的话称作"红语录"。奥格威 75 岁生日那天，收到了一份令他惊喜万分的礼物——奥美在世界各分公司的同仁把数十年来奥格威的唠叨、责骂、忠告、警语汇集起来，由撰文高手拉斐尔森主编，将"红语录"编辑成书——《奥格威——未公之于世的选集》——送给他们尊敬的 D.O.（奥美员工对奥格威的昵称）。据奥美的同事回忆，奥格威在平日里视自己的工作为生命，但生活却十分平实——他看不懂资产负债表，不会用电脑，害怕坐飞机，以至于无法及时出现在遍布世界各地的奥美分公司的应酬活动中。但是在业余时间，奥格威爱好广泛，乐意从事各种社会活动。奥格威曾经担任纽约爱乐交响乐团的董事、林肯中心公众参与委员会主席等职；1975 年起，他出任全球野生动物国际基金托管人；1967 年，他获得大英帝国颁发的指挥官勋章；1977 年他入选美国广告名人堂；1990 年获得法国艺术与文学勋章。

晚年的奥格威，与妻子隐居在法国的多佛古堡，享受人生的夕阳时光。1999 年 7 月 21 日，大卫·奥格威在法国多佛的家中安然去世。

第二节　威廉·伯恩巴克（William Bernbach，1911—1982）

威廉·伯恩巴克是国际著名广告公司 DDB 的创始人之一，被看作是 20 世纪后半叶以来在国际广告创意领域最有影响的人物之一；美国著名广告业内杂志《广告时代》曾将其推选为 20 世纪末广告业界最有影响力人物的首位。

一、威廉·伯恩巴克的早期经历

威廉·伯恩巴克出生于美国的纽约，从小生活在这座举世闻名的国际大都市之中，接受了正规而良好的文化教育。威廉·伯恩巴克早年就读于纽约大学文学专业，同时对艺术创造充满了浓厚的兴趣。大学毕业后，威廉·伯恩巴克经过了一番社会历练，逐渐凭借一支笔闯荡广告界，一步步地实现着自己的人生价值。

步入广告业之初的七八年时间，威廉·伯恩巴克曾在多家广告公司任职，从基层做起，积累了扎实的实践经验。在当时美国的经济大萧条时期，伯恩巴克在美国综合酒类酿造公司的收发室找到了工作。这个毕业于美国纽约州立大学的男孩子感到十分幸运。在那里，他见到了公司的董事长格罗弗·惠伦。惠伦也是纽约市政府及著名的广告俱乐部的官员。不久伯恩巴克被他招到麾下。1939 年，惠伦领导筹备纽约世界博览会的时候，伯恩巴克作为文书一同前往，这些经验将伯恩巴克磨炼成为一名成熟的文案。之后，他进入了老威廉·温特劳布广告公司。那个时候，文案瞧不起美术指导，但他给公司的美术指导、传奇设计师保罗·兰德留下了深深的印象。在他们谈论美术指导与文案创作协调的话题中，伯恩巴克明白了如何通过这种通力合作促进广告创意工作。

1945 年，威廉·伯恩巴克加入葛瑞(Grey)广告公司，随即凭借自己良好的专业素质从一个文案迅速被提升为该公司的创意副总监。1949 年，他与多伊尔以及马克斯韦尔·戴恩合作，成立了多伊尔—戴恩—伯恩巴克(Doyle Dane Bernbach)广告公司。他们在工作上有了分工：多伊尔掌管客户方面；戴恩负责经营和工作人员；伯恩巴克负责创意策划。DDB 创立之初，伯恩巴克便担任总经理一职，直接领导并创作了一大批在广告界引起轰动的优秀广告作品，使公司的业务蒸蒸日上，迅速跻身于美国著名广告公司的行列。从某种程度上来说，伯恩巴克是 DDB 广告公司的灵魂人物，正是他将 DDB 带入创意能量大爆发的时代。伯恩巴克赞同这样的创意过程：如何将客户的产品与消费者联系起来；人类的品质与感情扮演怎样的角色；然后广告决定如何利用电视和平面的形式向消费者传达并赢得他们。这种创意思路造就了电视广告的新风格：大众汽车的"葬礼"和"雪犁"；Alka-Seltzer 的"偷来的牡蛎"；为宝利来制作的"拜访祖父"；为莱因戈尔啤酒制作的"意大利人的婚礼"；生活谷物食品"麦琪"；为"美国旅行者"旅游皮箱作的"大猩猩"；与杰克·吉福特为"饼干杰克"(舔饼干)作的"牌戏"和"分享"；为 GTE 作的"燃烧的鸡蛋"；为牙买加旅游局以停格摄影法制作的"对比"。

在伯恩巴克的广告观念中，广告最重要之处就是要有独创性和新奇性。因为在伯恩巴克看来：世界上形形色色的广告中，可能有85%的广告压根就没有被人注意，真正能够让人们注意并接受的广告大概只有15%。正是这样一个基本的事实，促使伯恩巴克坚持把独创性和新奇性作为广告业生存发展的首要条件。也正是在这样的信念支撑下，伯恩巴克在美国同时代的广告大师之林中独辟蹊径、自成一家。

二、威廉·伯恩巴克的创意实践

威廉·伯恩巴克还是 ROI 理论的提出者之一，这个理论的基本观点是：好的广告有三个基本特性，即关联性(relevance)、原则性(originality)、震撼性（impact）。此理论在广告理论界影响深远。

想他人之所未想、言他人之所未言，这是伯恩巴克广告创作中最突出的一点。他特别善于在平常处提炼创意；在看似反常的广告文字之中，表述事实和信息。被视为在 ROI 理论指导下成功的创意作品是威廉·伯恩巴克为德国大众汽车公司在美国市场推出的 Volkswagan 产品所创作的系列广告。

据说当年在承接了大众汽车公司的广告业务之后，伯恩巴克做的第一件事情，就是来到德国沃尔夫斯堡的工厂，亲眼目睹"甲壳虫"汽车是如何生产出来的。随即，伯恩巴克确立了广告的主题，即他要告诉美国公众"这是一部诚实的车子"。因为，他已亲眼看到了汽车生产时所用的材质，看到了工厂严格的质量管理机制，看到了现代化汽车生产线的高效率。伯恩巴克由此相信大众公司完全能够生产出"物美价廉"的汽车产品。遗憾的是，当时的大众公司在"甲壳虫"汽车广告宣传上的资金投入相对微薄，在严峻的现实面前，伯恩巴克以他卓越的创造性展示出高超的创意技能。这是一幅看上去非常平凡的广告创意图片：一辆"甲壳虫"汽车呆头呆脑地停在那里，没有美女陪伴，没有别墅衬托。

在这一系列作品中，他以鲜明的颠覆传统理念的方式，来突出微型轿车的优点，打破传统汽车广告平铺直叙的呆板手法，大胆使用凸显轿车主体的大幅图片，并且结合语惊四座的醒目标题，激发受众好奇，吸引受众视线。比如他在泄气的车胎图片下写下一行标题：谁也不会十全十美（Nobody's perfect），紧接着在广告文案的正文中列举微型轿车的各种优点；他在平面广告中留下大块空白，而车的图像只占很小的面积，而后打出一行标题"从小处想想（Think small）"，接下来罗列微型轿车的好处。总之这些清新脱俗的创意，取得了振聋发聩的效果，赢得了巨大的市场成功。

此后，DDB 广告公司以其众多杰出的反传统广告著称于世。威廉·伯恩巴克十分重视"广告执行"（executive），认为其本身也是内容。他从"广告执行"的思路出发，看重受众对广告创意的评判，要求广告以真实取信于人，避免陈词滥调和过度重复；看重广告对受众的吸引力，要求广告文字洗练、构思新颖，具有旺盛的影响力和销售力；看重广告创意本身的个性特点，要求广告创意独具特色、与众不同，避免一相情愿的自夸，而是谋求与受众的兴趣一致；看重广告创意的赏心悦目，要求广告保持幽默的形式，成为受众娱乐的补偿方式。

在上述理念的指导下，威廉·伯恩巴克创作了许多经典广告作品。

当时美国的市场经济十分发达，出租车行业走上垄断之路，并且出现了几家全国性的大出租车公司。这其中，规模和实力位居榜首的是哈兹（Hertz）公司，占第二位的是埃飞斯（Avis）公司。为了取得行业的领先地位，两家公司展开了激烈的广告宣传大战。但由于实力相差悬殊，埃飞斯在创业之后的 15 年中年年亏损，居于下风。

1962 年，埃飞斯公司的新总裁上任，意欲力挽狂澜，选择伯恩巴克的 DDB 公司作为自己公司的广告代理商，并且要求 DDB 公司以 100 万美元的广告费发挥 500 万的效果，帮助公司扭转预势。在与埃飞斯的经理们和自己公司的广告专家进行了认真详细的调查研究之后，伯恩巴克果断地提出了全新的广告策略——"不争第一、甘居第二"，保存实力，以退为进。开明的新总裁接受了伯恩巴克的广告策略，1963 年，连续亏损多年的埃飞斯公司开始改弦更张，正式推出公开宣称自己是"第二位"的全新广告，其标题是："埃飞斯在出租车业只是第二位，那为何与我们同行？"广告正文是："我们更努力（当你不是最好时，你就必须如此），我们不会提供油箱不满、雨刷不好或没有清洗过的车子，我们要力求最好。我们会为你提供一部新车和一个愉快的微笑……与我们同行。我们不会让你久等。这是美国历史上第一个将自己置于领先者之下的广告。虽然创意之初遭到了众多业内人士的反对，但事实证明了伯恩巴克的正确。广告刊播后，立即引起了广大消费者的关注，并产生了相当强烈的效果。

这一广告的高明之处在于，它敢于公开承认埃飞斯公司所处的地位，利用顾客锄强扶弱之心的同时，迅速提升服务质量，结果公司的事业在短时期内取得飞跃性发展，逐渐取得了与哈兹公司势均力敌的竞争态势，并最终成为行业中的佼佼者。据资料显示，当年长期赔本的埃飞斯公司就出现了 120 万美元的盈余；第二年，这一数字上升到 260 万；第三年又增长了近一倍，达到 500 万美元——这就是杰出的广告创意所带来的巨大效益。

埃飞斯公司的这组广告被美国广告界专家视为经典之作，并对其成功的原因进行了详尽的研究。甚至有理论研究者认为，这些作品属于美国最早的定位广告之一，它的创意内核就在于为埃飞斯公司建立了"比附"位置，即用哈兹公司的第一衬托自己的地位，使消费者通过认可第一而认可第二。后来，这种"定位"的思路在 20 世纪 70 年代，得到了更广泛的讨论与应用，逐渐形成了比较完整的体系，这与伯恩巴克的早期实践是分不开的。

伯恩巴克在 DDB 工作了 33 年。在公司的营业收入达到 12 亿美元的时候，伯恩巴克把这种改变看作是美国文化前景发展和广告的原动力。广告界业内人士克朗在伯恩巴克去世后曾经这样评价他说："他把广告提升为一种高雅艺术,把我们的工作提升为一种职业。"

作为广告史上最具有影响的创意大师之一,在美国广告史上被人们亲切地比喻为"鼓舞人心的父亲"。史家评论他说:他的文案和美术指导为了获得他认可而活着,争相使他的蓝眼睛眨动和博得他微笑。回顾他的创意人生,从1949年7月DDB开门营业,到他被断定是白血病,伯恩巴克一直以鼓舞人心的"自信"来"修订"自己。

据说,伯恩巴克是一个穿着和举止比较传统和保守的人,有人形容他是"一个为一群时髦人士包围的老古板"。伯恩巴克的为人谦逊,但构思却精彩,并且尽可能地追求完美。据他周围的人回忆:每当伯恩巴克审看一段做好的文案,总要从精益求精的角度提出建议;或者一挥而就地撰写出广告标题。

威廉·伯恩巴克于1982年10月去世。在他去世后,美国《哈珀斯》杂志在评论文章中评价到:"(伯恩巴克)可能比任何一个在《哈珀斯》133年历史上出现过的杰出艺术家和作家,对美国的文化具有更大的冲击力。"直到今天,伯恩巴克的名字仍出现在《广告时代》所推选的广告业最具影响力的人物的第一位。可见,伯恩巴克的冲击力依然未减。

第三节　李奥·贝纳(Leo Burnett, 1891—1971)

美国著名广告企业李奥·贝纳公司(Leo Burnett Co.)的缔造者,被称为20世纪60年代美国广告创作革命的旗手和典范人物。李奥·贝纳在广告界从事工作达半个多世纪之久,对美国广告界贡献非凡。从学术方面看,以其著作《写广告的艺术》为代表,被看作是广告学芝加哥学派的开创者和学术领袖;从实践方面看,他的创作理念和作品,尤其是亲手打造的"万宝路"品牌形象使其获得广告大师的美誉,应属当之无愧。

一、李奥·贝纳的早期经历

1891年李奥·贝纳出生于密执安州的圣约翰城,早年为生计奔波,尝试过多种职业,从干货店的伙计到印刷厂的工人,甚至还教过书。青年时代毕业于密执安大学新闻专业,走出校门后当过一年的警事新闻记者。1915年,24岁的李奥·贝纳进入卡迪拉克汽车公司,先后从事刊物编辑、广告经理等工作。5年之后,也就是1920年,他步入印第安纳州波利斯的霍默·麦基广告公司,开始了长达10年的广告职业生涯。在这以后,他又辗转来到纽约,加盟欧文·瓦齐广告公司,被派驻芝加哥任职5年。1935年,不惑之年的李奥·贝纳离开了芝加哥的欧文公司，萌生了创建自己的广告公司的念头，以5万美元起家，于该年8月在美国芝加哥创办了李奥·贝纳广告公司（Leo Burnett Co.），后来又创办了芝加哥广告学校，被尊为芝加哥广告学校之父，开创了极负盛名的广告教育的"芝加哥学派"。在公司创办之初，经营状况可以说是举步维艰，李奥·贝纳不得不从一家广告客户做起，营业额也只有20万美元左右。但是经过他不懈的努力，公司的经营状况不断好转，事业的发展蒸蒸日上。有资料统计，到1961年，李奥·贝纳广告公司的营业额就达到了13.36亿美元，在当时世界广告公司的排名中名列第八位，创造了辉煌的业绩。

尽管历史记载中的李奥·贝纳满脸、体重过胖，几乎不能体现"广告人"的形象，但是他的创意却总给人留下深刻的印象。他通过热情、激情和经验，使所作的文案浸满了"内在戏剧效果"。他创造了许多很有影响的品牌形象："绿色巨人乔利"、"炸面包人皮尔斯伯里"、"金枪鱼查理"、"老虎托尼"（凯洛格食品公司）。他为万宝路推出的广告宣传战，成为以广告的力量创建全球品牌的传奇范例，并最终对烟草营销领域严厉的法规限制产生了影响。

二、李奥·贝纳的创意实践

李奥·贝纳的公司在芝加哥，与身处美国商业中心纽约的各大广告公司不同，他和他的公司以朴实诚恳、平易近人的作风闻名于世。在李奥·贝纳的广告生涯中，由他创作的享誉一时的成功作品，往往都是大众化的商品广告，如食品、香烟等。他善于用温馨的情调和极富人情味的意境感染受众、宣传产品。李奥·贝纳的广告创意经可以用他自己的三句话来代表：

其一，每一种产品都有其固定的戏剧性，我们的主要任务就是发掘它并加以利用。

其二，当你伸手去摘星，你不一定能如愿，但至少你不会弄得满手污泥。

其三，埋首于你的主题，拼命地工作，并对你的预感加以爱护，以它为荣，并且时时服从。

李奥·贝纳善于在自己的创作团队内部营造一种竞争氛围和激励环境，他往往把一项工作分派给几组人员去做，从而使得各个小组在彼此竞争的过程中迸发出创意火花，最后通过他组建的评审委员会以高规格的标准来评定工作的优劣。在这样的机制下，李奥·贝纳带领团队创作出了许多在美国现代广告史上十分著名的作品——万宝路香烟中的牛仔形象，使得一个默默无闻的产品很快成长为世界知名的烟草品牌，长盛不衰。

有人在李奥·贝纳丰富的广告履历中仔细搜集了诸多公开发表的关于广

告创意的真知灼见，整理为"李奥·贝纳的广告创意名言"（见附录），从中我们很容易窥见到这位广告大师的闪光的思想。

附录：李奥·贝纳的广告创意名言

伸手摘星，即使徒劳无功，亦不致一手污泥。（"When you reach for the stars you may not quite get one, but you won't come up with a handful of mud either. "）

不想犯错？只要不再去想好的创意点子就行了。（"To swear off making mistakes is very easy. All you have to do is swear off having ideas. "）

我从未见过，在任何真正伟大广告诞生的过程中，没有一点疑惑、没有堆满的字纸篓、没有殚精竭虑，没有对自我的恼怒和诅咒。（"Rarely have I seen any really great advertising created without a certain amount of confusion, throw-aways, bent noses, irritation and downright cursedness. "）

做生意的唯一目的，就在服务人群；而广告的唯一目的，就在对人们解释这项服务。（"The sole purpose of business is service. The sole purpose of advertising is explaining the service which business renders. "）

简单点吧！让我们挑最明显的特点——最共通的事物——把它做得非比寻常地好。（"Keep it simple. Let's do the obvious thing—the common thing—but let's do it uncommonly well. "）

企划广告时，就该想到如何销售。（"Plan the sale when you plan the ad. "）

即使不考虑道德因素，不诚实的广告也被证实无利可图。（"Regardless of the moral issue, dishonesty in advertising has proved very unprofitable. "）

如果你并不拥有十足的创造力，丰富的想像力，对万事万物也没有太多的好奇和疑问，那么，我劝你最好离广告这行远一点。（"If you're not fertile and imaginative and full of wonder and curiosity, I urge you to stay away from advertising. "）

创意给人生命和生趣。（"Ideas alone enable a man to survive and flourish. "）

一个真正的创意，拥有它自己的力量与生命。（"A real idea has a power of its own and a life of its own. "）

我深信卓越的创意作品，永远是一个成功代理商前进巨轮的中轴——过去是，现在是，未来亦如是。（"I believe that superior creative work always has been, is, and always will be the hub of the wheel in any successful agency. "）

第四节　罗瑟·瑞夫斯（Rosser Reeves, 1910—1984）

20世纪50年代美国广告界第一位提出"广告是科学"的业内人士，USP理论的创立者，美国极富传奇色彩的广告大师，世界十大广告公司之一彼恩公司的老板，"美国杰出撰文家"称号的第一位得主。

一、罗瑟·瑞夫斯的早期经历

罗瑟·瑞夫斯早年的工作与广告活动并无多大关联，年轻时他曾经是美国弗吉尼亚银行的一个文员，在金融机构中做着普普通通的工作。后来他移居纽约，开始涉足广告领域。1940 年罗瑟·瑞夫斯加入了贝茨公司，在长期的广告实践中，他不断摸索经验，逐渐形成了一套独具特色的创意哲学。在罗瑟·瑞夫斯的广告生涯中，十分强调彰显产品的卖点，格外注重家庭消费的商业价值。值得一提的是，1952 年罗瑟·瑞夫斯参与到了美国总统大选的宣传活动中，这一年他为总统候选人德怀特·艾森豪威尔精心策划的总统竞选电视广告宣传计划被采纳，并得以实施，而且最终促使艾森豪威尔入主白宫，由此罗瑟·瑞夫斯的影响超越了广告业本身的行业圈子，甚至影响到了美国的政治宣传活动。

二、罗瑟·瑞夫斯的创意活动

在第二次世界大战结束到 20 世纪 50 年代的这段时间里，美国的经济得到了飞速的发展。生产力的提高和生产技术的进步，极大地提升了企业的生产能力，美国社会的市场格局也就渐渐地由卖方市场向买方市场过渡。在这样的市场背景下，由于产品品种的增多和竞争的加剧，传统广告业界那种单靠一般化、模式化的广告创意和表现的宣传手法，已不能引起受众的注意和兴趣。广告实践的发展呼唤着眼于详细介绍产品特点、指出产品之间差异、增强广告销售效果的广告理念的出台，于是 USP 理论应运而生。正是罗瑟·瑞夫斯提出了著名的 USP 理论，即英文"unique selling proposition"的缩写，中文翻译为"独特的销售主张"。此理论一经提出，就成为被广泛认可和热烈探讨的广告创意理论，影响深远；瑞夫斯也因此被誉为"科学派"的旗手，USP 广告理论也被称为"科学的推销术"。作为该理论的正式表述，罗瑟·瑞夫斯于 1961 年公开出版了《实效的广告》，这部书的核心内容便是他的 USP 理论。其理论要点有三：

其一，一则广告必须向消费者明确陈述一个消费主张；

其二，这一主张必须是独特的，或者是其他同类产品宣传不曾提出或表现过的；

其三，这一主张必须对消费者具有强大吸引力和打动力。

所谓一则广告必须向消费者明确陈述一个消费主张，并且这一主张必须是独特的，也就是寻找与其他同类产品相比较，本广告产品所具的独特功能，所能给消费者带来的独特的利益和好处，并将它作为广告的直接诉求，并由此建立广告产品独一无二的"卖点"和"说辞"。作为该理论的实践运用，罗瑟·瑞夫斯在 1954 年为 M&M 糖果公司的巧克力产品所做的广告创意方案，在现代广告史上传为美谈。在这项广告创意活动中，罗瑟·瑞夫斯接受了 M&M 糖果公司总经理约翰·迈克那拉(John MacNamara)的请求，对 M&M 的巧克力产品进行了深入的研究和细致的考察，找到了产品独特的属性，即：M&M 巧克力是当时美国唯一一种用糖衣包裹的巧克力。在此基础上，他以 USP 理论为构思的指导，创作了"M&M 巧克力——只溶在口，不溶在手"的经典创意，在国际广告界引领了一时的风尚。此外，所有熟悉近现代广告史的人都会想到的经典案例："比起其他过滤嘴香烟来，总督牌的独到之处在什么地方？只有总督牌在每一支过滤嘴中给你两万颗过滤凝气瓣"等，都是罗瑟·瑞夫斯给我们留下的 USP 理论的不朽广告杰作。

市场的实际运行情况显示，在产品同质化的情况下，同类产品往往表现出功能上的趋同，因而广告创作人员往往很难在产品本身的属性上寻找到其与众不同的个性。针对这种棘手的情况，罗瑟·瑞夫斯则主张去努力发展该产品以前从未展现过的东西，并且必须是同类产品的广告宣传中不曾提出和表现过的，由此来建立该产品的独特销售说辞。这一理念，被罗瑟·瑞夫斯称之为"率先得到 USP"。在他看来，一个品牌或一种商品一旦率先获得这一"USP"，其他类似产品是"不能只凭广告词窃取的"[1]。在《实效的广告》中，罗瑟·瑞夫斯标举达彼思广告公司所创作的斯特瑞恩爱公司"治愈口臭"的漱口剂广告、救生牌"祛除体味"的肥皂广告、"清洁牙齿、口气清"的高露洁牙膏广告等，都是帮助所推广的产品率先得到 USP 的成功案例。罗瑟·瑞夫斯认为："率先得到 USP 是广告业现实中一条重要原则。"[2]

罗瑟·瑞夫斯认为广告最重要的目的也是最终极的目的是实现销售，而不是单纯的创造美，或者追求艺术的境界。有鉴于此，他反对华丽辞藻的堆砌，反对温文尔雅，反对盲目制造温馨的广告构思，认为这样的行为只会消解受众对广告信息的注意力。于是罗瑟·瑞夫斯格外强调以"纯理性、非感性"的原则作为广告创意的标尺，以产品最终的销售业绩作为衡量广告创意成功与否的准绳。

---

① ［美］罗瑟·瑞夫斯:《实效的广告》，张冰梅译，内蒙古人民出版社，1999 年版，第 95 页。
② ［美］罗瑟·瑞夫斯:《实效的广告》，张冰梅译，内蒙古人民出版社，1999 年版，第 97 页。

同时，为了实践他的 USP 理论，罗瑟·瑞夫斯身体力行、亲力而为，进行市场调研。他曾经为了证明用"棕榄"香皂洗脸一分钟就可以使皮肤更娇嫩，不惜动用广告公司和客户的 30 万美元进行大规模实验，以使他的理论在市场环境下显现出非凡的价值。

第五节　詹姆斯·韦伯·扬（James Web Young, 1886—1973）

詹姆斯·韦伯·扬是美国广告委员会的创始人，著名广告创意大师和广告教育家。

一、詹姆斯·韦伯·扬的早期经历

詹姆斯·韦伯·扬的父亲是一个推销保险的北爱尔兰人。詹姆斯·韦伯·扬天性聪慧，从小就颇有商业头脑。据说，在他 8 岁的时候，就盘算着从报商那里用 1 便士买两份报纸，再以每份 1 便士的价钱卖给其他读者；年仅 12 岁就辍学在一家小店做出纳，后到一家书店任职，很快成为该书店的广告经理，此后还有上门推销圣经的经历。

与许多出身名校的广告大师相比，詹姆斯·韦伯·扬是走了一条自学成才的道路。他人生的转折是在 1912 年。这一年，他成为智威汤逊广告公司的文案创作人员，开始了广告生涯。韦伯无疑是智威汤逊公司最了不起的文案人员，大卫·奥格威盛赞他是智威汤逊的"镇山之宝"，伯恩巴克则把他视为偶像。在智威汤逊，他的成就不止文案创意方面，更为著名的是在开拓国际分公司的业务方面。1917 年，当智威汤逊建立新的西部分公司时，他身先士卒、冲锋陷阵，为公司做出了巨大的贡献。1927 年，他又带领 7 名员工、3 个随行（他的妻子、孩子和一只猫）去了欧洲，开拓德国、比利时、丹麦、西班牙和埃及的市场。1928 年，詹姆斯·韦伯·扬开始担任智威汤逊广告公司的顾问。1931 年，他受聘成为芝加哥商学院教授。

二、詹姆斯·韦伯·扬的创意活动

1939 年，詹姆斯·韦伯·扬号召成立了美国"战时广告委员会"。他倡导所有的广告人团结起来，为正义的力量而努力。二战期间，委员会为美国取得战争的胜利提供了有力支援，帮助筹集到 350 亿美元的战争资金。战后，在总统的提议下，"战时广告委员会"更名为"广告委员会"。直到今天，"广告委员会"仍在继续为"及时、有效传达美国人想知道的公众信息"而努力着，这个组织制作了无数意在引起人们重视的有关教育、健康、滥用毒品、环境保护、家庭暴力等方面的公益广告。正因为詹姆斯·韦伯·扬的这些突出贡献，尤其是他在战争期间表现出无比的勇气，他被选入了美国"广告名人堂"。

1940 年，詹姆斯·韦伯·扬出版了《产生创意的技巧》一书，

1959 年春天，詹姆斯·韦伯·扬开始在伊利诺伊大学讲学。

讲学期间，他拒绝领取一切形式的酬劳，但要求把讲学金投入专门信贷用于广告教育，帮助大学广告领域的毕业研究，吸引全世界最具天赋的优秀毕业生来致力于广告事业。后来有人认为，假若没有这个基金会提供的支持，许多有天赋的学生会因为经济拮据而不能毕业。

讲学期间，他提出了著名的"广告的五大功能"理论，即"增加熟悉感"、"加强记忆"、"传播消息"、"克服惯性"、"增加价值"。韦伯主张，广告人必须了解人和人们的需求，这在日益全球化的趋势下显得尤为重要。人们交流的方式和需求成为优秀广告很重要的表现元素。韦伯·扬认为，广告人必须接受教育，不管是正式还是非正式的。首先要学的是如何写作、形象构思、开发灵感、客观地观察事物、运用数学、学会生活。

与其他的广告大师相比，詹姆斯·韦伯·扬最突出的贡献不仅在于他是个优秀的广告人，还在于他写了众多广告著作，而且致力于广告专业教学，他融合了"广告人和教授"双重身份。比如，他吸取生活经验和在芝加哥商学院讲课时的材料撰写的著作《如何成为一个广告人》，至今仍是同类主题中最优秀的著作。在这本书里，他列举了他认为作为一个广告实践者必须具备的核心能力：在创造一个广告信息的时候，第一需要的是吸引注意力的能力，第二是保持兴趣的能力，第三是鼓动购买欲的能力，第四是从消费者那里得到欲望的回应的能力。

詹姆斯·韦伯·扬著作颇丰，但却为人谦逊。今天我们可以查到韦伯·扬大量的广告论述和相关资料，但是有关他个人生活的内容却特别少，大部分的印象只能来自他公开发表的文章。从《一个广告人的日记》里，我们可以看到，他既非常享受"苹果庄园"的安逸生活，又非常喜欢忙碌的广告生活。在苹果庄园的时候，韦伯和儿子一起卖以他的名字命名的"韦伯·扬"牌手织领带，这是附近山区的印第安人制作的。他研究当地土著人生产的产品的市场计划，从而成为印第安人尊敬的"大人物"。所以在业界和教育界，他广受欢迎——智威汤逊广告公司将他比作文案创作的"镇山之宝"；新墨西哥州立大学曾授予他法律博士头衔；伊利诺伊大学广告系有一项以他名字命名的奖学金；圈里人都亲切地称他为"Jim Young"；他还是印第安人的朋友，《日落》

杂志的创办者。

　　詹姆斯·韦伯·扬于 1973 年去世，他的最后一本书《产生创意的技巧》至今还是广告专业的必读书目，其中的一段话堪称他一生的写照："'成为广告人'是一个终其一生的过程。我本人已从事广告工作逾 50 年，但仍然看不到路的尽头。"

创意赏析

"独"一无二的迪士尼 ①

　　将自己的形象刻上邮票和徽章，然后飞向世界各地。怎样？这样的营销妙招够"独"吧？

　　8 月 14 日至 22 日在广州举办的"米奇欢笑 75 年"主题活动上，活泼可爱的米老鼠、唐老鸭和大笨狗布鲁托的出现吸引了不少路人驻足。

　　这表明，正在建设过程中并将于明后年启用的香港迪士尼乐园已经启动了市场营销之车轮。

图 3-3　"米奇欢笑 75 年"
主题活动现场

"独"招 1：邮票徽章成信使

　　迪士尼动画系列，儿童是最忠实的消费者，可以预见：未来的香港迪士尼乐园，他们将是游客中的核心阶层。

　　怎样才能把信息有效地传达到孩子眼中？邮票可能是一个非常理想的选择。因为儿童对图画的记忆敏感度要超过文字，而且不少经济条件较好的家庭都鼓励孩子把集邮作为一个高雅的兴趣来培养，造就了一批小邮迷。在 2004 年 1 月底 2 月初举行的"第十七届亚洲国际邮票展览会"（2004 年香港邮博会）上，就有来自香港 1800 多家中小学的 4500 名学生前往参观。

　　迪士尼当然不会放过这样的营销良机。邮博会上，香港迪士尼乐园设置了展摊，展出以乐园的 4 个主题园区为题材的印章及设计概念图。同时向前来参观的学生们赠送了精美的乐园纪念徽章。这些徽章可以在乐园开幕以后用来与其他游客或工作人员交换。

---

　　① 本文摘自伊晓霞：《"独"一无二迪士尼　香港迪士尼乐园营销案解析》，民营经济报 2004-8-23，有删节。

凭借邮票和徽章发行造成的冲击波,迪士尼乐园把自己的形象深深刻在了香港孩子的心中。当其正式开幕之后,这股冲击波估计还将随着一波波的内地游客继续扩散开来。

将自己的形象刻上邮票和徽章,然后飞向世界各地。怎样?这样的营销妙招够"独"吧?

"独"招2:特色珠宝只在园中卖

在吸引成人游客这一块,香港迪士尼也可谓绞尽脑汁。

对内地成年游客来说,香港最具吸引力的是什么?可能很多人的答案都是"购物"。

图3-4 迪士尼乐园纪念邮票

香港迪士尼乐园今年宣布,将引入香港最著名的珠宝首饰品牌之一周生生,在园内营运商店。周生生将提供一系列由钻石、黄金、纯银和白金镶制以及其他设计独一无二的珠宝饰品,而这些产品只会在香港迪士尼乐园分店内独家发售。其中一些珍藏版饰品将会以香港迪士尼乐园内的景点为设计主题,例如只会在该店独家发售镶嵌有钻石或其他宝石的睡公主城堡。其他精选产品还包括专为庆祝特别纪念日而设计的限量版饰品,例如香港迪士尼乐园的盛大开幕、周年纪念或其他节日活动。来自本

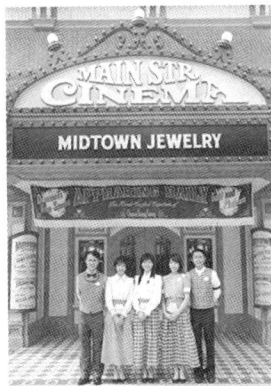

图3-5 位于香港迪士尼乐园内的"周生生"小镇珠宝店

地和外地,包括日本及意大利的设计题材,都有参与拓展专门为香港迪士尼乐园而设计的产品系列。这些产品将会糅合本地色彩和迪士尼的奇妙乐趣。

此外,香港迪士尼乐园内的每间商店将会根据所处的位置而定下主题,务求令游客在每个主题园区——幻想世界、探险世界、明日世界以及美国小镇大街都感受到完全不同的独特气氛。届时将有5000多种产品于香港迪士尼乐园内的商店发售,包括布偶、衣服、糖果、糕点、纪念品等,还有只在香港迪士尼乐园内独家发售、数之不尽的迪士尼精品。

第四章　广告创意与符号

压题图片

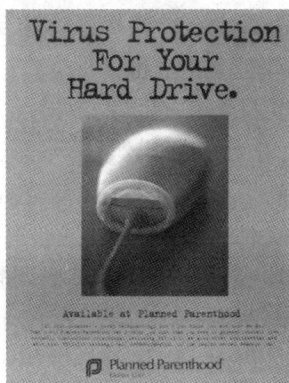

图 4 - 1　美国公益广告作品

在丰富多彩的广告创意作品中，你既可以看到阳光灿烂的笑容，也可以看见光怪陆离的面孔；既可以领略亦真亦幻的美景，也可以感受壮烈激荡的情绪。可以说，在广告创意那里，集结了人们太多的智慧与感念。这则广告充满警醒的意味，病毒侵入计算机会毁掉整个系统，而人类感染艾滋病则将会毁灭生命的全部。

关键概念

符号学(semiotics)——这一术语，最先是由美国哲学家 C·S·皮尔士使用。另外，追溯符号学的创立，瑞士哲学家 F·D·索绪尔功不可没。

语言和言语——符号学认为，语言是一个完整的宏观系统，言语则作为系统的组成部分，两者是被构成与构成的关系。

能指与所指——可以把符号的指示关系简单地描述为 X = Y，其中 X 就是"能指"，Y 就是"所指"，而符号学的方法其实就是对 X 与 Y 的关系进行研究。

符号意义——符号是意义的携带者，每一种符号都有其特定的意义，称为"符号意义"。

第一节 广告与符号

一、广告创意符号研究是广告学发展的必然产物

众所周知，广告学作为一门独立的学科崛起于学术殿堂，其时间是在 20 世纪初期。当时的历史背景是，产业革命的浪潮极大地推动了商品生产的发展，尤其是在西方世界，生产力获得了巨大提升，商品贸易格外繁荣；同时由于近代大众传播发展的日趋成熟，报纸、杂志等大众传播媒介渗透到社会生活的各个领域。这一切无不促使广告实践的飞速发展，也催促着广告人才的培养和广告理论的出笼。于是，19 世纪末 20 世纪初的欧美各国，纷纷在大学开设了广告学课程。1923 年，美国学者瓦尔特公开出版《广告学理论》一书，第一次把广告作为一门科学加以探讨。随后，在 20 世纪以来的 100 年当中，广告研究在整个西方世界赢得了空前的关注，取得了长足的发展。百年之中，从总结广告推销方法，到研究广告说服技巧；从钻研市场调查，到谈论广告策划；从看重效果测定，到变革创作思维——广告实践的不断丰富，催生了诸如广告美学、广告管理学、广告文化学、广告符号学等一系列交叉学科、边缘学科的诞生，极大地拓展了广告学研究的视野，使广告研究迅速成长为人文学科领域中的一朵奇葩。

现代广告学的研究成果传入我国，是改革开放以后的事情。可以说，从 20 世纪 80 年代开始，中国人才真正地启动了自己的广告学研究体系。纵观二十几年我国广告学术界思想认识的发展轨迹，可以比较容易地发现一些阶段性特点。具体来说，20 世纪 80 年代的广告研究，大多处于实践操作层面，其任务主要是应对改革开放以来日趋活跃的市场经济局面，为解决一些实际问题而展开有关广告表现、广告实施、广告策划等方面问题的"术"的探询。进入 20 世纪 90 年代，随着国内广告实践的不断成熟，广告研究开始转向内涵与本质层面，其任务主要是揭示日益成熟的广告市场内部所潜在的客观规律，为回答一些广告发展过程中急需解决的重大理论、原则问题而展开的有关广告传播形态、广告的营销策略、广告的符号表现等方面问题的"质"的求索。在这个大的历史潮流中，对于广告创意符号的理论探讨，就成为其中比较引人注目的一个领域。

二、广告学与符号学的联姻

符号学(semiotics)这一术语，最先是由美国哲学家 C·S·皮尔士使用，他对于符号的研究成果，于 20 世纪 30 年代开始为世人所注意。另外，追溯符号学的创立，瑞士哲学家 F·D·索绪尔功不可没。索绪尔很早就使用"semiology"这样的术语作为符号学的专有名词。1959 年，索绪尔生前著作《普通语言学教程》得以公开出版，书中对符号学做出了如下的诠释：符号学是"将表明符号是由什么构成，符号受什么规律支配……语言学不过是符号这门总的学科中的一部分"[①]。此后，符号学研究渐成体系，日趋完善。在符号学的发展史上，逐渐显现出两派分流的历史面貌，即形成了以研究逻辑为主的流派和以研究语言为主的流派。而且，涉及的学科领域十分宽广，从动物的生物符号表征到人的行为的符号象征，再到美学研究，甚至是修辞学研究，对诸多人文社会学科产生了深远而积极的影响。另一方面，20 世纪的 100 年中，符号学理论由于受到了来自于语言学、文化学、广告学、营销学等诸多学科的渗透，产生了一大批灿若群星的出色学者，包括：巴尔特、西比欧克、艾科、雅可布森(Jakobson，1896—1982)、叶尔姆斯列夫(Louis Hjelmslev，1899—1965)、拉康(Jacques Lacan，1901—1981)、莫里斯(Charles Morris，1901—1979)、列维·斯特劳斯(Claude Levi Strauss，1908—)、格雷玛斯(A. J. Greimas，1917—1992)、劳特曼(Juri Lotman，1922—1993)、德里达(Jacques Derrida，1930—)等。

符号学与广告学的联姻，最早出现在 20 世纪的 80 年代。我们在许多西方学者的著作[②]中都可以看到将符号学思想与广告消费文化研究结合起来的理论思考。可以说，广告学对符号学的引入，有利于开辟揭示广告活动背后潜藏意义的理论探求，为理解文本拓展了一条全新的理论道路，为广告研究发掘了一个更高的理论境界。

我国学者对西方符号学的介绍和研究，开始于 20 世纪 80 年代。那时，卡西尔、罗兰·巴尔特的符号学著作相继被翻译出版；还有如李幼蒸这样的学者，不仅很早译介了巴尔特的《符号学原理》等重要文献，还于 1999 年出版了《理论符号学导论》一书，成为迄今为止国内学术界比较完整地介绍西方当代符号学理论研究现状的难得著作。我国学术界对广告符号学的研究，开

---

① 索绪尔：《普通语言学教程》，商务印书馆，1982 年，第 38 页。

② 例如吉兰·戴耶(Gillan Dyer)的《广告分析》(1982)、S·加里(Sut Jhally)的《广告符号》(1987)等。

始于 20 世纪 90 年代。在这个时期的一些学术著作中，展开了关于广告的人物符号、动物符号等问题的探讨，初步涉足了"广告符号学"的研究，但还不十分直接和明晰。此后，北京广播学院①的李建立撰写了《广告符号学论纲》一文，标志着国内学者开始了建立广告符号学科学体系的尝试。紧接着，以四川大学李思屈等为代表的学者，大规模地开展有关广告符号学的研究，使得这个领域的学术研究渐成气候，并有专门著作问世②。如今，有关广告符号学的研究，已经发展成为以研究广告本体为目的，从分析广告文本入手，将其作为一个宏大的符号系统，以符号学的方式来研究这一系统在信息传播过程中的意义呈现和效果影响的一门综合学科。

三、符号学的研究方法

广告研究的符号学思路，就是结合符号学原理，融合相关边缘性学科，利用结构主义、叙事学、语用学、社会学等规律分析广告活动的过程，探询广告文本的信息指向，找寻广告背后的潜在意义。以下，对符号学的相关理论范畴作简要介绍。

1. 符号学的核心概念：语言和言语

符号学认为，语言背后往往暗含着一种社会制度，同时也代表着一整套的价值体系。相对而言，言语本身却是一个典型的个人选择行为。也就是说，语言是一个完整的宏观系统，言语则作为系统的组成部分，两者是被构成与构成的关系。由此不难看出，"语言"和"言语"是符号学思想体系中的一对核心概念。以这样的思路来看待广告活动，就会发现：广告活动本身也可以理解为一个巨大的语言系统，而广告文本(或广告言语)则是构成这个系统的组成部分。这种思路提醒我们，通过符号学的这个核心概念，有利于帮助人们重新深刻揭示广告活动背后的意义所在，即广告文本如何组成广告活动的系统运行，品牌或企业形象这种"语言系统"是经由什么样的"言语"基础才得以建构的。

2. 符号内涵的两个方面：能指与所指

德国哲学家卡西尔的文化哲学思想中，有一个十分重要的观念，即"人是符号的动物"。符号学认为：所谓符号，通常是指能代表自身之外的事物。

---

① 　现更名为"中国传媒大学"。

② 　例如，李思屈：《广告符号学》，四川大学出版社，2004 年 7 月；刘莉：《被编码的生活——广告》，云南人民出版社，2004 年 8 月。

根据这个定义,可以把符号的指示关系简单地描述为 X = Y,其中 X 就是"能指",Y 就是"所指",而符号学的方法其实就是对 X 与 Y 的关系进行研究,是力争把可察、可感的 X 还原为不可见、不可感的 Y 的过程。这种理论还原的思路,被称为符号学的"还原主义",其基本过程包括三个阶段:第一阶段,把符号还原为能指与所指的组合,即要回答"特定的符号意味着什么?";第二阶段,把能指与所指的关系还原为意义,即要回答"它如何表现意义";第三阶段,把能指与所指的关系还原为社会文化编码规则,即要回答"为什么它意味着那种意义?"

在这样的理论思路指导下来审视广告活动,则会发现:广告创意构思过程,对受众需求的分析也要同时从"能指"与"所指"的关系中展开。即一方面,探求其"看得见的、显见的物质需求";另一方面,探求其"看不见的、潜藏的心理动机"——找到这对关系背后的"意义"所在,剥离出"文化的意味"或"经济的意味",再据此进行有针对性的创意。

3. 符号的基本功能:表述、传达与思考

符号是人类传播的本质,符号是沟通信息过程中不可或缺的核心部分。概括地说,符号在传播过程中具有三个基本功能:

功能之一,表述(理解)功能。信息传播的目的是交流意义,亦即精神内容。而精神内容本身无声、无形,不可感、不可知,所以必须借助于某种可以感知的物质形式,符号的作用恰在于此。信息传递活动首先表现为符号化(encoding)和符号解读(decoding)的过程。就广告创意活动来说,有关产品的形象、文化、气质这些无形的理念,必须借助于有形的符号,通过创意人员按照一定的原则和规约,创造性地实现符号聚合,来使受众易于接受。

功能之二,传达功能。作为精神内容的意义不转换为具有一定物质形式的符号,是无法在时间和空间中得到传播和保存的。广告创意的奇思妙想再精彩,也必须现实地转化为绚丽的色彩、闪动的光影、悦耳的曲调、亮丽的画面等,否则受众无法接收,更无法读懂。

功能之三,思考功能,或者也可以叫做"引发思维活动"的功能。思考是常人内在的心理意识活动,属于体内的信息处理活动。现代心理学研究表明,思考的存在形式是大脑中储存的形象、表象、概念的符号形式,因此思考本身就是一个符号操作的过程、符号联系的过程。广告创意活动的全过程,从构想发生到信息整合、从思维到灵感乍现,无一不是依仗符号的操作和运用。

4. 符号意义的类别

符号是意义的携带者,每一种符号都有其特定的意义,称为"符号意义"。对"符号意义"进行分类研究，是符号学的一个理论思路。

类别之一，明示性意义（denotation）与暗示性意义（connotation）。这属于诗学和语义学中的分类方法。明示性意义指符号的字面意义，属于意义的核心部分；暗示性意义指符号的引申意义，属于意义的外围部分。比如，"联想"一词原是日常用语中的普通词汇，指人的一种心理现象，但在如今的电脑时代，它成为国产优质计算机产品的代名词。明示性意义（denotation）往往是一个文化语境中多数成员共同使用和理解的意义；而暗示性意义（connotation）往往是在特定的时间、空间条件下产生和使用的，它的实现需要经过解读和彰显的过程。

类别之二，外延意义（denotation）与内涵意义（connotation）。这属逻辑学中的分类。外延意义指概念符号所指示的事物的集合；内涵意义是对所指示事物的特征和本质属性的概括。比如，在广告文案的写作中，"人"这个概念的外延可以十分宽广，包括男人、女人、中国人、外国人、儿童、老人、高个子的人、矮个子的人等；但在内涵规定上，恐怕就是指"能够制造和使用工具、具有抽象思维能力"的意义了。

类别之三，指示性意义（referential meaning）与区别性意义（deferential meaning）。这属于典型的符号学的分类。指示性意义是指将符号与现实世界的事物联系起来进行思考的意义；区别性意义是指表示两个符号含义异同的意义。比如，在广告创意的构思中，"美丽"的创意定位是通过现实中的各种美丽事物来表现的，即"美丽"这个概念就是人们关于自然界各种美丽事物的表象或映象；另一方面，"美丽"和"艳丽"则具有意义上的区别，尤其是这两个词语的前一个字，"美"和"艳"字分别表示前者的大方、端庄，后者的浓烈、刺激，其实区别性意义是通过分析符号之间的关系来显示的。

第二节　广告创意的符号构成

一、广告创意是一种符号建构

广告创意不是通常意义上的构思与创作——从创意主题的确立到创意对象的认定，到想像的展开，到定位诉求的规约，到"思接千载、视通万里"之后的思维凝练，到修辞化与技巧化，再到语言文字的切入、文稿的定型，整个过程无不渗透着符号的操作、信息的创生。从符号学的角度看，商品消费除去它的物理属性及使用价值之外，肯定还包括"文化属性"和"意义价值"。

因此，广告创意不仅在"传达信息"这个层面上是一种符号操作，更重要的是在"创生意义"这个层面上还是一种符号建构过程。

1. 广告创意是为产品(或服务)注入文化价值的符号填充过程

随着商业市场的日益成熟和消费者消费行为的不断升级，现代消费活动在传统的注重产品(服务)物质形式的基础上，逐渐发展为注重"文化价值"的消费趋势。也就是说，人们日常消费中的"意义"消费的比重日益增大。例如，汽车是一种物质形式，也是一种符号形式，它不仅提供代步、节省人力等基本的属性功能，同时也可能会是车主社会地位、人格尊严的具体体现。而这后一种意义的价值，在单纯的商品生产或销售链条中是很难实现的，因为生产线只造就汽车的物质实体，不参与其"文化价值"的符号塑造。所以，"文化价值"的塑造和注入就只能在广告创意活动中实现。正是在广告创意过程中，将产品(服务)的"形"与"魂"有机结合，产品(服务)的生命才变得更为完备而充盈。可以说，现代商品的创造已不是单独依靠厂家就可以完成的工作，从某种程度上讲是厂家与广告创意人员共同完成的。

2. 广告创意是为产品(或服务)提炼个性特质的符号抽绎过程

当今社会，随着生产力的提高和社会化大生产程度的加深，产品(服务)在物质功能和品质层面上的差距越来越小，同类商品、同种功能上的日趋一致使得产品(服务)"均质化"的情况比较普遍。"均质化"倾向对于商品销售而言，是一道可怕的鸿沟，如若找不到产品(服务)的独特优势和个别属性，就意味着产品(服务)销售的穷途末路——这时，广告创意符号的抽绎作用就显得尤为重要了。为了消除"均质化"的障碍和鸿沟，就需要通过广告创意来提炼产品服务的个性特质，使其在品牌形象上更具有个性化。事实上，广告创意活动本身是不会改变产品(服务)的物质属性的，它所做的只不过是提炼个性特质的符号抽绎工作。比如一句言简意赅的广告口号、一个赏心悦目的视觉形象、一段引人驻足的煽情说辞、一支曲调悠扬的标志音乐，这一切虽然都只是符号的抽象与演绎，却为产品服务的宣传打上明晰可辨的个性烙印。

3. 广告创意是为产品(服务)整合信息资源的符号编码过程

1954 年，现代传播学奠基人、美国著名传播学家施拉姆(Wilbur Schramm，1907—1988)在《传播是怎样运行的》一文中，基于 C·E·奥斯古德的思想，提出了传播学史上著名的"循环模式"(见图 4 - 2)。这个传播过程的模式假说，标志着传播学模式研究的一个历史里程碑。在这个著名的传播过程模式假说中，蕴涵了这样的思想：传播的双方都是传播行为的主体，参加传播过程的每一方在不同阶段都分别扮演着"译码者"、"解释者"、"编码者"的角色，实现着各自的功能。在这里，所谓"编码者"的功能，主要指的就是"执行符号化和传达"的功能——这个传播学的著名模式假说，对我们理解广告创意活动中的符号编码过程很有启发意义。

广告创意对有关产品(服务)信息资源的整合，同样表现为符号化的编码过程。尤其是在当今时代的传播语境下，广告创意的信息编码更要适合于大众媒介的传播规则和意义规约，这就要求广告创意的编码过程必须适合受众接收信息的特点，适应"眼球经济"的运行规律，凭借信息资源整合后的冲击力和向心力，进一步占

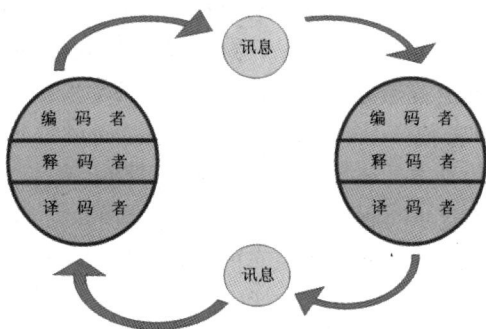

图4-2　奥斯古德-施拉姆的循环模式

有"注意力资源"。同时还要求广告创意的编码过程熟悉并灵活使用与传播媒介相融通的语法规则，顺利完成大众传播渠道的符号化运作。

二、广告创意的符号构成

1. 创意符号能指与所指

符号学认为，一个符号由关联的两个部分组成，即"能指"和"所指"。符号学的奠基人之一索绪尔说："语言符号联结的不是事物和名称，而是概念和音响形象。后者不是物质的声音，纯粹物理的东西，而是这声音的心理印记，我们的感觉给我们证明的声音表象。"①按照索绪尔的意思，我们可以形成这样一个图示的认知模式：

在这个图示中(见图4-3)，很显然的声音部分称之为"能指"；概念部分称之为"所指"。这样的符号学思路一旦形成，在"能指"与"所指"的关系中寻找意义，就成为探讨广告创意符号构成的关键所在。举个简单的例子来说：名词"人"的字和发音的集合是其"能指"；而它的内涵却是极为复杂的。如刚刚出生的婴儿是人的一种状态，这就是其"所指"。同样，把这样的例子深入下去，在广告创意活动中，大大的"M"标记就是一种"能指"，而"麦当劳快餐"就是"所指"。用一种感性符号来指代一个抽象的概念，既能有效地传达信息，又克服了推介产品(服务)时的繁琐。另外，"能指"与"所指"之

---

① 费尔迪南·德·索绪尔著：《普通语言学教程》，商务印书馆，1985年版，第101页。

间的对应是在长期的社会文化中约
定俗成的，尤其是语言符号，已经
形成为一套严密的规范体系，甚至
有将关系对象的语言当成对象本身
的趋势，这种情况被学者比喻为关
进了"语言的牢笼"。

2. 创意符号的意义构建

符号学认为，虽然符号本身的
意义生成具有随意性，但符号的意

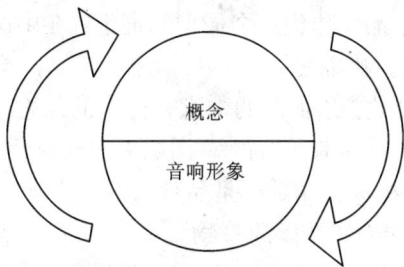

图 4 - 3 "能指"与"所指"

义一旦确定下来，就不能随意改变。因为它很容易成为全社会成员共同遵守
的一套游戏规约，经过长期的积累之后沉淀为相对固定的符号系统。在这套
游戏规约的背后，是相对固定的社会契约保证了信息传递的稳定性。从广告
创意活动的角度看，广告创意首先要考虑的就是遵守这套符号系统，利用受
众的普遍认知来有效传达意思。

在现代大众传播媒介日益发达的今天，现代广告的表达方式充斥着大量
的图像形式。图像符号本身具有着鲜明的特点，它的"能指"与"所指"存在
着一种自然关系——图像符号的"能指"容易接近我们的生活情境和感觉经
验，可以形象地比喻为"看即认知、看即体验"。因此，图像符号的"能指"与
"所指"的关系在一般条件下是一种相当稳定的格局，甚至从某种程度上说，
其意义的规范性要强过文字。也许我们不明白英文缩写"SONY"的确切含
义，但是当杂志封面上出现一幅印刷精美的电视机图片时，我们"看"过之
后，就不难理解了。

第三节　广告创意与品牌符号

一、品牌符号的建构

品牌，英文为"brand"，其词义来自于古斯堪的纳维亚语"布兰多"，意为
"燃烧"。历史上，这个词指的是"牲畜所有者用来标识他们的动物的工
具"[1]。后来，在漫长的历史演进中，其意义不断地衍生、深化，逐渐转化到
今天的含义上面。

---

[1]　参见凯文·莱恩·凯勒著：《战略品牌管理》，中国人民大学出版社，1998 年 9 月，1998 年 9
月，第 3 页。

品牌作为一个成型的词汇，在中国古代传统文化的历史上比较显见。在许慎的《说文解字》中，品被解释为"众庶也，从三口"，可见其本意有民众、大众之意；而牌的本意有标记的意思。

这番有关"品牌"词源义的探讨，反映了品牌符号最基本的"能指"与"所指"构成："能指"是品牌名称、品牌标识等元素，它们组合为品牌能指符号；"所指"是具体的事物。举例来说，"索尼"的名字与醒目的"SONY"英文标记，共同构成了一个品牌能指标识；而"SONY"品牌的所指则是索尼旗下琳琅满目的产品，包括电视机、摄像机、广播电视设备等。

随着现代商品经济的发展，品牌符号的内涵构成渐渐超越了简单的具体事物的所指，而不断地融入丰富的意义。市场营销专家菲利普·科特勒博士这样解释品牌："品牌是一种名称、术语、标记、符号或图案，或是他们的相互组合，用以识别某个消费者或某群消费者的产品或服务，并使之与竞争对手的产品或服务相区别。"

英国品牌学家莱斯利·德·彻纳东尼仔细研究了众多世界著名品牌的符号内涵后提出，人们对于品牌的阐释存在两种视角，具体还可以划分出14大类。三种视角指的是：输入视角，强调品牌是影响顾客的某种方式；输出视角，消费者的解释；时间视角，以时间为基础，强调品牌的演进特性①。

品牌具有如此丰富的内涵，说明品牌不仅是一个由"能指"和"所指"构成的符号，更是一个具有复杂内容的语义现象。比如，"奔驰"并不仅仅指一种汽车，也是"安全"、"优质"的符号；开"奔驰"汽车不仅仅是选择一种交通工具，同时也是显示地位和身份的手段。品牌在现代广告创意活动中的多义性，正好说明了品牌作为符号存在一个由外延到内涵都不断变化的、意义不断丰富的过程。

现代商业广告宣传的结果使得商家不断地运用各种营销传播手段，在品牌的外延层面开掘、拓展，以实现对品牌外延的意义"注入"，来最终寻求商业利益的实现。所以，在实际的广告活动中，我们会发现，精明的广告创意者不再只是采用传统的"王婆卖瓜、自卖自夸"的手段了，而总是千方百计地将产品（服务）与各种美好的意象相提并论，为"逐利"的、"物质"的产品（服务）罩上一层轻柔的、朦胧的充满美好情怀和理想色彩的面纱——这种所作所为的目的，无非是在品牌外延的层面构建起一个新的意义系统，而这个系统的意义与品牌本身的内涵是两回事，这个意义系统正是广告创意活动的结

---

① 莱斯利·德·彻纳东尼著，蔡晓煜译：《品牌制胜》，中信出版社，2002年版，第23～24页。

果。举例来说，"TANG——果珍饮料"的广告，表现的是：寒冷的冬日里，一家三口手捧一杯热果珍其乐融融的场景。在广告作品的创意中通过营造一种近似于现实生活中的幸福家庭的"情境"，将果珍产品与"合家欢乐"的温馨主题联结在一起，在"TANG——果珍饮料"与家庭和睦幸福之间画上了等号，这个过程的实现恰恰是品牌符号意义的建构过程。

二、品牌符号的效能表现

从传播学和符号学的角度看，在日常生活中，人与人之间传播的目的是"交流意义"，也可以称之为"交流精神内容"。但问题的关键在于精神内容本身是无形的、不可触摸的，因此人们只有借助于某种可以感知的物质形式，即借助于符号才能表现出来；而传播对象也只有凭借这些符号才能理解。因此人与人之间的传播活动首先表现为符号化（encoding）和符号解读（decoding）过程。

由此可以理解，品牌符号的基本效能之一就是"表述和理解的效能"。一方面，传播者一方要将品牌的信息和意义转换为语言、声音、文字等符号的活动；另一方面，受众也凭借传来的信息作出对品牌含义理解的反馈。

品牌符号的基本效能之二是"传达的效能"。即作为精神内容的意义若不能转化为具有一定物质形式的符号，是无法在时间和空间上得到保存和传递的。品牌符号本身形成了内容和意义的实际载体，在它上面承载了有关产品（服务）的全部"形而上"的东西。

品牌符号的基本效能之三是"生发思维的效能"。思维是人的大脑与外部世界信息联系的内在意识活动，也同样是一个信息处理活动。在思维之初，思维对象和关于思维对象的知识都是以表象、符号等形式存在于大脑之中的。因此，整个思维本身就是一个符号操作、符号组织的过程。品牌符号的效能恰恰在于此，产品（服务）的全部品质都符号地浓缩在了"品牌"之中，一切的思维创想、主意生成、信息取舍、含义表达，无不是品牌符号的操作过程，无不是品牌符号的组织过程。

三、广告创意与品牌符号意义生成

如前文所述，在竞争日趋激烈的现代商业社会中，出于逐利的动机，厂家、商家以及广告策划人员总是不断地为产品（服务）注入意义，从而激发消费者的欲望。罗兰·巴尔特曾经说过："精于计算的工业社会必须孕育出不懂计算的消费者"，"为了钝化购买者的意识，必须给事物罩上一层面纱——

意象的、理性的、意义的面纱，要精心炮制出一个中介物质"①。

广告创意孕育品牌符号意义，并最终促成意义的生成，有两个方面的具体前提：

首先，广告创意的前期活动必须明确受众信息资源中所可能掌握的所有相关品牌符号的总体情况；其次，力图在受众现在掌握的品牌信息资源中构建一个与竞争对手品牌有明显差异性的品牌符码。

这两个前提的存在提示我们在广告创意生成品牌符号意义的过程中，对受众掌握的品牌符码资源情况的了解是关键所在，因此有必要对这个问题予以深究。法国社会学家布尔迪厄曾经认真剖析了消费者"鉴赏趣味"的形成过程，提出了著名的"惯习(habits)"概念和"文化资本"概念。这两个概念对于我们研究广告创意与品牌符号意义生成的内在机理具有重要的启发意义。按照布尔迪厄的理解，"惯习"具有两个特征：其一，"惯习"是一种在具体的社会生活中被铸造的结构，受到特定的历史文化语境的制约，同时这种构造也是一个动态的生成系统，可以被重塑或改造；其二，"惯习"具有"无意识性"，表现在通过"惯习"机制生成的行为并非一定是理性选择的结果，有时恰恰相反，是人们在长期实践中形成的，符合规律性、目的性，但又缺乏明确意识，没有清晰目的的行为。所谓文化资本，指的是处于社会不同阶层或文化实践程度不同、受教育程度不同的人们所储备的文化知识和鉴赏能力等的综合素质。布尔迪厄以敏锐、犀利的眼光看到了文化需求往往是培养与教育的产物，一切文化实践都与受教育的程度以及社会出身等因素有关。

从布尔迪厄的理论思路中，我们可以得到诸多启发。受众在广告传播过程中的"选择性注意"、"选择性接触"、"选择性理解"等并不是纯主观的臆断，它是客观社会结构和社会传统在其头脑中的"倒影"。特定的身份所属、文化程度、时代背景等复杂的社会文化因素，将直接或间接地影响受众的鉴赏品味，并最终左右其对待品牌符号的态度。同时，这种品味和态度还受到他们所拥有的文化资本等因素的影响。因此，客观社会结构、消费者所拥有的文化资本等因素是拆解广告创意如何有效生成品牌符号意义这个难题的一把钥匙，为广告创意的创想与实施找到了一座通向成功的桥梁。

---

① 罗兰·巴尔特，敖军译：《流行体系——符号学与服饰符码》，上海人民出版社，第4页。

第四节　广告创意符号的意义功能

一、广告创意符号的"虚拟情境"设置功能

早在 20 世纪 20 年代，许多欧美的专家和学者就展开了关于大众传播与信息环境的思考。美国著名新闻工作者李普曼在他的《自由与新闻》(1920)、《舆论》等专著中提出了现代人"与客观信息的隔绝"的问题。李普曼认为，现代社会越来越发生着巨大的变化，现代社会当中信息传播系统的巨大化和复杂化，使人们由于实际活动范围、经历和注意力的有限，而不可能对于整个外部环境和繁多事物都保持着直接性的、经验性的接触，对超出自己亲身感知以外的事物，人们就只能通过各种信息渠道去了解。这样，人的行为已经不再是对客观环境及其变化的反应，而是对传播媒介提示的某种"拟态环境"(pseudo-environment)的反应。所谓"拟态环境"，也就是我们所说的信息环境，它并不是现实环境的镜子似的再现，而是传播媒介通过对象性事件或信息进行选择加工、重新结构化后向人们提示的环境。然而，由于这种加工选择和结构化活动是为人所不知的，所以人们通常把"虚拟环境"作为客观环境本身来看待。李普曼强调："我们必须特别注意到一个共同的因素，这就是在人与他的环境之间插入了一个拟态环境，他的行为是对拟态环境的反应。但是，正因为这种反应是实际的行为，所以他的结果并不作用于刺激引发了行为的拟态环境，而是作用于行为实际发生的现实环境。"李普曼的真知灼见提出了一个重要的观点，大众传播提示的信息环境，越来越有了演化为现实环境的趋势。

当代修辞学从"文本"的角度来探讨传播的生效机制，其理论视角对于研究广告传播活动具有重要的启发意义。作为当代修辞学的一个重要成果，"幻象主题"理论有助于考察广告创意符号意义运作过程中的一些核心问题——在成功的广告传播活动中，传播者是如何通过象征与符号制造出"亦真亦幻"的虚拟情境，而让受众深受感染的。"幻象主题"理论最初由美国明尼苏达大学学者欧斯特·鲍曼(Ernest Bormann)在《想像与修辞幻象：社会现实的修辞批评》一文中提出。其中有两点值得注意：第一点，该理论认为"共同幻想"广泛存在于大众传播领域中，它"能够将一大群人带入一个象征性现实的综合戏剧"(欧斯特·鲍曼语)。这种"共同幻想"既植根于人们的内心欲求，又能黏合受众，建构事实；运用"幻象批评"的方法，通过多角度的分析

（如故事展开的人物、场景、剧情；何种价值观念受到称颂；何种生活方式被作为榜样等），可以找到"修辞幻象"建构现实的特征。"幻想主题"理论对于广告创意符号"虚拟情景"设置功能的阐释意义在于：广告创意符号的编码结果是通过营造基于现实又超越现实的"虚拟情境"和"象征性梦幻"，以强有力的情感冲击力和符号内驱力，将受众吸引到一个"只有日常生活的美感、没有日常生活的缺憾"的情境中，最终实现其劝服目的。这是一个有神奇催化作用的、充满戏剧性的过程。

二、广告创意符号的意识形态功能

这里所谓的"意识形态"，并非通常意义上的政治术语，而只是一个文化研究领域中的学术术语。按照文化学派的观念，"意识形态"的内涵主要指"特定群体的观点"、"价值"、"信仰"、"观念"等，是一种能影响他人思想的精神性因素。按照文化学派的思路，"意识形态"的内容往往会被它的产生者有意或无意地泛化、扩张，超出既有的范围，形成超常的适用性，最终成为"话语强权"。

值得注意的是，广告创意符号的意义运作的过程，恰恰是在上演着这样一场"意识形态"化戏剧：创意符号的编码过程为产品（服务）注入了新的观点、价值、立场、信仰，借助大众传媒之力，对受众进行无孔不入的渗透和包围，谋求其态度的改变和行动的实施；将特定的"意识形态"内容极力地泛化和普化，形成一种"广告霸权"。

现实的情况是，广告创意的宣传活动早已深深融入现代大众传播活动中，广告创意符号所折射的价值观成为影响甚至左右受众价值观的重要因素——实践证明广告创意符号的意义运作过程早已成为影响当代文化、制约当代人群精神世界及现实生活的具有强大功用的事物。具体来说：

首先，广告创意符号的意义运作是社会现状、"意识形态"的一种文化表达。广告创意符号的意识形态功能是由其在当代文化的地位所决定的，他非常活跃地参与着当代文化的创造，并作为大众文化的主体构成部分而发挥着作用。对于这一点，曾将符号学方法应用于传媒文化研究的法国著名学者罗兰·巴尔特有过生动的阐述，他对渗透在法国文化中的资本主义意识形态所做的"剥洋葱"式的本质还原就很能够说明问题。罗兰·巴尔特发现：组成法国文化大大小小的符号表达从民族精粹的葡萄酒到爱因斯坦的大脑、从嘉宝的脸蛋到卓别林的银幕形象，都是传媒所创造的"神话"，都是暗中操纵编码的结果。巴尔特以自己的研究证明，资产阶级的价值观正是通过这些文化符号被创造、证实和不断地强化，最终实现在各个领域都以天经地义、习以为常的面目出现，并被当作世界的本来面目固化而传承下来。罗兰·巴尔特的上述学术成果对于我们剥开广告创意符号身上的"意识形态"外衣提供了有力的思想武器。

其次，广告创意符号的意义运作是时代精神、社会心理的一种文化折射。"意识形态"往往是时代精神格局、社会意识、社会心理状态等的折射与投影。广告创意符号的劝服观念或意义建构不会是无源之水、无本之木。现实的情况是，广告创意活动受市场经济规律的制约，成本与收益的基本原理决定了广告创意符号的意义运作不敢去冒天下之大不韪，不惜牺牲经济利益的回报而向社会主流的价值观念发起挑战。相反，广告创意符号的意义运作往往要投受众之所好，想时代精神之所想。可以说，有什么样的时代风貌、社会语境，就有什么样的创意构想、意义运作。

再次，广告创意符号的意义运作，是生活方式、生存图景的一种文化矫饰。现实生活当中，人们的生活状态、生活方式乃至生存图景都是迥然相异的，但广告创意符号的意义运作并非与这样的现实状况一一对应。相反，它总是极力撷取"美好的场景"、"温馨的片段"等理想化的文化象征。正如文化学者理查德·奥曼所指出的，广告总是展现给我们"关于优裕的生活和美好的社会等笼统的观点或形象"[①]，实际上，表现出一种明显的文化矫饰倾向。尤其是在当今影响最为广泛的电视广告领域：电视广告刻意营造社会中产阶级所向往和崇尚的生活环境、消费行为（例如：白领阶层的富足生活、有闲阶层的超前消费等），以此诱导受众的认同与倾心；电视广告着力表现某些特定社会人群的生活理想、价值追求（例如：时髦青年的追求新异、中年男性的成功风范、成熟女性的高雅迷人）。这种隐藏现实的所谓"造梦"表演，这种有意曲解的传播伎俩显然是一种不折不扣的文化矫饰行为。

总之，从某种意义上说，我们在现实中的生存是一种符号生存，我们的生活是所谓"被编码的生活"。广告创意符号的运作过程不仅创造了广告活动的千变万化，也创造了我们赖以生存的社会文化环境。广告创意符号的隐性影响还会逐渐显现出其威力所在，它正像是一个"潘多拉的盒子"，既有对社会大众积极有利的一面，也有消极不利的一面，关注它的符号意义构成和它的社会文化影响是广告创意研究不可回避的严肃课题。

---

① 罗钢、刘向愚主编《文化研究读本》中理查德·奥曼——广告的双重言说和意识形态：教师手记，中国社会科学出版社，2000 年 9 月，第 405 页）

创意赏析

喜文化的网络情缘①

当青藏铁路顺利通车的喜悦传向大江南北，抓住这双喜临门的千载良机，广东双喜文化传播有限公司策动了"缘定天路，喜传天下"的世纪婚礼活动，并整合凤凰卫视、网易、南方都市报等在华人圈中极具影响力的电视、网络、平面媒体，对整个活动过程进行了全方位、立体式的传播。

通过网易为活动搭建的网络平台，"双喜"品牌所倡导的中华"喜"文化得到了准确而又生动的传达。品牌核心价值——"喜悦就在真心传递之间发生"也在人们的真情流露间得到了完美的诠释。"喜愿基金"的设立和网络投票，更是提升了此次活动的公益价值，增添了一个传统品牌的社会责任感。

"喜"在天作之合

2006 年，恰是双喜之年。青藏铁路顺利通车的国喜，配以双春闰月婚嫁大年的家喜，成为"双喜"品牌的最好承载。于是，以此为契合点，"缘定天路，喜传天下"的世纪婚礼活动似自然天成般推广开来。

活动邀请本年度结婚的新人共同参与，写下"他（她）让你最喜悦的一件

图 4 - 4 "双喜、世纪婚礼"网页广告

事"，经过全国的两轮筛选后，选出 39 对新人，沿青藏铁路西行，直至日光城拉萨，举行浪漫的藏式婚礼，并且还将从 39 对新人中挑选 8 对新人参加电视专题拍摄。"喜愿基金"——西藏爱心计划，更为活动注入了深远含义，将新人的喜悦升华为对社会的爱心和关怀(见图 4 - 4)。

媒体和大众对爱情的见证，天路沿线的神奇景象，成为活动参与的最大吸引力。在网易的推波助澜下，甜蜜而又激动的体验分享更是最大限度地吸引了活动以外人群的强烈关注，真正体现了参与性与互动性的统一。

---

① 摘自"中华广告网" http://www.a.com.cn 2006 - 10 - 06《喜文化的网络情缘》，有删节。

"喜"在策略制胜

基于事件价值和参与性的考虑，网易整合了旅游频道与新闻频道的优势资源，对活动进行了全景式的推广和互动报道(见图4-5)。

网易旅游频道开通了双喜世纪婚礼活动专题网站，整合了电视、报纸、网络的传播内容，意在打造一个全面的活动平台。从活动的前期宣传、报名、遴选和公布，到活动开展、电视播出，以及最终的活动总结，都进行了全程的报道，体现出了网络在保证活动传播的完整性和连续性方面的强大优势。

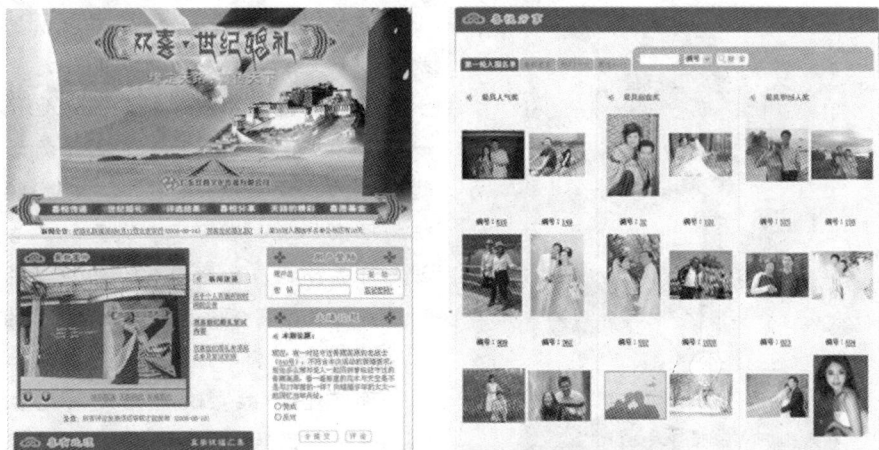

图4-5　"双喜、世纪婚礼"活动主题网站

网易作为此次活动最具影响力的宣传和互动载体，为人气聚拢与传播扩展提供了有力保障，活动进行仅仅一个月的时间里，就有近1200对新婚夫妇报名。

到了活动中期，则启用电视、报纸及网络的各自优势进行整合传播。特别是在青藏行过程中，采取了电视拍摄与其他媒体随行报道相结合的形式，随着入选新人拍摄节目的播出和博客的开通，活动被不断推向高潮，"喜"文化在高位得到释放。

"喜"在品牌升华

综观这次双喜的品牌运动，既没有找明星代言，也并非单纯的品牌宣传，而是通过相契合的参与式活动对品牌价值进行长线塑造。

在活动中，每时每刻都在传达、渗透双喜的品牌核心价值。而"喜愿基金"的建立则将活动提升到公益的高度，树立起双喜品牌"喜庆与爱心共存"和关心社群的良好企业公众形象。

第五章　广告创意与审美活动

压题图片

图5-1　"奔驰"汽车平面广告作品

那些精彩的广告创意作品总会为我们带来美的享受，由此我们不得不承认广告创意活动在某种意义上也是一种艺术性的创造活动，它将奇思妙想转换为生龙活虎，它将心中期盼编织为栩栩如生。在今天，优秀的广告创意作品不仅成为经济生活中抢眼的明星，也成为日常生活中人们欣赏的对象。看看这幅"奔驰"甲壳虫汽车的平面广告作品：玫瑰花是爱的象征，一只幸福的甲壳虫沉浸在爱的花海里。

关键概念

语境（context）——是一个常用的术语，主要被用在两个方面：第一，它指某种社会情景或环境的直接而具体的特征，某种特定的互动行为或传播就处于这种情景或环境之中；第二，在更加广泛的意义上，它用于描述更大的社会、政治与历史的情势与条件，某些行为、过程或事件就处于这些情势或条件之中，并被赋予意义。

"新媒介"——主要是指以现代电子计算机技术（或数字技术）为内核的新型传播媒介，包括数字电视、数字广播、数字化卫星传送、因特网（Internet）、信息高速公路（Information Highway）、多媒体（multi-media）等多种形式。

广告创意的审美思维特点——全息式的审美观察、目标化的审美指向、复合式的价值判断、最优化的艺术呈现。

广告创意的美学原则——它体现了广告活动的内在规律，也是美学真理在广告创作活动中的具体表达。它包括真实性原则、和谐性原则、典型性原则、适应性原则、形象性原则。

"创意是针对具体的广告作品而言的，所涉及的只是具体广告作品的诉求与表现。20世纪60年代的广告理论与实践，主要就是围绕这一问题展开的。"[1]——可以说，广告学由此开始走入了一个"从诉求到创意的时代"。广告大师奥格威认为：好的点子即创意。美国广告界权威詹姆斯·韦伯则主张：创意是一种商品、消费者以及人性诸事项的组合。而当前广告界比较流行的看法是：创意与品牌战略、策略有密切的关系。所以不难得出这样的结论，广告创意是表现广告主题的、能有效与受众沟通的艺术构想[2]。

既然广告创意归根结底是一种艺术构想，那么它必然符合人类审美活动的一系列规律，它必然是人类艺术创造的普遍真理与广告运动的具体实际相结合的产物。

第一节　广告创意的审美文化语境

广告创意作为现代广告活动不可或缺的一部分，在促进社会经济发展和推动广告文化繁荣等方面发挥着不可低估的作用。然而，一个时代和一个社会的广告创意活动又是这个特定时代、特定社会的产物，它总是在特定的文化语境中发生、发展的。因此，对广告创意的审美文化语境的关注，必然成为严谨的学术研究所涉及的理论范畴。

一、什么是广告创意的审美文化语境

语境(context)，是一个常用的术语，主要被用在两个方面：第一，它指某种社会情景或环境的直接而具体的特征，某种特定的互动行为或传播就处于这种情景或环境之中；第二，在更加广泛的意义上，它用于描述更大的社会、政治与历史的情势与条件，某些行为、过程或事件就处于这些情势或条件之中，并被赋予意义。就这两方面而言，这个术语都把注意力引向构成与制约社会活动的、虽不必可见但仍属限定的力量。

---

① 张金海著：《20世纪广告传播理论研究》，武汉大学出版社，2002年第1版，第72页。
② 张金海著：《20世纪广告传播理论研究》，武汉大学出版社，2002年第1版，第165页。

　　具体地说，狭义上所谓广告创意的审美文化语境主要是指广告创意活动所处的社会情景和环境的特征；就广义而言，还包括与此密切联系的整个社会的政治、历史的情势与条件。

　　随着历史演进和时代的发展，广告创意的审美文化语境历经着变动与整合，逐步呈现出审美视野全球化、文化取向多极化、审美态度多元化等趋势，其内涵越来越丰富，其形式越来越多彩。应该说，文化语境是形成一个社会、一个时代广告创意活动面貌的内在要素和根本原因；也是把握、认识一个社会、一个时代广告传播现象的基本规律和客观标准。广告创意与文化语境有着天然的、客观的、不可剥离的、深刻的内在的联系。

二、广告创意审美文化语境的层次划分

　　广告创意的审美文化语境在内容上具体表现为广告创意的审美文化环境。

　　广告创意的审美文化环境是一个纷繁复杂、千头万绪的集合体。一方面，它是广告创意赖以生存和发展的前提条件；另一方面，它又是造成广告创意现状、制约广告创意未来发展的主要因素。因此，廓清广告创意的文化环境面貌、把握广告创意的文化环境因素、厘清广告创意的文化环境构成是全面理解广告文化传播社会效应的前提。

　　从文化学的角度看，广告创意的文化环境实际上是一种客观的文化存在，它包括丰富的内涵和众多的层次。广告创意的文化环境大致可以划分为三个层次，即物质层面、制度层面、精神层面。

　　广告创意审美文化环境的物质层面主要包括人类所创造的物质财富或物质性成果，这个层面是构成广告创意审美文化环境的基础性层面。

　　广告创意审美文化环境的制度层面，主要指人类为了进行生产和生活而达成的某种关系和制度的总和。

　　广告创意审美文化环境的精神层面是指人类在思想、精神、心理、意识领域里所创造的精神财富的总和。从宏观的角度看，它包括思维方式、道德意识、知识、信仰、宗教、艺术等精神性成果的创造；从微观的角度看，它包括一个行业、领域人们的看法、见解等，其核心为价值观念。

三、广告创意审美文化语境各层面的主要内容

1. 广告创意审美文化语境物质层面的主要内容

　　具体而言，广告创意审美文化环境的物质层面，可以包含比较细致和深

入的内容。比如它包含社会的生产力水平、社会分工情况尤其是媒介技术的发展水平等方面。

下面，从媒介技术发展水平的角度举例说明。

追溯世界范围内广告传播的历史不难发现，从以"招幌"为代表的古代广告传播形式到以平面色彩为主体的近代报刊广告传播形式，广告传播的每一次重大改变和创新都与媒介技术的成熟和发展密不可分。时至今日，新媒介技术的出现和发展，更是为广告创意与传播注入了新鲜的活力。

1967 年，美国 CBS[①] 技术研究所所长 P·戈尔德马克（P. Goldmark）发表了一份计划，目的在于开发一种新的电子商品即 EVR[②]，在这份计划中他首次使用了"新媒介"（new media）这一概念。1969 年，美国传播政策总统特别委员会主席 E·罗斯托（E. Rostow）在向当时的美国总统尼克松提交报告书时，也多次使用了这一名词。此后，"新媒介"这个称谓迅速在美国社会流行，并且在全世界广为流传，到了 20 世纪 70 年代末和 80 年代初，成为西方传播学界所普遍接受和热烈探讨的话题。

概括说来，所谓"新媒介"，主要是指以现代电子计算机技术（或数字技术）为内核的新型传播媒介，包括数字电视、数字广播、数字化卫星传送、因特网（Internet）、信息高速公路（information highway）、多媒体（multi-media）等多种形式。毋庸置疑的是，新媒介的出现和发展，改变了广告创意文化环境物质层面的传统根基，使得广告传播的文化环境发生了剧烈的变化。近些年方兴未艾的"网络广告"就是一例。目前，借助新兴的网络广告技术，可以完成多种形式的广告发布——这也使得广告创意在新的技术契机下，有了更为广阔的挥洒空间。

不难想像，新媒介技术对传统媒介技术的改造甚至是替代，必将从物质基础的层面上，改变广告创意的审美文化环境，从而带动广告传播的迅疾变革。可以说，从媒介技术的物质层面看，今日广告创意所面临的审美文化环境就是所谓"数字化生存"。

2. 广告创意审美文化语境体制层面的主要内容

"制度"有时也被称之为"体制"，它的内涵极为丰富、复杂。

从宏观的角度看，人类制度最广阔的一个部分是社会制度。

从微观的角度看，在同一类形态的社会制度前提下，也有更细微的制度

---

① （美国）哥伦比亚广播公司（Columbia Broadcasting System）。

② Electronic Video Recorder（Recording）电子录像机（录像）电子录像。

表现。每一个事业、行业领域，都会有各种各样的制度文化创造。

那么，所谓广告创意审美文化环境的制度层面也包括广义和狭义两个方面。广义上说，它是指广告创意活动所处时代的社会制度、国家体制乃至于法律、法规等；从狭义上讲，它是指广告创意活动所面对的事业规则和行业约束。

应该说，广义的制度层面决定着广告创意活动的本质属性和基本宗旨；而狭义的制度层面则制约着广告创意活动的从业守则和职业操守。

以我国的广告法规为例，由国家广播电影电视总局于 2003 年 8 月发布的、自 2004 年 1 月 1 日起施行的《广播电视广告播放管理暂行办法》，对广播电视广告的播出内容、播出形式、播出时间、播出数量等方面都做出了详细的规定和要求，这个法规直指广播电视广告的传播现状，条理清晰、目的明确，从可操作性的角度为中国广播电视广告的健康发展提供了比较完善的法规制度保障。

广告创意的最终实现，既是广告创作者的才华显露与艺术表达，更是广告人在一个国家、民族、社会的法律约束和道德规范下，尊重民族禁忌、体察风俗习惯、囿于社会风尚、符合大众口味的创作结果。

3. 广告创意审美文化语境精神层面的主要内容

与"物质层面"相对，精神层面往往是看不见也摸不着的。精神潜藏于人的灵魂深处，在以价值观念作为核心的精神层面里，由于价值观念千差万别而带来的精神层面的丰富、复杂，可能是文化环境研究最为困难的事情。

所谓广告创意文化环境的精神层面，广义上指广告创意所处社会的道德意识、宗教信仰、知识教育、艺术观念和人们的思维方式；狭义则指广告创意的行业理念、创作模式、思想潮流、价值标准等。

具体来说，在大的方面，广告创意总要顾及到一个社会、民族的文化禁忌和道德标准，同时也要符合特定人群的思维方式和审美习惯。在小的方面，广告创意总会考虑到不同地域、群体的文化差异和环境背景，尽量以符合受众的文化习惯为宗旨。

例如，有这样的统计结果，比较日本和美国的广告诉求，日本广告使用软性诉求的比例是美国的四倍，而美国广告使用硬性诉求的比例也高出日本四倍之多——也就是说美国广告惯于使用直接、推销式的手法，而日本广告则更倾向使用营造气氛、烘托情绪等间接的表现手法。从这个例子不难看出，两国的广告之所以大相径庭，关键还在于其背后文化环境的制约，尤其是观念传统、精神思想的制约。

第二节　广告创意的审美思维特点

时值今日，广告传播不仅是社会经济生活不可或缺的重要组成部分，同时也成为构筑社会大众文化生活的重要组成部分。今日之广告，不仅超越了早期广告传播以传递商品信息为主要目标的初级阶段，更逐步上升到以奇幻的艺术效果来吸引注意、推动时尚的高级阶段。随着广告对社会文化的影响力的增大，随着人们对广告关注、鉴赏水平的提高，许多中外优秀广告作品也可以登堂入室，成为一种新兴艺术，被人们品头论足、鉴别欣赏。人们开始认同一种说法：广告创意也是一种审美活动。

那么问题随之而来：广告创意的审美思维活动是否体现了人类精神创造的规律性；广告创意的艺术构思活动是否具有自己独特的个性——这些正是本节探讨的主旨所在，即究竟广告创意的审美活动具有何种思维特点。

一、广告创意的审美思维

心理学一般把思维定义为：思维是人脑对客观事物间接和概括的认识过程，并且通过这种认识，把握事物的一般属性和本质属性。为了提出和解决生活实践中的各种问题，人们在思维活动中进行着各种心智操作，这个过程充满了思索与判断，主要包括分析、综合、比较、抽象和概括、具体化。

简单地说："分析"是在头脑中把事物的整体分解成各个部分、个别方面和个别特性，并加以认识的过程；"综合"是指把个别属性、个别方面结合成为某个整体"比较"是确定事物之间相同与不同之处的过程；"抽象"是在比较基础上分离出事物共同的本质的特征；"概括"是将抽象的部分事物共有的本质特征结合起来，并推广到同类其他事物上的过程；"具体化"是在概括的基础上，将对事物的一般认识，应用到相应的个别事物上去。

一般认为：广告创意的思维方式隶属于艺术的思维方式。就艺术思维而言，它是人类以艺术方式掌握世界时特有的思维形式和思维方法，同科学思维主要运用概念、推理、判断来思考世界的方式不同，艺术思维"在这种使理性内容和现实的形象互相渗透融会的过程中，艺术家一方面要求助于常醒的理解力，另一方面也要求助于深厚的心胸和灌注生气的情感"[1]，它是主要以形象、情感、虚构的方式来掌握世界的。

----

① 黑格尔. 美学(一)[M]. 商务印书馆, 1979 年版, 第 358 页。

在传统文化当中，艺术思维最突出地表现在文学艺术领域的实践与运用。由于文学作品以语言为主要表达工具，有人又将此种艺术思维称为"诗性思维"。由于"自然世界是多维的，立体的、色香味俱全的，而人类约定性语言却是一维的、线性的；自然世界是连续的整体，但人类语言是分段分节的结构单位；自然世界是无限多样、无限丰富的，而人类语言是有限而单调的，几十个音位，几千个音素，几十万个几百万个词汇单位，几十几百个句型，几十几百个修辞格，如此而已"①——这段引文说明了以语言为思维材料和作品形式的文学艺术，与其他以具体物质材料为作品形式的艺术活动之间的差别，即语言艺术家在对自然材料进行艺术掌握的同时，还需要对语言这种形式进行"二度征服"。语言本身的抽象性给文学艺术的思维活动提出了更高的要求。

广告创意的审美艺术思维则是广告创作主体对客观广告活动的抽象和概括的认识过程，是通过这种认识把握广告创意活动一般属性与本质属性的过程。在这个过程当中，广告创意主体运用包括语言、文字、图像、声音等丰富的符号元素，基于现实、超越想像、灵活运用、妙笔生花地去构思和缔造全新的艺术形象。

二、广告创意的审美思维特点

广告创意的审美思维活动具有以下一些基本特点：

1. 全息式的审美观察

审美观察往往被看作是审美思维活动的第一步，在传统的文艺理论中，无论是文学家或是文学理论家都对审美观察给予了极大的重视。巴尔扎克曾经说过：文学艺术是由两个截然不同的部分——观察和表现所组成的。而审美观察的核心在于审美发现。罗丹说过，"美是到处都有的。对于我们的眼睛，不是缺乏美，而是缺乏发现。"

"全息"本来是一个纯技术性的概念②，指的是"物体整个空间情况的全部信息"。现今"全息"的概念被社会学者引入到大众文化研究领域，用以说明"大众符号活动的发展，从某种意义上说也就是全息化的过程……"③。

---

① 张荣翼，张小元，张利群：文艺学概论［M］．天地出版社，2001 年版，第37 页。

② 全息(hologram)，全息技术是英国科学家盖伯于1948 年发明的，他因此在1972 年获得诺贝尔奖。1982 年，美国才开始大规模复制(印刷)全息图。短短十几年，很快便形成了全息产业。

③ 高小康：《大众的梦》，东方出版社，1993 年版，第96 页。

　　所谓全息式的审美观察是指在广告创意过程中，创作主体对产品性能、品牌形象与文化环境的综合把握，发现、开掘既能展现商品个性又能符合语境要求的广告传播的内容与形式。

　　具体来说，从观察物象的角度上看，广告创意主体既要有宏观"俯视"，又要有微观"显微"：宏观，即从大的视野中实现艺术的发现；微观，即对形象进行精细入微的审美发现。

　　例如，世界知名饮料品牌"可口可乐"重视广告宣传、善于广告创意的作为在国际广告业界是有口皆碑的。综观"可口可乐"一百余年的经营情况和广告战略，不难发现"全息式审美观察"理念的实践运用。从宏观角度讲，"可口可乐"始终坚持稳定的商标策略，在漫长的企业成长和广告宣传过程中，一直保持热情、健康、大众化、国际化等创意定位，把握住了碳酸饮料会成为日常饮料主流趋势的理性判断，又善于迎合不同时期、不同地域，人们的生活方式和消费习惯的变迁。从微观角度讲，"可口可乐"很善于从细微之处入手，接近广告受众的文化心理，以"随风潜入夜，润物细无声"的广告创意手段，迅速取得消费者的主观心理认同，在这方面"可口可乐"名称的由来及其中文译名的例子，曾一时传为佳话。据"可口可乐"中文官方网站的资料显示，"可口可乐"的英文名字是由彭伯顿当时的助手及合伙人会计员罗宾逊命名的。彭伯顿本身是一个古典书法家，他认为"两个大写 C 字会很好看"，因此用了"COCA – COLA"，"COCA"是可可树叶子提炼的香料，"COLA"是可可果中取出的成分。"可口可乐"的商标百多年来一直未有改变。"可口可乐"这个名字，一直以来被认为是世上翻译得最好的名字，既"可口"亦"可乐"，不但保持英文的音，还比英文更有意思。这个中文名字是由一位上海学者编出来的。"可口可乐"在 1920 年代已在上海生产但是没有正式的中文名字，于是当时"可口可乐"专门负责海外业务的"可口可乐"出口公司，在英国登报征求译名。这位旅英学者，便以"可口可乐"四个字击败其他对手，拿走 350 英镑。

　　再比如，"可口可乐"从 1928 年开始，参与世界奥运会，借助这项国际性的体育赛事，运用全息式的审美观察理念，广为扩大品牌的知名度和影响。

　　全息式的审美创意带来的广告宣传的全面成功和全方位的影响力，根据美国纽约顾问公司 INTERBRAND 在 2000 年的一份调查显示："可口可乐"品牌的价值高达 725 亿美元，是全世界最值钱的商标。

　　2. 目标化的审美指向

　　广告创意活动与其他文艺创作活动最大的区别可能就在于广告创意活动

的全部目的都是为了市场推广与商品营销，都是为了通过或者艺术或者通俗地手段吸引关注、引导消费，与传统文艺创作重在展现心灵、塑造灵魂等诉求不同的是，广告创意的诉求更直接、更具体、更现实、更有针对性。

也就是说，广告创意总要受制于市场环境、广告策略等因素，每次只能凸现一个广告主题，而无法像纯粹的文艺创作那样凭借艺术家的个人生活体验和审美趣味去决定和表现生活主题。可以说，"广告创意所构思塑造的是广告艺术形象，所追求的是以最经济最简练的形式和手法，去最鲜明地宣传企业、产品，最有效地沟通和影响消费者。"[1]。

例如，美国米勒酿酒公司原先给自己的啤酒产品米勒"High life"的定位是一种"乡村俱乐部的产品"。但是在后来的广告传播实践中发现，美国社会中的"乡村俱乐部"往往是上流阶层人士聚会的地方，对于啤酒的消费量并不大，而市场调查显示，美国社会上80%的啤酒是被在由占社会成员30%的蓝领工人和大学生所消耗的。基于这样的情况，米勒公司决定重新调整广告创意，将广告策划的核心目标转向这部分消费群体，以全新的广告主题针对广告目标受众进行有效宣传。于是米勒公司推出"米勒时间"创意，即在完成了一天紧张的工作和学习后，喝"High life"牌啤酒来自我奖赏，而不是为了显示某种身份，更多的是为了分享"米勒时间"。这则广告一经发布，获得了巨大的成功。

3. 复合式的价值判断

广告创意过程中，创作主体在进行审美观察、审美构思的同时，审美判断的准确与否，是审美思维中的关键。审美判断准确，广告作品的成功把握就大；审美判断有误，往往导致传播效果不理想。广告创意的审美判断，包括对审美客体的趣味把握、对审美客体感觉偏好的价值判断、对大众文化风尚的脉络甄别、对表现元素的准确拿捏等复杂环节——但是这一切汇集起来，其核心仍然在于审美的价值判断。

具体说来，广告创意活动中，创作主体往往同时进行着复合式的价值判断，这种判断至少可以剥离出两个层面：表层的价值判断和深层的价值判断。

表层的价值判断往往是第一个层次的判断，即当创作主体进入广告实际创作时，必须对其审美客体进行分析，从而决定究竟是采用何种表意符号、展现形式，或者判别强化哪种功能属性、资讯信息。大量的广告创意都停留

---

[1]　张金海著：《20世纪广告传播理论研究》，武汉大学出版社，2002年版，第164页。

在这个层次，或者说主要追求这个层次的审美价值判断。

深层的价值判断往往是第二个层次的判断，即创作主体进入广告创意本体价值的审美判断。它包括品牌形象、营销理念、企业文化、理想诉求等。当很多的广告传播活动不满足于表层地"推销宣传"的方式、方法之后，它们会转而追求这个层面的深思与开掘。

以著名广告大师大卫·奥格威的品牌形象理论为例：大卫·奥格威最早提出了品牌与品牌形象这两个概念，他不仅注意到产品的自身形象，而且还注重产品在消费者心目中的形象。他指出，品牌开始出现时是依附产品而存在的，但事实上在后来与产品有着层次上的区别。大卫·奥格威认为，品牌形象理论的内涵至少包括这样几个方面：每一则广告都应对塑造品牌形象有所帮助，作为品牌个性的长线投资；品牌与品牌的相似点越多，选择品牌的理智考虑就越少，通过广告树立形象、形成个性；品牌必须具有个性，使得客户对自己所需求的品牌有清晰的认同和识别；影响品牌形象的因素还包括定价、产品名称、公关、促销的；最终决定市场地位的是品牌的总体性格。在大卫·奥格威的理论中，我们看到了所谓品牌形象对于广告创意审美思维价值判断上的影响，既然广告创意要服务于品牌形象的各个复杂层面，那么广告创意的审美思维也必然经历着复合式价值判断的过程，这种过程的出现和运行，恰恰是广告创意审美思维成熟的表现。

4. 最优化的艺术呈现

当广告创作主体有了一个最初的思维雏形后，就要面临着如何进行艺术呈现方面的考虑。要想充分展现创意主体的关于广告作品的构思、立意、审美趣味倾向等，就一定要有一个高屋建瓴的比较和选择，即创造主体在进行多角度、多方位的判断取舍、审时度势、裁减定夺之后所确定的艺术表达方式。应该说，这种表达方式的最终确定和最后落笔，不一定是该创意所有可能的表达方式中最好的一种，但它至少有可能是在现今条件和情势下的最优方案，是内容和形式达到和谐统一的有效途径，即所谓"最优化的艺术呈现"。

例如，"索易网"的广告宣传，就考虑到了由于广告传播媒体的不同而可能造成的不同艺术效果，而选择了以电视媒体为主的呈现方式。"索易网"在进行广告宣传时，使用了包括户外、交通（车身）、电视和网上横幅广告栏等多种媒介形式，表达相同的创意构思——"猫找老鼠"，广告语是"你要找的正在找你"。广告的主要情节是一只在家的猫突然被老鼠找上门来，这时猫因为"得来全不费工夫"而显得异常高兴。这个情节设计意在传达"索易网"

的广告诉求，即上"索易网"，会有许多你期望的信息和机会主动找上门来。在电视广告中，使用了真猫真鼠做演员，画面充满了拟人化的处理方式：一只猫在家中闲坐，听到门铃声便走到门口通过门镜向外查看，这时镜头切换到门外，来访者竟然是一只白鼠！紧接着画外音："你要找的正在找你。"镜头再次切换成猫的头部特写，猫面对镜头露出笑容(电脑合成)，最后是广告口号："索易，就这么容易。"这部广告片没有其他人物形象出现，只靠猫和鼠演绎完成，精彩的创意加上精湛的电视画面处理和剪辑，传神地表达了一个原本比较抽象的诉求。在广告的实际发布过程中不难发现，此系列广告中平面媒体上的视觉表现效果与电视媒体上动态三维表现相比要逊色得多，因此广告传播选择以电视媒体为主，就是实际考虑到了最优化的艺术呈现问题。

第三节　广告创意的美学原则

在经济全球化和消费者为主导的市场环境中，为求得广告传播的顺利开展和广告效果的最终达成，就必须解决一个至关重要的前提问题，即消费者的关注，因此也有人把广告传播活动形象地称之为创造"眼球经济"的活动。

的确，在今天的所谓"注意力经济"时代，在现代广告运作体制之中，广告创意逐渐处于中心位置，称得上是广告活动的生命与灵魂。广告创意被赋予了更多的创造"美"的使命。然而无论广告创意如何巧妙出织、运筹帷幄，由于根本上它是一种审美创造活动，它必然要遵循、体现若干美学原则。这些基本的美学原则既是广告创意不可违背的"边界"、"雷池"，同时也是广告创意发掘灵感、催生构思的着力点。

广告创意的美学原则既体现了广告活动的内在规律，也是美学真理在广告创作活动中的具体表达。

一、实事求是——广告创意审美的真实性原则

作为商品经济伴生物的广告活动，诞生于人类社会的商品交换之中，随着人类社会经济的发展和传播技术的进步而日趋成熟。放眼广告的历史与现在，探究广告运动的发生和发展，体察广告创意的美学规律——最基本的一个认识就是：广告创意首先要遵循实事求是的"真实性原则"，这既是广告活动的历史所决定的，也是广告创作活动发展的必然所致。

广告创意的真实性是指广告在表现主题和沟通受众的过程中必须始终坚

持尊重事实、尊重科学、尊重实践的态度。具体而言，广告创意的真实性原则包括以下几个方面：

　　1. 广告创意的基础和本源是客观存在的事实

　　从广告活动的历史来看，人类最早的广告形式是"叫卖"和"实物陈列"，所谓"王婆卖瓜、自卖自夸"和当众摆放货物便是这种方式的形象体现，此后的历史演进我们看到了这样的轨迹①：

叫卖——各行业特定的吆喝——各行业特定的叫卖替代音响——歌曲音乐

实物陈列——实物模型——象征性实物标志——象征性图画标志

招牌——店铺字号——店铺字号的形象标志

　　从这个历史轨迹的描述中不难发现，近现代广告活动的信息传播基础是商品的事实性信息，这些信息是一切广告活动的前提和基础。

　　从对广告内涵的认识过程来看，近代西方早期广告普遍承担着单纯商品信息的告知功能。19世纪末，广告被视为一种新闻，并把广告的内容和形式都按新闻来处理；20世纪初，市场营销的理念兴起，强调广告是推销产品和服务。可以说，在现代广告事业崛起之初，以产品和服务的实际真实为前提的传统就得到确立。

　　因此，没有切实的产品或服务，没有可靠的物质实体和优良的实际作为，任何纸上谈兵、夸大其词的广告创意都是脆弱而虚伪的；没有事实的真实和实际的确实，任何浮想联翩、天马行空的广告创意也都是无源之水、无本之木，是终将枯萎的花朵、是行将被揭穿的谎言。

　　在广告史上，由于不尊重广告创意的真实性原则，一味以煽动性的广告宣传作为商品营销的唯一法宝，甚至不顾商品本身信息的真实性，而最终断送产品前途的案例比比皆是。

　　2. 广告创意应以科学调查为基础，自觉遵循和应用科学知识、科学规律

　　如今，在科技发达、科学昌明的时代氛围中，广告创意应该始终自觉地保持与科学同步的态度，以科学的调查为基础，以相关的自然、人文科学原理为依据进行艺术构思——这是众多广告大师和创作者为我们留下的宝贵经验。

　　"艺术派"的领军人物伯恩巴克在为大众汽车创制广告前对产品和消费者深入考察，通过实际体验来逐项认定汽车物美价廉和可靠实用；而且在广告发布之后还主动运用科学调查手段，搜集反馈，评价广告的传播效果。

　　① 张金海著：《20世纪广告传播理论研究》，武汉大学出版社，2002年版，第9页。

《实效的广告——USP》的作者罗瑟·瑞夫斯严厉批判以随意性和直觉经验性的方式进行广告创意，而高呼广告必须以科学的原则去"创造世界"，主张依靠事实、数据、法则、测试、核查、统计、图表这些可以量度的指标加强广告创意的科学成分。他孜孜不倦工作15年，在美国48个州和数百个独立的群体中对成千上万的人进行调查和测试，得到了许多重要的发现。

著名广告人詹姆斯·韦伯·扬(James Web Young)说过："创意的产生是一个像福特汽车的生产一样确定的过程；创意的产生也像流水线作业一样地运行；在此生产过程中，思维采取了一种能够学习并控制的操作技术；思维的有效使用是一种与有效使用任何工具一样的实践。"[①]他的方法是博闻强记、积累分析、深入观察生活、体察人们的欲求癖好、风俗禁忌，在他的两部著名作品《怎样成为广告人》和《产生创意的方法》中，科学的精神被反复地提及，成为铸造广告创意成功的有效指导。

3. 广告创意应始终保持其实践品格

从马克思主义实践哲学的角度来看，人类对于客观世界的认识和能动性、创造性的发挥，是建立在人类主体实践的基础上完成的。广告创作活动的实践特性决定了广告创意的实践性品格。一方面，我们必须看到广告创意的客观物质性，看到这种艺术构想是商品信息、属性在创作者头脑中的折射和反映，作为创作者只有摄取客观的具体感性对象才能进行形象化的创造，完成自己的实践目的；另一方面，这种实践又不能是淹没主体的机械模拟，客观现实性的东西只有通过创意主体的能动实践活动才会造就出主体本质力量的对象化的艺术形象。

另外，在具体的广告实践领域中，广告创意的实践品格还应包括以信息接受为最终目的、以受众认可为评价尺度、以市场反映为衡量准绳的内容部分。

例如，著名化妆品品牌"资生堂"的广告创意及历史。"资生堂"品牌最初由日本人福原有信创立，多年来一直坚持"装饰人类的科学"的广告宣传口号，同时强调广告创意的"美学品质"。在资生堂早期的平面广告作品中，大量插画和素描手法的运用，把日本女性的柔美风姿和迷离情调表现得淋漓尽致，使得产品和品牌的形象独具韵味；20世纪60年代中期以后，资生堂的平面广告开始以摄影的制作方式取代运用已久的插画设计，但还是在风格上保留着插画和素描的特质，比如为了使口红等产品的细部功能更加凸显，早期

---

① 转引自王诗文主编：《电视广告》，中国广播电视出版社，2001年版，第89页。

的摄影作品除了较以往明快、鲜艳之外，还采取过度曝光方式处理非重要部分，使作品中女性的面部线条更具视觉冲动和力度美感；进入90年代，资生堂的产品开发已完全发展为"消费者导向"，正式推出"装饰人类的科学"的企业理念口号，从"人"、"装饰"和"科学"这三个各自独立的关键词中确立创意基础，推出了对"人"对"美"的坚持的企业形象广告，一举导入企业CIS。可以说，"资生堂"品牌几十年来的广告创意之路，就是始终保持活络创意思维、不断探索求新的实践之路。

二、恰到好处——广告创意审美的和谐性原则

在我国的传统文化中，自古就有所谓"不温不火"的典故，也有"欲把西湖比西子，浓妆淡抹总相宜"的诗句，还有"东家之子增之一分则长、减之一分则短"的历史故事——这些文化掌故所反映的是一种传统的美学规律观，即恰到好处的"和谐性"原则。我们知道，在数学研究领域有著名的"黄金分割点"，甚至有人提出演员在舞台上不偏不倚地站在"黄金分割点"上的时候，观众才会觉得位置最恰当。

从历史经验到审美传统，从数学定理到文艺创作，和谐性原则始终发挥着它潜移默化的作用和规律性。由此不难理解，所谓广告创意的和谐性原则是指广告创意活动要寻求商品事实信息与广告传播主题、广告艺术构想与受众实际需求之间的最佳结合点，从而实现创意与主题统一、形式与内容统一的良好结果。

在广告创意和谐性原则的内在要求下，广告创意不以哗众取宠为荣，不以危言耸听为奇，不以煽动刺激为上，不以愚弄欺骗为主，而是寻求老少皆宜、有口皆碑、喜闻乐见、恰到好处。具体来说，广告创意的和谐性原则涉及以下几个方面：

1. 广告创意的客观社会性

广告创作主体的艺术创造活动既是其主观能动性发挥的过程，同时也是一个蕴涵客观社会性的过程。黑格尔在《逻辑学》中曾指出"客观性"这个概念具有双重意义："既有某个与独立概念相对立的东西的意义，同时又有某个自在和自为地存在着的东西的意义。"黑格尔的美学思想提示我们，美的创造既是相对主体意志的对象化实现，但它又离不开人的社会生活和社会实践。进一步说，广告的艺术构想又是特定历史、社会情境下的必然产物。因此广告创意主体必须顺应这种客观规律，切实按照这种客观规律的要求进行创作。

举例来说，中国古代有所谓"环肥燕瘦"之说，唐玄宗时期的贵妃杨玉环

与汉成帝时期的皇后赵飞燕分别是两个时代的标准美人形象，但是其风格却迥然相异——相隔八个世纪的社会审美标准发生了巨大的变化。因此正如黑格尔的一句名言"人们就像不能超越自己的皮肤一样超越他的时代"，广告创意立足于时代和社会现实，才能完成为大众所普遍认同和接受的艺术构思。

2. 广告创意的目的性

从马克思主义实践论的美学观点看，所谓美"是主体意志、目的的实现，人的创造力的确证"①。因此任何艺术构想活动都是创作主体自觉的、有目的的行为，而创作过程的结束意味着意志、目的的实现，这样就使得作品具备了美的品格。由此生发，广告创意的审美创造过程也同样具有这样的性质，当广告策划者基于受众诉求、产品特色为达到特定营销或宣传目的而进行广告创意时，广告创意行为本身具有着明确的自觉性和目的性；而当广告创作完成，信息得以表达、形象得以确立、营销得以成功、效果得以反馈时，广告创意的目的性就得到了最大限度的体现。

例如，我国晋代著名诗人陶渊明有一首脍炙人口的描写归隐田园的诗歌作品，其中"采菊东篱下，悠然见南山"两句传为美谈，作者喜爱菊花的情怀也溢于言表。但是当奶粉制造商"南山奶粉"将其作为广告宣传的创意理念时，其目的性就显而易见。

3. 广告创意激发共鸣

"共鸣"是文艺理论中的一个专用术语，"就是艺术品中所蕴含的内在结构与接受主体的心理结构所形成的'同形同构'或'异质同构'而产生的主客观协调、物我同一的状态"②。应该说，广告创意和谐性原则的最佳体现便是广告创作主体的艺术构想与受众的心理期待之间的"不谋而合"、"一拍即合"。

例如，2004年底我国知名品牌"白沙集团"借助我国田径选手刘翔在雅典奥运会上夺得110米栏冠军的事件，迅速反应，精心制作了企业形象广告，将运动健儿在赛场上冲刺夺冠的画面与该企业的电视形象广告片"鹤舞白沙、我心飞翔"的镜头穿插剪接，使奥运精神与企业理念交相辉映，激发了广告受众的强烈共鸣，人们在民族自豪感与企业昂扬的奋进精神的双重激励下，自然而然地接受了企业的品牌角色和广告信息。

---

①　王向峰、洪凤桐主编：《美学新编》，辽宁大学出版社，1998年版，第50页。
②　王向峰主编：《文艺学新编》，辽宁大学出版社，1990年版，第545页。

三、雅俗共赏——广告创意的典型性原则

所谓广告创意的典型性原则，是指广告创作主体运用典型化的方法创造出具有一定广告本质概括力的与众不同的特殊广告传播形象。

在传统的文艺理论研究中，有关"典型性"、"典型形象"的探讨可以说是汗牛充栋。恩格斯曾非常强调对典型个性的塑造，主张艺术创作：要力求达到每个人都是典型的，但同时又是一定的单个人，如黑格尔所说的是一个"这个"。

结合传统美学思想，联系广告传播实际，广告创意的典型性原则至少体现在以下几个方面：

1. 广告创意的个性风采

个性风采是使广告创意获得不朽生命力的关键所在。综观中外广告历史的发展，那些曾经风靡一时的优秀广告创意作品，无不具有着鲜明的个性风采和独到的个性意识。这种个性风采表现在广告创意的语言组织、形式搭配、情节设计、结构安排、符号选取等复杂的环节之中，这种个性风采的形成是多种主客观条件相互聚合、碰撞、交融最终沉淀、升华的结果。

例如，国际知名品牌"万宝路"的个性风采，屡屡为人们所谈及。当时的广告大师李奥贝纳向创意人员征询意见：什么最能代表男人味的形象？一位文字写作人员建议采用"牛仔"，于是万宝路的牛仔形象就此确定，传播主题亦定调为"释放男人风味"。第一轮广告宣传于 1955 年 1 月在达拉斯的霍特·沃兹打响第一炮。李奥贝纳的思路在于：将"牛仔"定义为"男人概念"，只要是硬汉、豪气的风格与个性，都属于"万宝路男人"。接下来，一系列的广告创意都以此为立意基点，具体形象包括猎人、园丁、水手、飞行员、手背上有陆军标志刺青的男子汉等。这些"万宝路男人"的广告宣传迅速在社会中产生强烈反响，甚至广告形象主角身上的刺青也成为一种时尚符号和精神图腾。就这样，"万宝路"以自己独特的品牌个性，一步步占领市场份额。此后，1962 年再次推出"万宝路故乡"的个性创意。这时的万宝路形象更加明晰，并且具有个性魅力，即是一种朴实的、放松的、户外干活的硬汉形象，具体形象包括牧牛者、海军军官、飞官等。广告作品透过硬汉手背上的刺青和强壮的双手传达出勤奋的精神和对浪漫时光的回味，令人向往、尊敬的。这种充分展现个性风采、着重塑造品牌性格的创意思路，为"万宝路"带来了巨大的成功。

2. 广告创意的概括特征

突出的个性特征固然是构成广告传播典型性的首要要素，但这种典型性又并不仅仅是单一的个性张扬，它也一定会同时体现着广告传播本质特性与文化语境的多层次关联，一定会同时体现社会文化环境的某种本质或规律性特点。

具体地说，广告创意往往是在抽象了种种产品或服务的一般化信息的基础上、在归纳了消费群体诸多心理诉求的情形下、在对广告传播反馈效果的实证研究之后，提炼出广告创意的所谓个性风采。因此这种特性是基于概括基础之上的个性；这种概括是服务于个性创造的概括。

例如，国内知名酒类品牌"孔府家酒"制作的曾经风靡一时的电视广告作品"孔府家酒，让人想家"，就在广告创意之初考虑到了广告传播的社会文化氛围，并且尝试概括和渲染这种氛围，结果获得了比较理想的传播效果。我们知道，在中国传统文化当中，"家"的理念占有很重要的位置，中华民族自古就有"家和万事兴"的认识，也有每逢节日家人团聚的习俗。"孔府家酒"的电视广告通过激情澎湃的音乐和温情浓厚的画面，交相辉映出离家游子怀念故土、思家想家的感人情怀。可以说，这种创意表达，敏锐捕捉到了广大受众普遍存在的心理感觉，触及了人们社会生活中共通的文化心里本质，实现了广告创意针对文化语境的概括性开掘和互动性表达。

3. 广告创意是个性与概括性的有机结合

列宁在《哲学笔记》中曾经提到"一般只能在个别中存在，只能通过个别而存在"[①]。借用哲学的思辨路线，我们就不难理解广告创意的个性与概括性之间相辅相成、有机结合的密切关系。真正优秀的广告创意，一定是兼具个性魅力和抽象概括的全面构想，一定是从中既能找到个性视角又能把握普遍现象的非凡创造。

例如，北京电通广告公司为联想集团笔记本电脑创作的《玉剑扇篇》平面广告就是一个比较出色的作品，其中体现了广告创意个性与概括性的有机结合。这个作品把中国传统儒家文化中的人文精神经过整合、概括，提炼为"玉"、"剑"、"扇"这些象征物，进而结合联想笔记本电脑"昭阳"系列的个性特征，构思出广告的主题内容。一方面，"玉"在中国传统知识分子心目中具有浓厚的象征意义，玉的"坚其内，润其外"的特点正是中国人文精神的崇高境界，自古就有贵人佩玉的说法，再加之剑和扇这些"性情之物"，一副文

---

① 转引自王向峰主编：《文艺学新编》，辽宁大学出版社，1990 年版，第 142 页。

人雅士的形象跃然纸上；另一方面，"联想"品牌是中国 IT 领域的知名品牌，其"昭阳"系列笔记本电脑又是高科技的结晶——两方面因素有机结合，将产品的个性与传统文化的概括创造性地加以组合，产生了良好的广告传播效果。《玉剑扇篇》一经推出，极大地推动了相关产品的销售，很多消费者是因为看了这则广告之后才决定购买联想产品的，更有读者看到刊载在纸质媒体上的广告后爱不释手，干脆剪下来作为收藏(见图 5 – 2)。

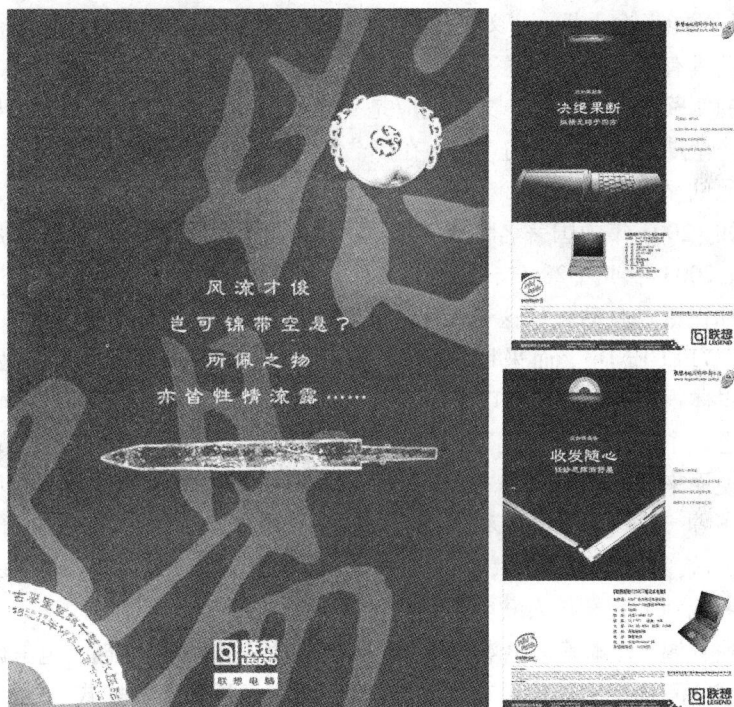

图 5 – 2　联想昭阳平面广告"玉剑扇篇"

四、因地制宜——广告创意审美的适应性原则

"因地制宜"是一个成语，指"根据不同地区的具体情况制定相应的妥善办法"①。借用在这里，用以说明广告创意应该根据不同的文化语境开展不

―――――――――――

①　《中国成语大辞典》，上海辞书出版社，1987 年版，第 1605 页。

同的艺术创造活动，使创作主体的艺术构思与周遭的市场环境、传播环境、文化环境相适合、适应。

1. 广告创意的文化适应

这里着重谈一下广告创意的文化适应问题。文化传播学认为："文化适应是影响文化传播的重要机制之一……适应原理告诉我们，当一种文化传播到另一个文化圈中时，它必须适应这一文化圈的特殊情形，就好像一棵树要移植他地，它就必须先适应那里的土壤。没有这种适应，传播便不能正常进行，甚至可能半途夭折。"①文化传播学中的"适应原理"对我们今天看待广告创意活动具有很大的启示意义。说到底，广告传播也是一种文化传播，在广告创意的实践操作过程中，文化适应是一个十分重要的影响机制，尤其是在世界经济全球化、一体化的今天，在广告传播走向世界市场的情境下，文化适应问题就显得尤为突出。

例如，2003年中国著名信息产业品牌"联想"更换标识的事件就是突出的一例。2003年4月28日，国产品牌"联想"召开新闻发布会，宣布"联想"品牌新标识正式启动。从这一天起，联想换掉了沿用了19年的、价值200亿元的标志"LEGEND"，而采用新的标志——LENOVO（见图5－3）与公众沟通。据媒体报道，联想之所以下决心舍弃原有的已经深入人心的标志转而启用新标志，并非一时意气用事，而是基于联想未来发展国际市场的战略考虑。据说原来标志中的名称"LEGEND"在英语世界中被普遍注册，而且在英语语境下毫无个性特色，不易被受众认知和了解，而新标志中的名称"LENOVO"，则可以较好地表达品牌意志和产品特色。说到底，联想的改名无非是考虑到了联想打入欧美市场后的文化适应问题。

无独有偶，日本著名电器公司"索尼"在进军国际市场之时，也考虑到了文化适应的问题。索尼公司在成立之初名为"东京通信工业株式会社"，但西方人，特别是美国人在念这个名称时十分拗口，没有一个人能准确地拼出这个日语名字。于是在1953年，索尼的创始人盛田昭夫决定将公司的名称改为一个易记、好读，全世界都能通用的名字。他们查阅了各种字典，做了几十次试验，无意中发现拉丁文"Somus"（译为"声音"）与公司的行业有关。于是他们从该词开始找起，如"Sonny"（小家伙）、"Sunny"（阳光）等，都有乐观、明亮的意思，能够体现索尼公司刚刚起步、前途光明的意义。经过数日的冥思苦想后，盛田昭夫及其同事们终于茅塞顿开，将"Somus"和"Sonny"两

---

① 沙莲香主编：《传播学》，中国人民大学出版社，1990年版，第73页。

个单词合二为一，于是，这个新创造的易读、易记、响亮的"SONY"就成为公司的名称（见图5-4），直到今天，一直为人们所称道。①

图5-3　"联想"的新标识　　　　　　　图5-4　"索尼"的标识

2. 广告创意的跨文化传播

所谓跨文化传播，是指涉及不同民族、不同国家或者不同地域的两种或者两种以上文化之间的传播活动。

在跨文化研究领域有一个著名的案例。16世纪末，意大利人利马窦以耶稣教会传教士的身份来到中国，前后居住达28年之久。在游历和传教的过程中，利马窦意识到"强调耶稣基督被钉在十字架上的形象很可能引起一向重视'仁'的中国知识分子的困惑，于是多以圣母玛丽亚怀抱婴儿的形象来代替，以便和儒家的仁孝找到结合点"。这个历史故事给我们的启迪是，利马窦考虑到了不同民族文化之间的差异性，并且以相对务实的态度灵活地处理了跨文化交流的课题。

如今，伴随着经济全球化、信息全球化以及文化多元化的发展态势，研究跨文化传播的实际应用就显得十分重要。

广告活动不仅是一种经济活动，还是一种文化交流，承载着丰富的文化内容，像一只无形的手左右着人们的生活方式和消费习惯。广告文化具有明显的大众性、商业性、民族性和时代性的特点，一定的文化传统、信仰、价值观都会在很大程度上左右商业经营以及消费者的心理和行为。随着国际经济一体化步伐的加快和国际分工规模的扩大，国际的商贸往来增加，商品流通加强。各个国家的企业，为了在国际竞争中取得优势，为了强占世界市场，竞相推销本国商品，实现海外扩张，广告传播也就走向世界。

早在1917年，英国小说家诺曼·道格拉斯就曾预言广告在全球将会有蓬勃的发展："通过广告你可以发现一个国家的理想。"时值今日，从"可口可乐"倾力打造的世界性饮料品牌到中国"海尔"集团抢占国际市场；从IBM放眼全球的战略安排到以尖端技术和广告宣传打天下的"松下电器"，无不反映

---

① 引自韩千群：《换标是否值得 从联想换标看品牌"变脸"》，传媒观察网站（www.chuanmei.net）2003年9月4日。

出广告创意跨文化传播的生动图景。

　　因此，广告创意跨文化传播的含义就不难把握，即广告创作主题在表现广告主题和与受众沟通的艺术构思中，应该注意考虑文化的差异性问题，力争以符合文化语境的广告信息消除由于文化差异而产生的交流壁垒，创造出能为多个文化圈内大多数受众所接受和认可的表现形式，从而取得良好的传播效果。

　　3. 广告创意的"本土化"

　　随着国际资本的全球性流动，随着中国市场的全面对外开放，近些年来国外商品和企业纷纷涌入中国市场。我们会发现，当那些跨国公司的商业品牌在中国市场上进行广告宣传时，频频打出"本土化"的旗帜，以适应中国市场的需要和中国消费者的特点。

　　"本土化"策略是广告传播基于跨文化传播的现实条件而采取的必然选择，是广告传播深入认识跨文化传播的内核本质与传播规律后做出的明智选择。广告创意"本土化"策略的理论基点在于强调不同的国家、民族均有自己独特的不可取代的文化系统。

　　美国宝洁公司在不同国家市场上推行不同广告创意策略的做法就是一个比较成功的典范。宝洁公司的洗发水产品"飘柔"，在美国的名称为"Pert-Plus"，在亚洲地区则为"Rejoice"，而中文名字为"飘柔"，其迎合本地消费者和广告受众的用心可见一斑。法国"人头马"白兰地的广告，十分注意针对不同国度的受众采取不同的策略。在欧美国家采用了"干邑艺术，似火浓情"的广告语，运用了比喻和拟人相结合的手法，融商业推销和艺术审美于一体，给消费者以明确的信息。而且，"似火浓情"这样的隐喻也符合欧美文化开放、浪漫的风格。但是对于东方市场，特别是华人市场，"人头马"使用了它的"本土化"的广告宣传策略，打出了"人头马一开，好事自然来"的著名广告语，强调吉祥如意的文化品位，应和了中国人重"喜庆"的文化心理，与广告受众形成了良性互动，达到了文化"共鸣"。

五、栩栩如生——广告创意审美的形象性原则

　　在广告传播过程中，所有的创意理念和广告信息最终都要转化为可亲可感的艺术形象，特定的概念与构想这些无形的东西转化为具体的、实在的有形的东西是广告创意活动的思维焦点。而广告创意的形象性原则就体现了对这个焦点问题的规律性要求。

　　广告创意的形象性原则是指广告创作主体应该时时考虑到广告表现的运

行，通过对广告主题的明晰把握和对与受众沟通技巧的娴熟运用，创造出可亲、可感、可触的栩栩如生的广告视听形象来，以生动地完成广告艺术构想的对象化为最终结果。具体来说，广告创意的形象性原则涉及以下几个方面：

1. 广告创意审美注重对感性材料的把握和运用

广告创意的艺术构想来源于创作者对现实客体的具体状态的摄录和捕捉。当创作者在现实情境中通过对产品性能、受众情状、环境特征、文化时尚等的体验和观察之后，就会选取那些最能激发消费诉求、最能吸引受众眼球的细节融入到自己的创造性构思中，最终使这些感性材料聚合成为生动的形象。

大卫·奥格威所创造的戴眼罩的男人形象出现在印刷媒体上时，给读者带来的心理感受；一幅被咬去一角的广告牌上巨大的 m 形缺口，逼真地传达出食欲与"麦当劳"的关联。上海"光明乳业"为美国费城交响乐团访问上海演出而专门制作的一幅企业形象广告（见图5-5）。这则广告的创意初衷明白无疑，目的是在于表达企业关注支持社会文化活动，提升良好的企业形象。广告创意别致巧妙，表现独特风趣，有强烈的视觉冲击力，能有效地抓住人们的视线注视广告。画面极为突出的主体

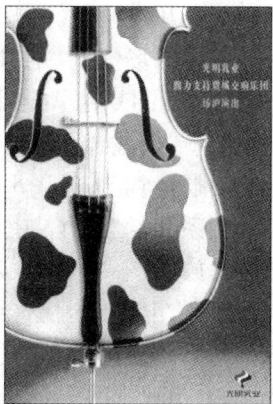

**图5-5　"光明乳业"
平面广告作品**

形象明确清晰地表达了广告的诉求，大提琴的形象与低沉的音质与生产牛奶的乳牛有十分贴切的关联性。广告创意成功之处在于大提琴的琴面被白色乳牛的斑纹"置换"，使其具有强烈的"乳牛"的定向联想。从而把"光明乳业"的概念得以幽默风趣的凸现，增强了广告的感染力，令人回味，留下难忘的深刻印象。

2. 广告创意审美注重丰富的想像和充沛的情感

黑格尔认为，艺术创作的"最杰出的本领就是想像"；别林斯基说"在文艺中，起最积极和主导作用的是想像"。可见，广告创作主体应该积极发挥想像的力量，调动起丰富的情感因素，"精鹜八极，心游万仞"，动之以情、晓之以理，创造性组合相关元素，塑造出超乎寻常的艺术典型。

比如说，一个国家、民族的历史经历和文化传统使得这个国家、民族的任何文化创造总会打上深刻的历史烙印，总会频繁地闪现传统主题——因此

利用想像和抒情在广告创意中表达出对这种历史主题的关照和对这种民族情节的关怀，就可以产生意义非凡的广告作品。下面的这幅公益广告平面作品《少了这一点，就不是一个完整的中国!》(见图5-6)，主题直指"祖国统一"，直指中华民族的历史情结，构思巧妙、发人深省、寓意深刻。

图5-6 (图中文字的内容是：少了这一点，就不是一个完整的中国!)

再如，力波啤酒的"帽子戏法，何止在球场?"、"足球是圆的，中国球迷的梦迟早会圆的!"(圆梦篇)、"有输，有赢，有泪，无憾!"(眼镜篇)(见图5-7)；汉斯啤酒系列的"憋了一肚子的气该放一放了"、"干掉巴西，你就吹吧"、"它的味道也会有点苦"、"何必太在意，至少还有汉斯喝"；雪花啤酒的"世界杯"系列稿以及北京爱丽丝保健品有限公司的"爽茶、爽口、爽心!"系列篇分别通过一些全民关注话题——世界杯足球赛、中国申

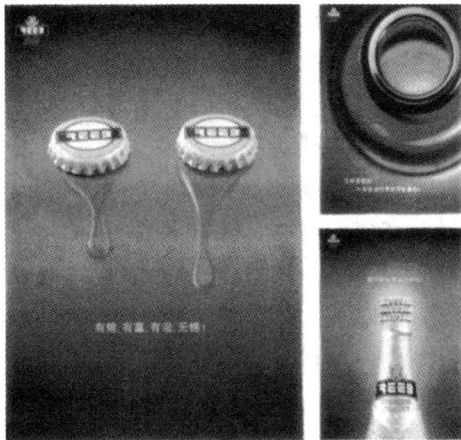

图5-7 力波啤酒平面广告

奥成功和加入WTO——参与到消费者的生活中，贴近普通市民生活，激发受众情感，运用大胆但是又合理的想像，以新奇吸引人、以真情打动人，比较能够获得消费者的共鸣。

3. 广告创意审美注重树立品牌形象

"品牌形象"这一概念最早是由广告大师大卫·奥格威于1961年撰写的《一个广告人的自白》一书中正式提出来的。之后随着广告实践的不断丰富和广告科研的不断深入，广告界对于"品牌形象"已经有了比较清醒而全面的认识。人们普遍认为，当今广告创意的重点就在于强化和提升产品的"品牌形象"。

从广告学角度看，通常一个成功的品牌可以附着以下几层含义：第一，

"属性"，即品牌首先让人们想到某种属性品质，如"奔驰"意味着昂贵、高品质、华贵、马力强大等；第二，"利益"，即品牌的属性会很自然地转化为功能性或情感性的利益表达；第三，"价值"，即营销人员根据品牌的价值分辨出对这些价值感兴趣的受众群体；第四，"文化"，即产品和企业的综合面貌；第五，"个性"，受众由品牌产生的具体联想和对产品的心理印象；第六，"用户"，即品牌起到了暗示广告受众类型的作用。

例如，在美国广告史上李奥·贝纳大胆为万宝路香烟塑造品牌形象的案例最为著名。第二次世界大战结束后，鉴于美国经济迅速发展的形势，菲力普·莫里斯公司决定投资万宝路香烟，将该产品配上过滤嘴作为女士香烟开拓市场，结果举步维艰。李奥·贝纳和他的团队提出了在不改变万宝路香烟原有配方的情况下，只改变万宝路品牌形象的方案，把万宝路香烟原先充满脂粉气的形象改造为具有美国西部牛仔风范和男子汉气概的形象，于1955年推向市场，结果大获成功。在事后的效果测定中显示，消费者之所以选择万宝路香烟，并不是因为他的味道有什么特别，而是在很大程度上认同它的品牌形象。万宝路牛仔不断地和消费者沟通它的过滤嘴、硬盒盖特色，甚至诱导女性瘾君子也来尝试女人喜欢的男人味道，刻意解释那条长白色的烟灰正是极品烟草的象征。红、白颜色及黑字体的硬盒盖几何图形设计，树立了令人印象深刻的品牌形象。1992年，美国财经世界杂志将万宝路列为全球最有价值品牌的榜首，品牌身价高达320亿美元。尽管美国政府早在1971年即已明令禁止香烟产品上电子媒体广告，"万宝路男人"仍活得好好的，毫发未伤，广告反而转向平面及户外媒体，散布于全美各地。"万宝路男人"并未因政府的广告禁令及相关限制，而中箭落马，主要是万宝路这八十多年来，始终维持着一贯的品牌印象，早已深入人心，并形成了代表美国消费文化的一种抹不掉的图腾。近年来，菲立普·莫里斯烟草公司旗下的品牌，行销全球180个市场，在美国拥有38%的占有率，同时也是世界的烟草产品销售冠军，全球最有价值品牌排行榜名列第十位。

第四节　广告创意的审美形态类型

广告创意之所以被看作是现代广告运动的核心部分，一方面是因为它凝结了广告创作者的心智和才思；另一方面还因为任何一件有生命力的广告创意作品都必然具有某种触动人心、愉悦身心的艺术魅力。当我们把广告创意的过程看作是一个完整的审美过程时，不难发现广告创意的审美形态具有多种类型。

按照不同的分类标准，可把广告创意的审美形态归纳为不同的类型——在一般意义上，我们可以把广告创意的审美形态划分为"优美"、"崇高"、"幽默"、"滑稽"、"绚烂"、"雄浑"、"荒诞"、"冲淡"等种类。

一、优美

在传统的美学研究领域，"优美"是一个特定的美学范畴，我们在日常生活中所谈及的美，往往指的就是"优美"，美学家常常认为"优美的对象最能说明美的本质"①。

1. 广告创意优美感的含义与特征

广告创意中的优美感与传统美学中"优美"的概念既有联系又有区别。联系在于，广告创意中的优美归根结底仍然属于美学的大范畴，具有符合传统美学规律的内在规定性；区别在于，广告创意中的优美还有独属于广告活动本身的特殊性。具体地说，广告创意中的优美主要指的是：广告创作主体在为表现广告主题和与受众沟通而进行的艺术构想过程中，既能满足受众需求、又能充分展示主体意志，使得广告创意实践符合诸种美学原则而实现广告创作主、客体的和谐、有机统一。

从审美心理学的角度看，优美感在审美主体的心理感受上是以快感为基础的。美学家蔡仪说过：美感"是美的对象既引起我们的美感的愉快，又引起我们感性的快感或其他精神的愉悦，于是全体来说，都是愉快的、一致的、调和的"。因此，广告创意优美感也具有此类"愉悦身心"的特征。

广告传播发展到今天，人们看待广告作品的态度已经发生了极大的变化：从原来的把广告传播看作是一种推销手段演变为把广告作品当作是一种艺术产品来加以欣赏。2004 年 1 月，一年一度在上海亮相的世界著名广告文化展映活动———"饕餮之夜"，在其最新一版完成巴黎首映后，莅临上海大舞台。这一被视为"最不令人厌倦的超长电影"的娱乐品牌，今年又推出了四个多小时的特长篇幅。"饕餮之夜"自 1996 年被引进至今，为中国广告界开阔视野、了解国际创意流行趋势搭桥，并连续两年在人民大会堂和上海大舞台获得满堂彩，已成为中国市场上成熟的文化品牌。平时厌倦了荧屏广告的沪上观众，自己买票观看四小时广告"长片"，成为一个耐人寻味的文化现象。人们之所以愿意像看电影一样去花钱购票来看广告，显然是从中享受到

---

① 王向峰、洪凤桐主编：《美学新编》，辽宁大学出版社，1998 年第 2 版，第 87 页。

了极大的身心愉悦。

宝洁公司最近在国内市场上着力宣传的洗发水产品"伊卡璐草本洗发水",不仅强调全新的"草本"理念,更下大气力在广告创意的优美性上做足文章,刻意营造出热情、舒适、清新、愉悦的审美景象。其平面广告作品"一闻钟情"系列(见图5-8),通过广告模特秀丽的脸庞和乌黑的长发,配合特写的人物面孔、产品外形,加之明快的色彩、纯净的质地、柔和的线条,塑造出了婉约浪漫、温柔可人的品牌形象,对广告受众具有极大的诱惑力。

图5-8 伊卡璐草本洗发水平面广告

2. 广告创意优美感的内容与形式

"一般来说,优美的对象身上,其形式直接表现内容,两者处于高度的统一状态。因此,优美的对象往往呈现出秀丽、幽雅、清新、柔和、小巧、精致、圆润、舒缓等基本特性,具体如适度的体积、典雅的色彩、柔和的线条等"①。

例如,回顾广告史,在19世纪末到20世纪初之间的现代广告初期,以招贴画(poster)和路牌广告(road board)为主的广告创意作品中,由于广告设计者多是由画家兼任的,几乎没有专业的广告设计师,所以很多广告作品在构思上还沿袭了绘画作品的思路,更明显地透露出对于传统美术原则中"优美"的追求。英国著名插画家奥布里.比尔兹利(Anbery Beardsley),法国著名画家亨利图户兹-劳特里克等人都曾画过大量招贴画及海报(见图5-9)。当时的广告看上去就像一幅美术作品,人物动作优雅,画面笼罩着浓厚的艺术气息。

① 王向峰、洪凤桐主编:《美学新编》,辽宁大学出版社,1998年第2版,第87页。

图 5 – 9　19 世纪末到 20 世纪初之间的广告招贴画

左图为诗剧《埃尔索达》的演出海报，作者是英国著名插画家奥布里·比尔兹
利，创作于 1895 年。右图为雀牌牛奶蛋糊粉的招贴广告，创作于 1896 年

二、崇高

在传统的美学研究领域，关于崇高概念的解读存在着很大的复杂性。在
中国古典美学领域，虽然没有明确出现过"崇高"的说法，但相似的概念早有
提出，比如在历史典籍和百家著述中关于"大"的概念，就很接近于"崇高"的
范畴。在西方美学历史上，古罗马时代的朗吉弩斯在《论崇高》中较早使用了
这一概念，到了德国著名哲学家康德时代，对这个概念作出了深刻的、哲学
层次上的阐释，尔后又被黑格尔等美学家所丰富和发扬。今天，在广告创意
的审美领域，崇高是一种典型类型。

1. 广告创意崇高感的内涵与特征

广告创意的崇高感，与传统美学中的相关范畴有密切联系，但又自有其
独特属性，主要是指：广告创作主体在为表现广告主题和与受众沟通而进行
的艺术构想过程中，激发受众感知、引发受众心理体验而带来的对广告信息
的惊奇、骇然、超拔、叹服、崇敬等基于多种审美因素摩荡、冲突进而平衡、
和谐、统一的审美反映。

康德曾经说过："崇高是一切和它较量的东西都比它小的东西"，"我们
所称呼为崇高的，就是全然伟大的东西"（《判断力批判》上卷第 89、87 页）。
黑格尔说："崇高一般是一种表达无限的企图，而在现象领域又找不到恰好能表达无限的对象。"(《美学》第 2 卷第 79、80 页)广告创意的思维表现，从某种程度上来说就是一场智慧较量和心理征服，它往往是广告创意主体的心灵状态、智慧水平的间接显露，是创作主体基于对广告客体的综合把握、深入洞察后的有的放矢、夺人耳目。广告创意崇高感的产生，在其基础层面上是广告创意信息对受众产生的吸引和注意；但在其内核层面上，则是广告创意智慧对受众既有认知模式产生的震撼与改造。

　　"按马克思主义的实践观点，崇高和优美的本质，都在于对象上体现出来的真与善即客观必然性与人的自由意志之间的关系"①。由此出发，广告创意崇高感的本质特征表现为两种情形：一种情形是，创作主体的艺术构想与文化环境之间形成强烈的对立与冲突，最终主体的超凡精神获得了最大的实现；另一种情形是，在严重的对立、冲突后，主体的意志并没有立即实现，但却预示着创想的巨大威力和昂扬的审美理想。

　　2. 广告创意崇高感的内容与形式

　　崇高作为一种独特的广告创意审美形态，有其多样的表现形态。例如崇山峻岭、瀑布激流、大漠风沙、广阔海洋这些基于自然力的审美感受；还包括人生沉浮、侠肝义胆、伟大胸襟、博爱仁慈这些基于人性光辉的审美感受；当然也包括高超的技艺、神奇的现象、惊人的高度、俯瞰的视角等形形色色的崇高表现类型。

　　举例来说：当中国航天事业取得重大进展、神舟五号载人航天发射取得成功之际，中国乳业知名企业"蒙牛"抓住时机，以"热烈庆祝神舟五号发射成功"为主题、以强化"蒙牛"牛奶的内在品质为内容，构思、设计了相关广告作品。就其平面作品来看(见图 5 - 10)，整体表现出极大的喜悦气氛和民族自豪感。画面的背景是神舟五号载人航天飞船以及发射塔架，

图 5 - 10　"蒙牛"乳业平面广告作品

---

　　① 　王向峰、洪凤桐主编：《美学新编》，辽宁大学出版社，1998 年 5 月第 2 版，第 87 页。

以绿色衬托暗含"蒙牛"一贯的"来自大草原的绿色牛奶"之意；画面的主体人物形象是身着航天服的广告模特，一脸胜利的喜悦，年轻而充满活力；画面的文字主体是广告语"蒙牛牛奶，强壮中国人"，透露着显而易见的民族自豪感——总之，这一切无不显示着一个民族昂扬奋发的精神面貌和一个企业拼搏进取的自信心。

三、滑稽

在传统的美学研究领域，滑稽与喜剧是两个十分相近的审美范畴，有的学者干脆把二者看作一个范畴来阐释，"在通常情况下，我们把社会生活中和自然界中的喜剧称之为滑稽"[①]。

在我国，自古就有欣赏喜剧和创造滑稽的历史传统。在西方美学史上，确立滑稽或喜剧这一范畴的是古希腊哲学家亚里士多德，在这之后英国美学家霍布斯把滑稽或喜剧归结为"笑的情感"，黑格尔则把喜剧看作是"自信心的主体性胜利"，而俄罗斯思想家车尔尼雪夫斯基认为"丑乃是滑稽的根源和本质"，最终马克思从社会历史实践的角度考察了喜剧冲突问题，指出："历史不断前进，经过许多阶段才把旧的生活形式送进坟墓。世界历史形式的最后一个阶段就是喜剧。"[②]。所以，在美学家和思想家看来滑稽和突出表现在对美的事物予以肯定的基础上，对旧事物的否定、清算，体现着"人类愉快地同自己的过去诀别"的内在特质。

1. 广告创意滑稽感的含义

在广告活动中，广告创意的滑稽感有其独特的所指：即广告创作主体在为表现广告主题和与受众沟通而进行的艺术构想过程中，运用模仿、夸张、讽刺、幽默、联想、对比、渲染、衬托等方式，激励受众情感、生发受众心理愉悦、引发思维震荡、阐发广告信息内涵的审美创造。

在2000年亚太广告节中，日本卫星频道WOWOW的宣传广告《奔跑的女人》以滑稽的创意获得最佳影视广告奖。广告的大致情节是：一个青年女子为了及时赶回家看WOWOW频道的节目，一路狂奔，途中与一个跑步锻炼的外国老头撞在一起，结果两个人的鞋子换了个，反而跑得更快了，而外国老头却误穿了她的高跟鞋在滑稽地继续跑。小餐馆里，一个小朋友正要吹灭生日蜡烛，却被女子狂奔带过的风吹灭了，人们一脸的惊讶和尴尬……由于

---

① 王向峰、洪凤桐主编：《美学新编》，辽宁大学出版社，1998年5月第2版，第111页。
② 转引自王向峰、洪凤桐主编：《美学新编》，辽宁大学出版社，1998年第2版，第113页。

较好地把握了与消费者沟通的基点，并且充分发挥艺术的想像力，以夸张幽默的手法去巧妙表现观众对频道栏目的感受，这则广告给人留下了深刻的印象。

2. 广告创意滑稽感的特征

滑稽所引发的人们的"笑"，是广告创意滑稽感的最主要的特征。英国著名生物学家达尔文曾经细致研究过人类"笑"的生理机制，并且在解释"笑"的心理特征时说出了"笑"之所以产生的最普遍的原因"就是某种不合适的或者不可解释的事物，而这种事物激发那个应该具有的幸福的笑者感到惊奇和某种优越感来"[①]。

在广告创意过程中，学会模仿或者开玩笑、逗乐、讲笑话，是制造滑稽感的有效方法。幽默和滑稽展开了我们的思维，它的运用会产生意想不到的效果。美国飞乐(Fila)公司的电视广告"异乎寻常、绝对的狂欢、绝对的酷"篇，表现一只螳螂穿着飞乐运动鞋飞快爬上叶梗以逃避杀手般的配偶的场景，让人忍俊不禁，就是体现了滑稽的力量。

3. 广告创意滑稽感的表现手段

广告创意滑稽感的表现手段多种多样，其中有两种最有效的表现手段值得注意，即讽刺和幽默。其中前者形式尖锐，富于挑战性；后者温和，却有着"四两拨千斤"的作用。

讽刺的表现手段往往是通过把现实中虚假、丑陋、笨拙、无聊等现象集中起来，通过揭露其内在的虚伪性和矛盾性，把反价值的东西撕破给人看——因而讽刺的力量是巨大的。

幽默的表现手段往往是智慧和理性的产物，它通过巧妙揭示内涵来肯定美而否定丑，或诙谐，或巧智，惹人发笑、引人思考。

例如，2001 年度莫比广告奖获奖作品过老的脸(见图 5 - 11)，就以滑稽的手段吸引人们关注不容忽视的皮肤健康问题。这

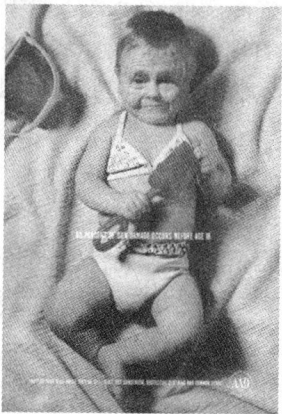

图 5 - 11　2001 年莫比广告奖
获奖作品"过老的脸"

---

① 转引自王向峰、洪凤桐主编《美学新编》，辽宁大学出版社，1998 年 5 月第 2 版，第 114 页。

则广告是皮肤病学会发布的公益广告，意在唤醒人们对皮肤健康、尤其是儿童皮肤健康问题的关注。现代医学研究表明阳光对人的伤害有80%以上是在人们18岁以前就发生了，因此皮肤病学会建议父母从小就保护您的孩子，请给他戴上太阳镜、穿上防晒服。画面的主体一个婴儿的形象，然而受众惊异地发现婴儿的脸竟然布满皱纹，十分滑稽。但是在笑过之后，细细思量，一种紧迫感油然而生，如果不想让自己孩子的皮肤衰老得如此之快，就应该立即行动起来，关注儿童的皮肤健康，为保护他们的皮肤采取措施。这则广告的成功就在于压缩危害过程、直现结果，以滑稽的手段形成强烈反差，造成了比枯燥的数字说教更为触目惊心的艺术效果。

四、广告创意审美形态的其他类型

除了优美、崇高、滑稽之外，广告创意的审美形态还有许多丰富多彩的类型划分，比如"绚烂"、"雄浑"、"荒诞"、"冲淡"等。可以说，广告创作主体有多少奇思妙想，广告创意审美形态就会衍生出多少类型划分，下面通过实例简单地解说一下。

1. 危机

通过表现后果的严重性来达到说服目的就是危机诉求（或称为恐惧诉求），这种类型在公益广告中运用得最为普遍。

曾经获得平面类公益项金奖的"茶杯篇"，探讨的是倡导节约水资源的问题，也是当前举国关注的问题。广告没有气势十足的豪言壮语，没有印象中的干涸场景，只是用最简单的形式：一只倒放的茶杯，杯底的凹面盛着浅浅的茶水。再看附文：2050年的杯子……这些就足以将广告创意的主题表现得淋漓尽致，不需要更多解释，不需要更多的文字，这种触目惊心的危机感已经使广告受众的心灵受到了震撼，感到了恐惧。通过简洁的画面和精炼的语句，将"想想将来"、"节约用水"的迫切感传递给每个人。

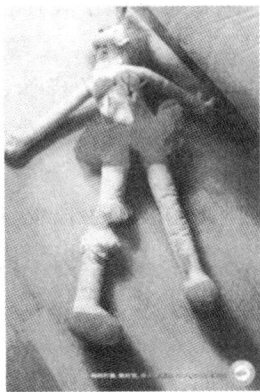

图5-12　"中华儿童网"
防止家庭暴力公益广告作品

"中华儿童网"防止家庭暴力的系列公益广告（见图5-12）。广告创意者敏锐地发觉到当今社会的"家庭暴力"问题，尤其看到夫妻的不和睦给儿童成长造成的伤害。于是在该系列公益广告的"剪刀篇"、"铅笔篇"、"蜡笔篇"中，通过视觉语言符号向广告受众展现了三个触目惊心的场面：被剪刀剪得支离破碎的公仔；捆绑在凳脚，眼睛上戳着铅笔的"奥特曼"；被蜡笔图花脸的洋娃娃。虽然都是些玩具，但看到它们如此的下场，不禁让人心寒，是什么让天真的孩子对曾经心爱的玩具下此毒手——"大人打我，我打它"这种暴力行为的循环终将发生在您的孩子身上，广告创意的主题得到了凸显。

2. 荒诞

荒诞（absurd）一词由拉丁文"sardus"（耳聋）演变而来，在哲学上指个人与生存环境脱节。荒诞派戏剧一词最早见于英国戏剧评论家马丁·艾思林1962 年出版的《荒诞派戏剧》一书。荒诞派戏剧的哲学基础是存在主义，它拒绝用传统的、理智的手法去反映荒诞的生活，而主张用荒诞的手法直接表现荒诞的存在。其艺术特点为：反对戏剧传统，摒弃结构、语言、情节上的逻辑性、连贯性；常用象征、暗喻的方法表达主题；用轻松的喜剧形式表达严肃的悲剧主题。

美学家加缪认为："一个可以用理智解释的世界，即使有弊端，也应是一个熟悉的世界。但是，在一个没有幻觉、没有光明的宇宙间，人是一个陌生者，人成了一个不可拯救的被流放者：因为他不仅失去了对故乡的眷恋，也匮乏对希望之乡的憧憬。人跟生活之间的鸿沟，演员跟布景之间的鸿沟，正好造成了荒诞不经的感觉。"[①]人生存在的"荒诞性"成了荒诞剧探索的主要对象。法国著名荒诞剧作家欧仁·尤涅斯库认为："荒诞就是匮乏目的……人由于跟宗教、形而上学和超验主义绝了缘，因而就迷失了方向，一切行动就显得没有意义，荒诞不经和毫无用处。"美国现代诗人 E·E·坎明斯认为，"世界就像是一个摆满了反光镜的大厅，现实与梦幻微妙地交融在一起。"在传统的文艺学领域和戏剧领域，"荒诞"成为一种文艺思潮和创作思路，被艺术们所广泛探讨。

在广告创意领域，荒诞的审美类型往往会造成意想不到的传播效果。

北京英事达时代广告有限公司的系列企业形象广告（见图 5－13），就有效地利用了荒诞的手法，造成突出的广告效果，吸引人们的眼球。在"大头篇"、"六臂篇"、"三头篇"中红色的背景上分别有三件与众不同的黑色 T恤，一件的领子特别大，一件有六个袖子，还有一件有三个领子，意味着穿这三件 T 恤的人必须是大头、六臂或者三头，可见该广告公司的专业能力及办事效率。

---

① 　阿尔贝·加缪：《西齐夫神话》[M]，巴黎：加利马出版社，1942 年，第 18 页。

波兰电影招贴画作品："抛开一切，只剩下一对裸露的眼球——他在注视电影"同样产生了类似的效果(见图5-14)。

图5-13 北京英事达时代广告有限公司
平面广告作品"六臂篇"

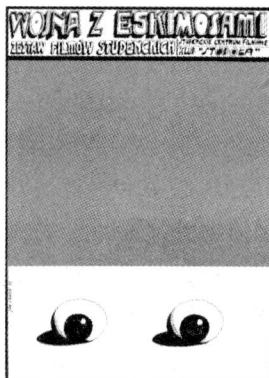

图5-14 波兰电影招贴画

3. 其他复杂类型

广告创意的审美形态问题是一个内涵广泛、内容丰富的理论范畴，伴随着广告传播活动的进步和演变，广告创意的审美类型向着复杂化、多样化、多元化的方向不断发展，使得研究者无法在一时、一地迅速、全面地把握其所有的形态分类。一方面，研究者在给审美类型下定义时，往往仁者见仁、智者见智；另一方面，广告创意活动的变动不居，又使得各类形态现象之间迅速地相互作用、相互渗透、相互转化、相克、相融。

在目前的阶段，我们只能针对广告创意活动已经衍生出来的审美类型加以例举和描述，比如它至少还包括"雄浑"、"绚烂"、"冲淡"、"雅致"、"漂亮"、"舒畅"、"阻遏"、"完满"、"残缺"、"坦荡"、"正直"、"渺小"、"庄重"、"幽默"等类型，但即便如此也无法穷尽其所有类型。

创意赏析

独特的音乐推销

国际著名的调查机构尼尔森(ACNIELSEN)公司在2000年的调查结果表明，百事可乐已成为中国年轻人最喜爱的软饮料之一。百事在中国市场的扩张中，比较成功地运用了一系列的创意策略和宣传策略。

早在 1983 年, 百事可乐就曾与美国当红流行音乐明星迈克尔·杰克逊签订了价值 500 万美元的合约, 聘请其担任"百事巨星", 并制作系列音乐广告片。最终, 打着"百事可乐, 新生代的选择"口号的宣传计划获得了巨大的成功。从此, 百事可乐看到了"音乐 + 名人"的无限商机, 频频如法炮制。

在香港, 百事可乐推出张国荣为香港的"百事巨星", 展开了一个中西合璧的音乐营销攻势。不久以后, 百事可乐更是聘得走红国际的女歌星麦当娜为国际宣传领域的"百事巨星", 产生了很好的影响。

在中国内地, 不少消费者也许都会熟悉这样一段出自香港影视明星刘德华之口的广告语:"每一次选歌和出唱片, 我都有自己的选择。追风, 那不是我的性格……每一个人都有自己的选择, 我选择百事。"这是当年百事可乐为开辟中国饮料市场而精心策划的广告创意。

另外一次本土化宣传的成功尝试在 1998 年, 百事邀请香港影视明星郭富城加盟, 推出了一系列广告创意作品, 如"唱这歌"的音乐 MTV 作品。在这部作品中, 身着蓝色礼服的郭富城以其活力俊朗的外形和矫健的舞姿, 把百事一贯的主题发挥得淋漓尽致。此片在亚洲地区推出后, 引起了年代一代的普遍欢迎。1998 年 9 月, 百事可乐在全球范围推出其最新的蓝色包装。配合新包装的亮相, 郭富城拍摄了广告片"一变倾城", 立即在饮料界掀起了一场"渴望无限"的蓝色风暴。此外还包括由郭富城和美国明星珍妮·杰克逊联袂演出的主题广告片"渴望无限"也十分引人注目。

2002 年 1 月, 百事邀请香港流行音乐明星郑秀文担任新一代中国区百事巨星, 同年又推出台湾艺人 F4 组合为其擂鼓助威, 均取得了很好的宣传效果。

第六章 广告创意与文化传播

压题图片

图6-1 "奔驰"汽车平面广告作品

广告创意是一种文化的表征，尤其是在文化交流日益频繁的当下，广告创意成为这个喧嚣的世界中一道不可或缺的文化风景线。一则成功的广告创意，总能对社会的文化建构发挥一些积极的作用，或者至少会对文化的沟通起作用。当我们接纳了一种创意的独辟蹊径，实际上潜移默化地接纳了它所带来的文化性因素。看看左边的这幅广告，仔细看时会发现梦露脸上那颗美人痣竟是奔驰汽车的标志，这个标志成为耀眼的符号。

关键概念

广告创意的文化表征——广告创意作为一种社会文化形态，由于其发生、发展、演化以及运行、组织、传播等多种因素的影响，形成了独具特色的文化表征，即多元化构成、导向性言说、平面化呈现、潜发性说服。

跨文化传播——主要是指不同民族、国家、地域文化之间的交流活动。

广告创意的跨文化传播策略——具体包括"一体化"策略、"本土化"策略、"嵌入化"策略等。

广告创意文化传播的基本原则——"维模"原则、"适应"原则、"扩散"原则、"圈层"原则。

广告创意活动和广告创意作品所呈现的文化课特质以及它们所传播的价值理念、生活态度，审美趣味等，构成了一道独特的社会文化景观，引起了人们的广泛关注，并成为广告学、传播学、社会学、文化等众多学科的研究课题。科学地把握广告创意的文化品格，了解广告创意参与构建文化传播的特点和功能，树立广告创意的文化传播意识，不仅有利于广告创意活动本身的发展，也有利于发挥广告创意的文化传播优势，使广告创意成为社会文化建构的积极因素，在时代进步、社会发展的历史进程中承担起责任。

第一节　广告创意的文化品格

"广告创意"这个命题本身，至少包含着两个层次的含义：一方面，它是广告创意活动、作品及其所蕴含并传播的信息、知识、观念的总和；另一方面，它着重指立足于广告创意基础之上的全部思维运筹与精神创造。因此，无论是广告创意活动抑或是广告创意作品，都呈现文化的品格，同时它们又以所荷载的生存观念、价值取向、审美趣味等文化信息影响受众，参与整体社会文化的整体建构。

一、广告创意是一种社会文化形态

"文化"，英文为"culture"源于拉丁文中的"cultura"，其原型为动词，含有"耕种、居住、练习、留心或注意、敬神"等多重意义；到 16～17 世纪，英文和法文的 culture（德文对应词为 Kultur，俄文对应词为 Kчлъмчра）逐渐由"耕种"之意延伸为对树木禾苗的培养，并进而被指为对人类心灵、知识、情操、风尚的化育。[1]

而"文化"作为一门独立的学科，则是从近代欧洲开始的。

今天，对于"文化"这样一个频频出现的常用词汇，在常识性的认知上似乎没有异议——但是若要给其下一个精确的定义却很困难。因为，"文化，这是一个多定义概念，美国学者艾弗雷德·克罗伯和克莱德·克鲁克霍恩曾经从有关的文献中整理出 170 个定义，而实际上关于'文化'的界定肯定远远超出这个数字。"[2]但是，国内学者常年的理论探索和科学钻研，目前已经能够比较全面地把握其内涵，所以笔者借鉴相关成果，将"文化"理解为："文

---

① 参考：《冯天瑜等中华文化史》，上海人民出版社，1990 年第 1 版，第 14 页。

② 陈默：《影视文化学》，北京广播学院出版社，2001 年第 1 版，第 2 页。

化是相对于自然而言的由人类的活动和意向影响、改造、创造了的存在，是
人类的精神、意识、心灵的本质外化和内化的历史运动的结果。它是人类生
存的样式，即以价值观念为核心的观念体系支配下的行为系统。不同的生存
样式（如民族、地域的不同）造就了不同的文化样式。"①

　　文化以千变万化具象和形态存在于人类社会之中，并发挥着潜移默化的
作用。当我们把广告创意视为一种社会文化形态时，主要是出于这样几点
理由。

　　首先，广告创意是一种文化行为。不难理解的是，作为人类智慧结晶和
心智创造的结果，广告创意本身体现了人们的精神追求和思维力量，已经被
打上了深深的文化烙印。尤其是在广告事业蓬勃发展的今天，形形色色的
"主意"和各式各样的"点子"，逐渐成为广告传播活动不可或缺的关键一环。
这种智力创造本身已经成为广告传播链条上的"起始点"、"着力点"、"爆发
点"。广告创意的结果是异彩纷呈的广告充斥于经济活动与日常生活当中，
把消费者和受众带入到一个极具诱惑力的感官世界，一个激发梦想、刺激心
理的传播殿堂；同时还把令人期待的销售前景带给企业，成为间接的社会财
富的创造者。由此说来，蕴含着人类智慧与心智的广告创意就必然地进入了
文化范畴，它的运作流转、它的扩散传递本身就是一种文化行为。

　　其次，广告创意是一种文化创造。优秀的广告创意是人类智慧的结晶，
是社会经济、文化成果的显现，是人类物质文化、精神文化的财富。在日常
的商业活动中，广告创意及其传播的过程，就是将人的精神筹划实践化的过
程，它促使人们广泛利用社会文化宝库的丰富成果，不断改善生活状况、提
升生活质量、刺激经济发展、激荡心理欲求。虽然，就微观来看，一个广告
创意往往是推介一种产品、传递一种信息；但每天都有大量的创意生成，都
有众多的创意实施，它们汇合成为浩瀚的创意潮流。受众每日在这些广告创
意传播活动中，就可以感受到社会经济和文化的巨大变迁，感受到经济社会
不断地、加速地向更高境界跃进的努力，感受到未来生活的美好。由此可
见，当人们流连于广告创意的五彩缤纷时，人们实际上是沉醉于广告创意的
文化创造之中。

　　再次，广告创意是一种文化精神。毫不夸张地说，成型的、体系化的、
系统化的广告创意运作还必然包含着"意识形态性"。美国著名广告大师罗

---

　　① 引自胡智锋《影视文化论稿》http://academic. mediachina. net/zjlt. jsp（传媒学术网——专家
论坛）。

瑟·瑞夫斯的 USP 理论(即"独特的销售主张"理论),就曾反复强调广告创意在"观念引导"与"消费主张"方面的作用。当广告事业发展到今天,广告创意早已告别了早期为叫卖商品而筹划的阶段,而已步入到以"理念"、"价值"影响受众的阶段。在广告创意一些特殊领域里,更加突出地反映出这种品格。例如,公益广告创意往往承担起社会道德建设的重要职责,以传播先进文化、塑造美好心灵为指归,倡导健康的社会风尚,激励人们追求真善美的理想,融洽社会成员的关系,实施人伦教化与社会教育。再比如,商业广告创意也更多地将商品"使用价值"的陈述转化为商品"文化意义"的诉求。所以,广告创意及其传播,荷载了信息、知识、观念,冲击着人们的文化心理,影响着人们的思维判断,提供着生活的价值参照,潜移默化地触动人们对现实生活的审视与反思,却有着不可低估的精神性或意识形态性。

二、广告创意的文化表征

广告创意作为一种社会文化形态,由于其发生、发展、演化以及运行、组织、传播等多种因素的影响,形成了独具特色的文化表征,即多元化构成、导向性言说、平面化呈现、潜发性说服。

1. 多元化构成

社会经济生活的丰富多彩以及市场经济的风云变幻决定了广告创意的多元化构成。从思维创生的角度看,广告创意的运筹需要"眼观六路、耳听八方"。具体说来,广告创意不仅要反映社会、民族的文化传统,还要吸纳当今崭新的知识菁华;不仅要考虑到本土消费者的信息接受习惯,还要兼顾到外域思潮的影响与作用;不仅要迎合"大众"的品位与选择,还要讨好"精英"的批评与指点……广告创意生成的背景千差万别,广告创意对象的属性个个不同,广告创意的思维构成多元丰富。从微观的角度看,每一个广告创意个案,其内容是单一和有限的;但从宏观的角度看,广告创意汇流成河,几乎可以裹挟整个社会文化,形成了"千帆竞渡"的多元态势。

法国萨奇兄弟广告公司为嘉士伯啤酒所设计的广告创意作品就很能说明问题。该广告根据不同国家所特有的人文地理特色,将啤酒瓶摆放成不同的方式,每幅广告画面下边都有一句广告词:在俄罗斯销售;在尼泊尔销售;在意大利比萨销售;在澳大利亚销售;在列支敦士登销售。第一幅画面是降幂排列的啤酒瓶,很显然这是俄罗斯世界驰名的套人玩具的象征;第二幅画面是根据尼泊尔边境高耸入云的世界最高峰珠穆朗玛峰的地理特色而设计的;第三幅画面的创意来源于意大利的比萨斜塔;第四幅画面中倒置的啤酒瓶是澳大利亚地域人们喝啤酒一饮而尽的生活习惯的形象比喻；第五幅画面是根据列支敦士登是世界著名的袖珍国家的特点而设计的。这一系列广告创意传达了这样一个意图：嘉士伯啤酒在世界各地销售业绩十分好，嘉士伯啤酒在世界各地都受到热烈欢迎。显然，这是一个成功的广告创意，它的成功之处就在于广告创意主体巧妙地开发和利用了多元的文化特色。多元的文化资源是无比丰富的财富，它包括地域的自然生态环境特色、民族的历史文化遗产、不同的风俗习惯、不同的现实方式等。广告创意要学会发掘和利用这一巨大的文化资源，就一定能够创造出一个丰富多彩的广告创意世界来。

2. 导向性言说

广告创意以"奇思妙想"赋予产品（服务）以文化意义，大肆张扬产品（服务）的文化价值，传播有关流行时尚的信息，介绍经济发达地区人们的生活方式，劝服受众更新观念，最终通过文化的传播引导消费者态度和行为的转变。因此，广告创意本身具有着鲜明的"功利性"——不加掩饰地使用"劝服"和"诱导"，却有着明显的"导向性"的传播特点。

例如，国内观众比较熟悉的"脑白金"的广告传播。在这里我们抛开产品具体的属性和功用不谈，单从"脑白金"广告创意所宣扬的"今年过节不收礼，收礼只收脑白金"来看，其"导向性"的"言说"显而易见。在曾经热播一时的电视广告中，画面旁白说道："今年更要送健康，爸妈更要脑白金"（见图6-2）。

图6-2 "脑白金"电视广告画面

3. 平面化呈现

由于大众文化本身的制约，由于要考虑到广告传播信息接受的客体，由于广告本身的"功利性"的目的，由于种种"显而易见"和"潜而不见"的原因，造成广告创意在其文化深度上的"浅薄"、"浅显"、"浅白"。如果把整个社会的审美趣味比喻为一个三角形金字塔的话，广告创意所追求的受众往往不是那些靠近顶点的人群；相反，是那些靠近底边的人群。而且，广告创意本身的容量、表现形式等诸多条件决定了广告创意难以达到或追求一定的深度，而呈现出"平面化"的趋势。继而，我们也会理解，虽然广告创意中不乏有一定文化深度的作品出现，不乏有一些文化意义的语句流传，但在总体上，还是"平面化的"。广告创意所提供的理想生活方式、价值尺度、审美标准，都是力求使普通受众容易理解和接受的。

中国家电行业的著名品牌"海尔"有一句很著名的广告语："真诚到永远。"（见图 6 - 3）正是这句平实但又充满感情的广告语，伴随着"海尔"品牌的质量和口碑逐渐在中国消费者当中获得广泛的认同。当我们回过头来仔细分析这句广告语背后的创意生成时，很容易发现这样的语

图 6 - 3　"海尔"企业形象标志

句是所谓"语不惊人"，但是它为什么会取得成功，其原因主要是因为它履行了"平面化呈现"的原则。家电产品是面向广大老百姓的行业，它的消费群体、它的广告受众是社会上为数众多的普通人士，面对这样一个广阔的传播对象群，产品广告创意表述的方式、传递信息的方式、组织语言的方式就必须考虑到大多数人的接受能力、接受习惯和接受品位。既然"海尔"推介的是日用家电，既然"海尔"追求的是百姓市场，既然"海尔"选择的是"亲民"路线，那么"真诚到永远"就是最恰当不过的生动诠释了。

4. 潜发性说服

与大众文化领域中诸如报刊文章、广播电视节目、电影、流行音乐等文化传播形式相比，广告创意的文化特点、文化意义具有着不可低估的"潜发性"。一般说来，人们能够有意识地感受到报刊文章的"摆事实讲道理"、广播电视节目的"寓教于乐"、电影叙事的"精神境界"、流行音乐的"生活态度"，但却很少在意广告创意背后所渗透出来的价值观念、人生态度、意识形态方面的东西。广告创意以信息为工具，间接进行"文化表达"的特质，使广告创意的说服具有一定的"潜发性"，也使得受众常常只注意到广告创意的含蓄性而忽略了其高"潜发"的文化性。

举个例子来说。目前中国保健酒市场可以说是群雄纷起，但最终能够在市场得到普遍认可的品牌还不多。2004 年，美国著名经济学家保罗·皮尔泽在其《财富第五波》中指出，保健产业将成为全球下一个超兆亿美元的产业。然而，我国的保健品牌在近年来如雨后春笋般地短期爆发后，却走进了"生命周期短"的发展迷局中。这种现象提醒我们，健康产业中的广告传播不仅要做品

牌，而且要传播健康知识。可以说，在这样竞争激烈的格局下，在人们健康观念日益增强的大好形势下，谁把握了先机，谁道出了趋势，谁强调了潮流，谁就有可能异军突起，谁就能创造具有领导力和号召力的全国性品牌。

比如最近在广告创意方面比较有新意的"劲酒"品牌的广告创意活动（见图6－4）。2005年，劲酒全年的销售额接近10亿，创下我国保健酒单品销售额的纪录，而它所宣扬的广告语："80年代我们喝的是味道，90年代我们喝的是品质，今天我们更要喝健康"也名噪一时。在这则广告语中，广告创意主体的眼光不仅仅停留在对产品本身的宣传上，而且更重要的是看到了产品背后无形的东西，即崭新的生活方式、时代的价值观念。于是广告传播过程中反复强调人们在"酒文化"和"酒观念"方面的全新变化，再加上此前该产品一直倡导的"劲酒虽好，也不要贪杯"的理念，让消费者看到了一个与众不同的酒类品牌。可以说，如果这则广告在受众中引起了反响的话，那也是因为它的具有潜发性的说服。

图6－4　"劲酒"电视广告画面

第二节　广告创意的文化传播语境

有人说，广告创意与其文化传播语境之间的关系就好像是"鲜花"与"土壤"的关系一样，可以说这个比喻十分贴切地描摹出了两者之间"交通互融"的密切联系。

一、广告创意与文化传播语境

文化是一种十分重要的社会现象，它不是"零敲碎打"和"瞬间幻灭"的，而是"体系成型"和"一脉相传"的，它像一个无形的网络，将一切社会生活网罗其中，并且打上鲜明的烙印。

世界上每个民族都有自己独一无二的文化长处，这些文化优势是由深厚的民族土壤孕育而来的。在此，我们集中关注我们本民族的文化特征，以考察中国广告创意与中国传统文化语境之间的密切联系。

1. 中国传统文化的"基本精神"与广告创意

中国传统文化的价值系统以儒家体系为核心，形成了中国独属的"人伦性意识形态"，比如在天人关系上的价值诉求，"人文"取向与"人道"原则，对群体原则的强化和"修己以安人"的求索，"义以为上"的道义原则，"内圣"、"逍遥"的人生境界追求等。

这种成型的价值系统建立在中国传统社会的历史情境之中。古典中国社会的经济基础建立在"粗放"的"自然农业"之上；古典中国社会的结构架设建立在"尊君—敬父—事亲"为原则规约的宗法制度之上；古典中国社会的基本哲学理念主张调谐天地人的平衡，从而将"道法自然"、"阴阳五行"的"自然主义"与先秦儒家的"人本主义"以及汉后儒学的"伦理主义"融合为一体。

以上诸元构成了中国传统文化的"基本精神"。在中国古代文献中，"精"是精妙、精粹、精华、精微的意思，而"神"主要指玄妙、微妙、奇妙的变化。"精神"往往指事物运动发展的精微的内在动力、天地万物的精气与活力。在中国传统文化中，有一些思想观念和固有传统，长期受到人们的尊崇，成为生活行动的最高指导原则，在历史上起到了推动社会发展的作用，成为历史发展的内在思想源泉，这就是中国文化的基本精神。笔者认为，这种精神简要地可以概括为四种精神："天人合一"的精神、"以人为本"的精神、"刚健有为"的精神、"贵和尚中"的精神，由此发挥了"民族凝聚"、"精神激励"、"价值整合"的功用。这种复杂的文化系统的起源，可以追溯到中国古代历史的商周时期。自商周以后的几千年时间里，虽然经历了诸多微观细节方面的演化与调整，但在宏观整体上却保持着恪守传统的连续性。

值得强调的是，中国传统文化的"基本精神"并未随着历史的长河而流落得"烟消云散"；相反，它早已融入到民族的精神肌体和文化血液中去。因此，基于中国文化土壤上的广告创想，都不可避免地、自觉不自觉地打上这难以磨灭的"中国印"。或者说，只有能够应和这种文化精神的思维创想，才能最终赢得这片土地上的人们的认可。

2. 中国传统文化的内在活力因素与广告创意

每个民族的文化血液中都蕴涵着自己独有的生存基因和活力元素，这些活力元素总会在民族文化的发展变迁中显示出勃勃的生机，成为附着在这个文化之上的一切亚文化取之不尽的财富源泉。以下着重阐述中国传统文化的内在活力因素与广告创意之间的微妙联系。

（1）"天人"关系定位与广告创意。恐怕中西方传统文化上的一个基本差异就是在人与自然的关系上，中国传统文化比较重视人与自然的和谐统一，而西方传统文化则更强调人对自然的征服和改造。在整个中国古代传统中，始终保持一种反对将"天"和"人"割裂开来的文化价值观和文化精神。在这里，我们把这种传统的价值观和文化精神描述为"天人"关系定位。

"天人合一"的思想早在先秦时代就已经产生，中国古代经典《易传·文言》中提出了著名的"与天地合其德"的精湛的天人合一理想。作为一个成型的命题，"天人合一"最早是由北宋哲学家张载首先提出来的。以现代的哲学思维来看待这种思想，就是一种强调天人平衡、协调、和平共处的思想，即一方面尊重客观规律一方面又发挥人的主观能动性。

在"天人合一"的文化传统下，形成了中华民族"崇尚自然"、"返璞归真"的文化偏好。在中华民族的文化心理中，自然宇宙、天地万物皆为有情，而人与之总是心心相印。如此亲近自然、寄情天地的文化性格，造就了"采菊东篱下，悠然见南山"的诗句，造就了梅兰竹菊的风骨，造就了恬静写意的山水，造就了浓墨重彩的艺术。理解这种情思，把握这种情绪，彰显这种情怀，在当代广告创意中回复这种文化传统，是中国传统文化与当代广告有机结合的题中应有之义。

我们举一个例子来加以说明。近些年来，在国内的饮料市场上，"茶饮料"可谓异军突起，在人们厌倦了果汁饮料和碳酸饮料之后，开始关注有机饮料的产品。特别值得注意的是，"茶饮料"的盛行恰恰回归到了中国传统的饮食文化习惯中，茶叶作为中华文化的一种物质载体，更能符合消费者的民族习惯和民族心理。而在这其中，"农夫茶"的广告创意很

图6-5 "农夫茶"平面广告

好地体现了中华传统文化中有关"天人"关系的定位。"农夫茶"系列广告创意以郁郁葱葱、鸟语花香的绿色树林为展示背景，聘请韩国当红女演员李英爱为主角，营造了一幅人与自然和谐共生的动人画面(见图6-5)。尤其值得一提的是，韩国女演员李英爱曾因主演长篇电视连续剧《大长今》而深受中国电视观众喜爱，她在剧中的角色就是一个与中华文化同源的古代韩国的宫廷药师。在这里我们发现，演员本身的角色经历，"农夫茶"产品所倡导的绿

色无污染理念(选上等好水，泡上等好茶)，清新自然的风格，交织成一幅足以触动受众民族文化心理的画卷，再加上女演员面对镜头说出的广告语："好水，好茶，好人喝"，更是一语中的，准确鲜明地表达了广告创意的主旨。

　　(2)"群己"关系定位与广告创意。"天人"关系定位主要是在主体与外部自然的关系上展开了价值观念的构建，而由天人之际转向社会本身，就涉及到了群己关系。作为主体性的存在，人既是类，又是个体。在中国传统的儒家思想中强调，个体在实现自我的同时也应该尊重他人实现自我的意愿，正如《论语·雍也》中所言："己欲立而立人，己欲达而达人。""成己"与"成人"的联系，意味着个体超越自身而指向群体的认同。这种理念落实于现实中人与人的关系便是"和"的追求，正所谓"天时不如地利，地利不如人和"，其实所谓"和"的价值取向正是谋求建立人与人之间互相尊重、互相信任的关系。而在这种种之上，群体认同更深刻的寓意则是一种责任意识。

　　我们在中国传统文化"群己"关系的定位中很容易发现东西方的差异，即西方比较以个体为中心，强调个人自由、个人奋斗，而中国比较以群体为皈依，强调群体和睦、群己合一。由此衍生出了很多文化表现。

　　"从众"情结可能是其中比较有趣的一种文化表现。中国传统文化在"群己"关系上的定位深刻地影响这个文化中的人们，在群体的氛围下，改变个人的初衷而与多数人取得一致，这恐怕是许多中国人的惯性思维。"从众"情结的产生，既是来自于对群体的认同和信任，也是来自于对偏离的惧怕；既是来自于群体权威的压力，也是来自于群体本身的凝聚力。

　　从众行为是人类历史上一种普遍发生的社会行为，然而中华民族的从众倾向却远比西方人要强烈得多。几千年群体社会的生产方式使深受中华文化熏陶的人们对群体有一种特殊的适应能力；历史上长期的集体主义的伦理教化使脱离群众的个体行为失去了道德的支持；我们的大众由思想观念的从众、风尚习俗的从众发展到生活方式的从众和消费方式的从众。在我们的社会生活中，经常可以发现这样的现象：看热闹、凑热闹风行，人群的聚集往往是以聚集本身为号召的。今日，许多商家利用这种心理鼓动消费者，许多创意人员也以号召从众为创意出发点。如图6-6所示，这是一家商场所策划的"旅游购物节"的招贴画，显然广告创意的初衷是通过煽动群体行为而引发受众瞩目，是典型的对从众心理的利用。今天，在经济生活和广告传播领域，一见流行就跟上、一见排队就疯抢，这种种无个性消费的社会行为的背后是从众心理的影响。

　　(3)"义利"关系定位与广告创意。在中国传统文化中，自古就有所谓

"义利之辨"。义者宜也，含有应当之意，引申为一般的道德规范；利则泛指利益、功效。从价值观上看，"义利之辨"首先关注的道义原则与功利原则之间的相互关系。

图6-6　"兴隆大家庭"（商场）宣传海报

　　就道义原则而言，显然中国文化中极为重视"道德"上的追求和境界。或者可以这样理解，这种中国传统文化独特的道义追求正是有别于西方高度离散型社会的东方群体人际关系的调适方式。中国的儒家思想讲求"内圣""外王"，讲求"以德服人"，体现出中国文化潜在的对道德良知的体悟。时至今日，在广告创意中以温情和道义来打动受众的构想长盛不衰。

　　以我国的白酒产业为例，据调查数据反映，我国的消费者对白酒产品最关心的仍然是品质问题。而"口子窖"则围绕产品本身元素，以更务实的思路，建立差异化的品质印象，强调产品物理属性之外的人的"品德"和"诚心"的宗旨，完成了比较成功的广告创意活动。围绕香味突出、酒体微黄的产品特征，"口子窖"通过"酒越陈越香"、"只有窖藏老酒才会微黄"、"不足五年决不出厂"等一系列的文案表述和信息宣传，将企业文化与消费者的体验紧密结合，形成了良好的口碑效应，形成了口子窖独特的"窖藏文化"。尤其是该品牌在广告创意中所反复推介的"真藏实窖"（见图6-7）的企业诚信和"持信有恒，成功有道"的企业追求，率先打造的"诚信为本"现代商务文化，既延续和强化了坚持窖藏的理念，又让目标消费群体产生高度的认同，提高了品牌忠诚度，打动了许多受众的心灵。

　　就功利原则而言，中国传统文化中又有很浓厚的"求实""致用"的色彩。一切道义原则和精神追求之下，无非是实现"修身齐家治国平天下"的社会功用目的，功利主义的价值观不言而喻。在这种文化情结的影响下，凡是涉及"实惠"、"实用"、"实际"的信息宣传往往都会赢得某些心理回响。

　　湖北沙市日用化工总厂出品的"活力28"浓缩洗衣粉广告，以标题的简洁明快、广告语的易记顺口，不求奢华但求实际的推介方式，吸引了许多受众的目光，其广告语中写到：

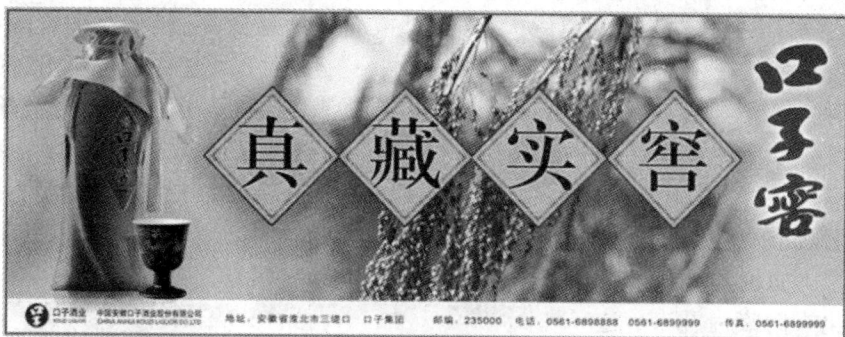

图6-7　"口子窖"平面广告

活力28，洗涤最佳，

活力28，沙市日化，

用量少：1:4

时间短：1:4

去污强：1:4

1:4

这则广告语实在谈不上什么文才或睿智，但它却切中百姓的"实用"心理，直指百姓的生活实际，因而也就得到了受众实实在在的响应（见图6-8）。

图6-8　"活力28"产品外包装

（4）"人伦"关系定位与广告创意。可以说中国传统文化的"人伦"关系定位集中反映了中国文化的特质所在。简单地说，人伦文化的渊源当属宗法文化的影响。由于中国古代两千多年的宗法制度造就了诸多人伦规约：有对血缘关系的高度重视，有对祖先前辈的顶礼膜拜，有对传统权威的笃信尊崇，有对礼仪规章的恪尽职守，有对家族故国的感念眷顾。

比如说，中国传统文化一向重视"家"的概念，而一个家的概念又可以托生出许多相关的文化情结：家的延续要靠子孙繁衍，对下一代的亲情所至常常是广告作品煽动情感的有效着力点；家的维系要靠儿女孝道，对父辈的感恩戴德常常是广告构思的有效素材；家的拓展便是家乡祖国，对故园故土的心之向往常常是广告创意的有效主题。

以"红豆"衬衫为例，其广告创意中就包含了许多"人伦"关系定位思维。"红豆"名称的来源当出自我国唐代大诗人王维的诗歌，而"红豆"衬衫的一则广告作品也借用了这首诗歌的线索而展开创意铺陈。在一个情谊绵绵的三口之家，妈妈教女儿背诵唐诗，可爱的小女儿充满童真、忘情地背诵着诗句"红豆生南国，春来发几枝，愿君多采撷……"，此时孩子怎么也想不出诗的最后一句，这时爸爸手捧盒装的红豆衬衫走过来，接着孩子刚才的背诵继续说道："此物最相思。"妈妈也跟着会心地笑了。这种以相思之情为诉求主题的广告创意，最能契合中国文化的传统情怀，具有独特的中华人情味道，是我们这个民族人伦关系定位的一种生动体现。

比如说，中国传统文化一向崇尚礼节，这一点恰恰成为今日广告创意一个新的增长点。像"雀巢"咖啡这样的国际著名品牌也看准了这个市场，每逢中国的传统节日，必定有针对性地推出相关创意宣传。在"雀巢"咖啡的这则中

图 6－9 "雀巢"咖啡平面广告

秋节广告招贴画中（见图 6－9），以中国传统的喜庆色彩红色为基调，在画面背景的中央是代表家庭幸福团圆的中秋圆月的形象，画面的主要部分展示了产品的外观，文案中写道："别样中秋礼，团圆浓情意。"整幅广告创意充满了传统文化意境，浓缩了人伦关怀。

二、广告创意与跨文化传播

所谓跨文化传播主要是指不同民族、国家、地域文化之间的交流活动。我们常说，世界文化舞台是一个"百花园"，各种文化都是其中不可替代的组成部分。各个文化部分之间往往要进行交往或交流，要彼此互通有无、取长补短。如今，伴随着经济全球化、信息全球化的浪潮，不同民族、国家、地域之间的文化交流格外频繁，广告创意活动本身早已超越了人群的界限，而参与到世界性的智慧交流中。尤其是当代大众传播技术的飞速发展，真正实现了人类"天涯变咫尺"的梦想，广告创意越来越多地面临着跨文化传播的现实挑战。

1. 广告创意的跨文化传播

在文化交流研究领域，有一个著名的历史故事很具有趣味性。据说，在

16 世纪末期，意大利传教士利马窦来到中国布道长达 28 年之久。在利马窦漫长的传教游历生涯中，他亲身感受到了东西方在思想文化上的巨大差异，他突然发现甚至连基督教中耶稣被钉在十字架上受难的形象都很难被中国普通的百姓所接受，他说：强调耶稣被钉在十字架上的形象很可能引起一向重视"仁"的中国知识分子的困惑，于是多以圣母玛利亚怀抱圣婴的形象来替代，以便和儒家的"仁"、"孝"找到结合点，但这样一来很长一段时间许多中国人以为基督教的上帝是一位女性，而且是一位慈善的母亲。在跨文化研究领域，这个历史故事频繁地被引述，并被反复地解说或阐释。而当我们把这个历史故事所引发的跨文化现象与广告创意的跨文化传播相提并论的时候，笔者的用心可见一斑。

现实的情况是，广告创意活动本身，不仅仅是一种经济活动，更是一种文化活动；不仅仅是兜售商品，更是传递信息；不仅仅是商业计谋，更是文化象征。随着国际分工的深化发展和全球经济一体化趋势的加剧，国际的商品流通日益频繁；尤其是随着国际资本所谋求的市场最大化，各个国家为了抢夺市场资源、推销本国产品，更是加大力度进行推介。在这样的背景和情势下就逐步形成了广告创意的跨文化传播潮流。

早在 1917 年，英国小说家诺曼·道格拉斯就曾断言广告在世界范围内的蔓延发展："通过广告你可以发现一个国家的理想。"时至今日，我们已经可以很鲜明地看到这一个个闪烁着民族智慧、地域特色、国度风采的广告创想。广告创意活动的舞台早已是世界性的了。

2. 广告创意的跨文化传播现象解析

在百年广告发展历史中，涉及到广告创意的跨文化传播现象多如牛毛、举不胜举，在这里我们无意做繁杂的事例堆砌。相反，我们希望从一些典型现象入手，作为一个切入点，去详细阐释其背后所连带的广告创意的跨文化传播规律。

显然，这样的典型例子当属"可口可乐"。

从 1902 年耗资 12 万美元宣传的"第一流药物"，到 1907 年倡导戒酒运动下的"国内最理想的戒酒饮料"，"可口可乐"的广告创意人员们逐渐把这种带有"药剂"色彩的软性饮料描绘成为"南方的圣水"。随着"四季皆会口渴、请用可口可乐"的有效宣传，二战期间"可口可乐"跟随美国士兵传递到世界各地。有人做过统计，自 1886 年到 1993 年的近百年间，"可口可乐"变换广告主题 32 次，张扬广告口号 94 次，不断积极主动地寻求用"世界性语言"和不同肤色、不同种族、不同地域的消费者沟通、交流。很显然，"可口可乐"的成功,就是把美国文化糅进了广告创意,以美国的生活方式和文化氛围向全世界展播、渗透,形成了一道独特的广告文化风景线。

　　3. 广告创意的跨文化传播策略

　　从宏观的角度看,广告创意作为一种文化建构具有双重性:一方面,作为市场经济和商品生产的伴随物,广告创意具有超越时空的世界共性;另一方面,广告创意又总是面对具体的时空条件下的人群,广告创意又具有独属的文化具体性。下面就广告创意的跨文化传播策略作简要叙述。

　　(1)广告创意跨文化传播的"一体化"策略。"一体化"策略的思想源自1983 年美国学者李维特(levitt)发表在《哈佛商业评论》上的《市场的全球化》一文。该文指出了在经济全球化的浪潮之下国际市场"大同小异"的特质,各国的消费者对产品(服务)的要求存在着趋同倾向,利用这种趋同倾向把市场策略协调一致、集中指向,以统一的产品形象、同一的品牌宣传、贯一的广告创意取得整个市场的整体经济效益。这种理论思路,基于人性的共通欲求,在承认文化差异性的同时着重把握人们的共性,切中了当今世界经济发展的历史潮流。事实上,在实践领域,20 世纪 80 年代许多大型跨国公司就已开始兴起"无国籍化"的广告传播策略。为了推动刚刚起步的经济全球化潮流,为了在世界资本运作中谋取更大的利益,大型跨国公司不遗余力地推进"一体化"策略的实施。例如,"可口可乐"公司的广告创意看中的是人类共同的需求和情感,创造了"口渴的感觉使四海成为一家"的宣传宗旨;"蓝巨人"IBM 公司,为了拓展全球业务,强调信息时代的地球村理念,打出了"四海一家的解决之道"。这些都可视为"一体化"策略的实践应用。

　　(2)广告创意跨文化传播的"本土化"策略。"本土化"策略的理论基础源于不同国家均有自己独特文化的价值判断。尽管世界经济、文化交流频繁,但各国经济发展却处于不平衡状态,文化的交流并没有达到充分的融合,消费者不可能完全理解和接受外来文化。这样一来,当全球广告商竞相开展国际广告传播活动时,不仅面临着众多竞争对手的挑战,也面临着理解和尊重当地文化差异的挑战。很多广告创意活动不是被竞争对手打败,而是被文化的圈层所阻隔。于是,广告创意主体开始不断揣摩斯地、斯人的文化心理,以求得文化上的适应和认同。例如,美国宝洁公司的"飘柔"洗发水,在美国的名称为 Pert-Plus,在亚洲地区则改名为 Rejoice,中文名作"飘柔"(见图 6 - 10),无非是为了迎合华人市场。再比如,法国"人头马"白兰地酒在欧美国家采用"干邑艺术,似火浓情"广告语,运用的比喻和拟人相结合的手法,融商业推销和艺术审美于一体;而对于东方,特别是华人市场,则采用了"人头马一开,好事自然来"的吉祥广告语,抓住了东方人的"喜庆"心理,这实际上都是广告"本土化"策略的体现。

（3）广告创意跨文化传播的"嵌入化"策略。"嵌入化"策略是针对全球化背景下信息流向的不平衡、不平等现象所进行的关于文化交流的探讨与反思;也往往是在经济全球化的背景下,处于强势的国际经济组织面对弱势群体异质文化所采取的"融合"、"渗透"策略。它强调的是某种外来文化在人类生活方式、价值取向、心理构成以及思维特点等方面,潜移默化地对本土文化造成的渗透、影响甚至改变。这实际上与"本土化"策略具有相似之处,只不过它规定了信息与文化的最终流向。在这个过程中也许会添加一些本土元素,一般仅仅表现在"符号"层面,而实质上却是对本土文化的逐步颠

图 6 – 10

"飘柔"洗发水

覆。例如,在巴黎,麦当劳销售不俗,但很少有人知道他们经常光顾的法国餐馆就是麦当劳,人们不仅在外面看不到金色拱形门和麦当劳叔叔的形象,就连店里面的塑料椅都全变了模样。再如,在中国的很多洋快餐也都利用春节等特殊节日,争相加快与中国的本土化融合,麦当劳贴上了"洋"剪纸、肯德基送上"福到了"。这里,本土化过程实际上成为一种本土"符号化"过程,是一种基于利润最大化的本土"符号化"过程,其结果是本土文化赖以存在的地域逐步作为本土"符号化"产物所堆砌,异质文化的融入、移植、侵蚀、嵌入也变得波澜不惊、不露痕迹。

4. 广告创意跨文化传播的障碍规避

既然广告创意活动步入世界舞台是历史的必然,既然广告创意的国际化发展要求其解决跨文化传播的诸多挑战,既然广告创意跨文化传播必须在民族、国度、地域间获得认同,那么寻求广告创意跨文化传播的障碍规避就成为必须研究和给予答案的课题,以下概括地加以阐述。

（1）直面文化差异。不同的生存环境、不同的历史遭遇、不同的情感历程造就不同的文化特性。

理解文化差异、直面文化差异,是广告创意活动有效规避障碍的首要原则。这就要广告创意主体设身处地地感受文化风尚、感同身受地领悟文化内核。

比如,一则雀巢咖啡"味道好极了"的广告语,在中国备受赞赏;但如果是在德国,消费者们直接的反应却是"怎么好?"德国人处事严谨认真的传统阻碍了广告劝服的实施。有的时候,广告创意活动进入本土文化之中,由于

难以解决文化上的隔阂与差异而导致了理解上的冲突和偏差。熊猫在世界多数国家受到欢迎，因此"熊猫"这一品牌名称的意思翻译成各种语言，都能够引起美好的联想。但是在奉行伊斯兰教的国家，却遭到攻击和抵制，因为熊猫的外形像肥猪，被认为是犯忌讳的东西。

　　因此，在跨文化广告创意传播当中，必须充分了解并且尊重与受众国间的文化差异，这是广告创意实现跨国化有效传播的策略之一。

　　（2）尊重风俗习惯。风俗习惯是一个民族、国家在较长的历史时期内形成的不易改变的行为、倾向和社会风尚。不同国家的风俗习惯不同，造成了对广告文化的不同心理感受。

　　例如，美国"骆驼"香烟一句传遍全球的广告语"我宁愿为'骆驼'行万里路"，渲染了烟民为买"骆驼"香烟，宁愿走得鞋底磨穿；电视画面上出现的是烟民高跷二郎腿坐在神庙前的情景，皮鞋底磨穿的洞最为枪眼。这则广告在泰国一经播出，立即引起轩然大波，泰国举国笃信佛教，佛庙乃洁净圣地，在神庙面前亮脚丫是为大忌。

　　日本"索尼"的广告创意也曾遭到过类似的情况：释迦牟尼闭目入定，但一会儿竟然凡心萌动，睁开双眼随着音乐不停地摇摆附和，此时亮出"索尼，让佛祖心动"的广告语。这则广告的创意可谓新奇，但却招致了外交抗议，人们认为这是对佛教信仰的嘲弄和挑衅。这些事例都说明，广告创意活动在进行跨文化传播的过程当中，如不了解并尊重各地的风俗习惯，很有可能会铸成大错。

　　（3）借鉴文化传统。美国资深广告学者 A·杰罗姆·朱勒（A. Jerome Jewler）和邦尼 L·朱奈尼（Bonnie L. Drewniang）在《广告创意策略》一书中认真地引用了美国广告业界如何与"少数种族"打交道的经验：

　　"强调少数种族闪亮的角色而不只是背景"；

　　"向来自目标文化的人寻求意见"；

　　"注意语言的细微差别"；

　　"展示每组人群的广泛性"；

　　"学习他们的文化遗产"[①]。

　　这些经验提示我们这样一个朴素的道理：世界上的各个民族都有捍卫民族文化的"敏感神经"以及与此相伴的民族文化情结，广告创意活动要适时地

----

　　① 引自（美）A·杰罗姆·朱勒、邦尼 L·朱奈尼：《广告创意策略（原书第七版）》，郭静菲、黎立译，机械工业出版社，2003 年版，第 27 页。

舒展这根"神经"、抚慰这种情结,懂得借鉴不同文化的传统。

(4) 实现文化多元。说到底,人类的文化舞台应该是百花齐放、百家争鸣的态势,广告创意的跨文化传播既不是文化的"侵入"也不是文化的"逢迎",而应是一种文化的"交流"和"互融"。广告创意跨文化传播的结果,既不是对民族文化的消解也不是对本土文化的重复,而是力求创造文化的多元共生。举个通俗的例子来说,裹挟着美国文化的"麦当劳"快餐店风行世界,遍布全球,但麦当劳在不同国家有不同的菜谱,在法国配有香槟酒,在英国配有威士忌,在德国配有啤酒,在新加坡、马来西亚有果味奶昔,在中国则配有红茶。这种融合两种文化优势原则在广告创意的过程中同样重要。一方面要有本民族文化的特色才能吸引关注,另一方面还要学会适应目标受众文化才能被接受。

第三节　广告创意的文化传播策略

一、广告创意文化传播的基本原则

既然广告创意与文化传播相生相伴、形影相随,那么探讨广告创意的文化传播策略就成为必然。下面,笔者将从"文化对传播的影响"这个角度入手,描述一下广告创意文化传播策略的选择问题。

1. "维模"原则

"维模"原则,即"维护模式"的原则。在文化传播研究领域,美国社会学家帕森斯最早提出了"维模"思想,他在自己的"行动体系"理论中强调"文化子体系的功能是维模(Latency)"。维模原则的基本含义是:作为社会文化的基本功能,在文化传播的过程中,一个文化圈面对另一个文化圈的信息传递总会表现出"选择过滤"和"自我保护"——当这种新的文化信息有利于己时,便很容易被接受,使之成为文化体系自身的新鲜血液和必要营养;当这种信息传递不利于己时,便很快被拒斥,极力阻止其介入和破坏。这一原则提示我们,虽然在整体上广告创意传播面对着一统的社会文化体系,但是在具体上,广告创意传播要与诸如社会亚文化层面发生接触和撞击,广告创意主体要事先充分考虑到这些亚文化圈的利益诉求与接受心态,否则广告创意的传播就会遇到文化圈维模力量的阻碍。

举个简单的例子,有些民族禁忌看似小事,但处理不好甚至会闯下大祸,引起意想不到的后果。狗这种动物在许多国家是受人喜爱的,更有爱狗人士对这种动物喜爱至极而写下了感人肺腑的《狗的礼赞》。用狗的形象做广告，这在大多数西方国家并不稀奇，甚至还有大胆的创意人员还采用了拟人的方法让狗开口说话，营造幽默。但是，如果这样的广告创意出现在南非，那可能造成严重的后果，甚至可能引起全社会的抵触。因为南非不仅在广告传播领域，即使在平时的绘画甚至漫画里，如果出现动物模仿人来讲话，都会被认为是不可思议和令人讨厌的事情。这种对某一事物的特殊禁忌常常使一些"楞头楞脑"的广告遭受失败。中国兔牌樟脑在澳大利亚的受挫也是出于这样的原因。

2. "适应"原则

"适应"原则同样反映出文化的选择性，与上述"维模原则"遥相呼应。正如植物花草移植他地要考虑到土壤适应的问题一样，"适应"原则提醒人们，广告创意传播必须适应接受对象的文化特质和文化习俗，否则很难取得共鸣。适应原则的基本含义是：当一种文化传播到另一个文化圈中时，必须适应这一文化圈的实际状况。在当今广告传播国际化的大趋势下，广告创意传播的适应性问题显得尤为突出。一个国外品牌，如何进入本土市场，一个洋和尚怎样会念"中国经"等——这些实际的问题，都与适应原则密切相关。

"特醇轩尼诗"是法国的知名酒类品牌，20世纪70年代，为了和其他的欧洲名酒诸如"人头马"、"马爹利"、"百事吉"抢占香港市场，进行了一系列针对华人消费者的广告创意活动。起初，该品牌的法国总公司坚持要表现产品在欧洲一贯的宣传主题，即"典雅、高贵的绅士风度"，于是制作了精美的广告内容。但效果测试表明，香港消费者对这些却毫无印象。后来，该品牌又另起炉灶，重金聘请了当时香港著名的广告创意大师纪文凤为其创意制作，重新将产品定位为：特醇轩尼诗一种品质高、有名望、有地位的名酒，是享受现代生活的人们应该享有的名酒。在纪文凤的广告创意中，塑造了一个"大豪客"的形象，这个形象是一个有独特个性、在事业上取得成功的富豪，他来到灯红酒绿的歌舞厅，在"人生要懂享受，花钱要讲派头"的画外声中，频频接受歌星送来的"秋波"。这个广告创意由于迎合了香港人的心态，使他们产生了要像"大豪客"一样享受现代物质文明生活的冲动，获得了广泛的追捧。

3. "扩散"原则

"扩散"原则的基本含义是：越是先进、发达、进步的文化，越容易得到传递和扩散，文化传播以"优势扩散"的态势，向社会生活的广阔空间蔓延。这个原则提醒我们，广告创意的思维创造越是能符合受众的需要，越是能契合消费者的生活追求,越是能体现进步的价值理念,就越能得到广泛的传扬和普遍的接受,引一时之风尚、掀文化之潮流。

　　20世纪八九十年代,在中国的饮料市场上崛起了一个被称为"中国魔水"的著名品牌"健力宝",它是当时国内首创的运动保健型饮料。回顾当时"健力宝"的广告传播之路,可以发现张扬品牌优势、传播昂扬的进步理念、开风气之先、掀动时尚潮流等一系列成功的广告创意思路,为品牌的成长乃至成功立下了汗马功劳。"健力宝"饮料刚刚被研制出来的时候便被摆上了"亚足联"的会议桌,首次引起了中外体育界的注意,这为健力宝以后进军奥运会打下了信誉基础。1984年"健力宝"跟随中国奥运代表团出征洛杉矶奥运会,外国体育记者们给赋予了"中国魔水"的美誉,从此健力宝便与中国体育结下了不解之缘。在第六届全国运动会的开幕式上,健力宝在已经耗资250万元购得此次运动会饮料专用权的基础上,又给全体工作人员发放了印有"健力宝"标志的工作服,同时给所有参加开幕式的观众赠送健力宝饮料。1988年,健力宝在北京举行了隆重的颁奖仪式,向每一位夺得汉城奥运会金牌的中国健儿赠送了价值两万元的健力宝金罐,这一举动产生了极大的社会轰动效应。1992年巴塞罗那奥运会期间,"健力宝"

图 6-11　"健力宝"平面广告

再出新招,每当中国健儿夺得一枚金牌的时候,健力宝便会在报纸上登载一次祝贺广告,广告的画面是该运动员的照片,同时该运动健儿还可以获得价值4万元的健力宝金罐一个。这样,"健力宝"逐渐在公众心目中深深地打上了关心中国体育事业的良好印象。可以说,"健力宝"的早期成功得益于"扩散"原则的成功实践(见图6-11)。

　　4."圈层"原则

　　"圈层"原则的基本含义是:由于文化本身具有"圈层性",致使文化的传播也出现"圈层性"的现象。"圈层"原则提醒我们,广告创意传播要充分考虑到文化圈层的差别,进行有计划的传播,才能达到预期的效果。作为文化的圈层,可以有多个种类的划分,例如"城市"文化圈与"乡村"文化圈、"精英"文化圈与"大众"文化圈、"青年"文化圈与"老年"文化圈等。文化本身固有的圈层性,使得广告创意传播不是"随心所欲"的,而必须是"有的放矢"的。具体来说,比如青年文化圈与老年文化圈之间就存在着很大的差异,处于两个文化圈层中的受众有着截然相反的生活态度、欲望诉求、审美趣味。因而，在进行广告创意时，必须充分考虑每个文化圈层的具体特点。

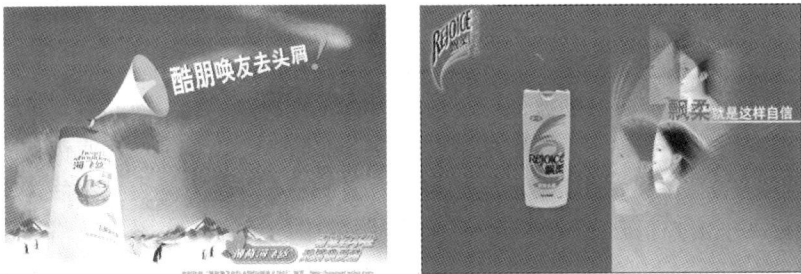

图 6 – 12   "海飞丝"和"飘柔"的平面广告

世界著名的日用产品生产商宝洁公司（P&G）被赞誉为"日用品消费大王"，它的各种系列产品行销世界各地，而它每年的广告宣传费用也高达数 10 亿美元。20世纪 90 年代以来，宝洁公司带领旗下产品开始登陆中国市场。在宝洁公司进军中国市场的过程中我们发现，宝洁公司成功地运用了多品牌战略，先后推介出海飞

图 6 – 13   "潘婷"的平面广告

丝、飘柔、潘婷等多个品牌（见图 6 – 12）抢占市场。其实在宝洁公司的广告创意中，早已对中国市场的"圈层性"有所考虑，因此宝洁公司不同子品牌的产品适应的是不同人群的需求：海飞丝——清凉去头屑；飘柔——柔顺飘逸、充满自信；潘婷——拥有健康、当然亮泽（见图 6 – 13）。从表面上看，宝洁公司此举似乎是有意"内讧"，但冷静观察却发现，它理智而成熟地区分开了不同圈层中人们在洗发用品上的差异诉求，从而很好地针对了市场的实际情况。时至今日，宝洁公司的产品已占领了中国同类产品的半壁江山，取得了巨大的经济效益。

二、广告创意的文化传播技巧分析

广告创意的文化传播技巧分析，意在通过对思维筹划过程中可能被利用

的文化要素进行解释和剖析，找到能够使广告创意更为有效、更具竞争力的思维杠杆。涉及到文化传播技巧，就是要把诸多具有吸引力、说服性、感染力的文化元素移植到广告创意之中，广告创意的文化传播技巧有很多，其中的相当一部分已是广告界公开的秘密。下面笔者将常见的技巧加以梳理，归纳为"价值评判"式、"光辉泛化"式、"号召从众"式、"把关过滤"式、"假借转移"式、"亲善接近"式、"证词代言"式等七类技巧，详细地加以分析。

1. "价值评判"式的文化传播技巧分析

任何文化传播都难免包含立场所属和价值评判，在广告创意的思维筹划过程中，不回避文化的圈层立场，不掩盖文化的价值主张，甚至明确标榜广告创意的价值评判，就形成了固定的"价值评判"式的文化传播技巧模式。这种模式的传播技巧，采用"贴标签"、"划分队列"、"申明主张"的具体方式，将广告创意主体的意识倾向性明白无误、重点强化地表现出来，集中阐发广告主题，直接推荐产品服务，主动劝服受众群体，积极诱导个体心理。

在近两年国内的药品广告传播领域，我们看到了一些十分有趣的现象。起先，在药品广告中出现了"斯达舒"的胃药广告，广告宣称对胃病有显著疗效，并打出广告语"胃痛、胃酸、胃胀请用斯达舒胶囊"。在"斯达舒"的系列广告中（见图 6-14），总是出现这样的场景，或者是家中男主人的胃病犯了，家人急忙找来胃药"斯达舒"，结果药到病除；或者是一个虚拟的人体内部，可恶的病魔在人的胃里肆虐，"斯达舒"的服用让病痛无处藏身。一时间，该胃药所宣扬的快速治疗胃病的价值诉求迎合了许多消费者的心理期许，逐渐树立了受众一遇到"胃痛、胃酸、胃胀"的情况就找"斯达舒"的联想。在这以后，又出现了一个胃药的广告，与"斯达舒"所宣扬的价值理

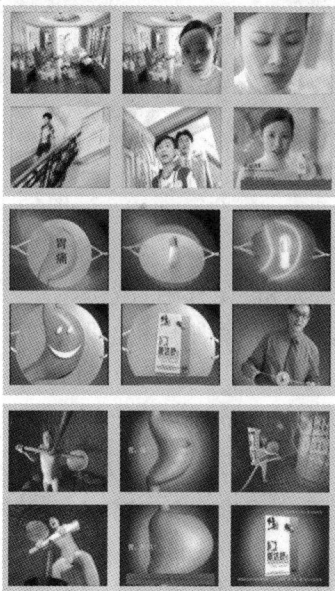

图 6-14　"斯达舒"电视广告画面

念针锋相对，它甚至在自己的广告中先播放了"斯达舒"广告的开头片段，当画面刚刚播放到"胃痛、胃酸、胃胀，你需要……"时被突然定格，此时这则胃药广告粉墨登场，说到："你需要分清寒热再吃药，胃热请用温胃舒，胃寒

请用养胃舒……"显然，这是该产品旗帜鲜明地提出了一个与竞争对手完全对立的价值理由，并以此来劝说受众、争夺市场份额。

2."光辉泛化"式的文化传播技巧分析

文化传播的过程之中，往往伴随着文化的交融和互补，每一种文化都有其独属的优势，彰显这种优势、突出这种优势，甚至是强化、泛化这种优势，可以刺激受众的好奇与渴望，激发消费者的倾心与仰慕，为广告创意的实施营造良好的传播氛围。再通俗一点说，"光辉泛化"的传播技巧就如同给事物贴上好的"标签"。

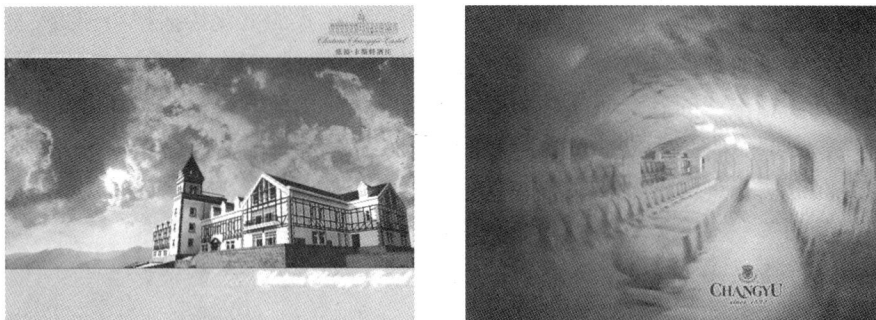

图6-15 "张裕"平面广告

"张裕"是我国著名的葡萄酒品牌，烟台张裕集团公司的前身是1892年由爱国华侨领袖张弼士投资创办的"张裕酿酒公司"，至今已有110年的历史，是我国第一家葡萄酒厂。其产品曾在1995年巴拿马万国博览会上荣获甲等大奖章及最优等奖状。解放后第一届全国评酒会上八个"中国名酒"仅张裕酒厂就占了三个：味美思、红玫瑰葡萄酒和金奖白兰地。1998年，张裕集团实现销售收入10亿元，2000年实现11.18亿元，2001年实现销售收入17亿元，利税4亿元。始终居我国葡萄酒行业第一位。对于一个有着如此悠久历史和辉煌荣誉的品牌来说，其产品的广告创意就必须彰显这种企业文化的魅力，因此在张裕的平面广告作品中(见图6-15)，百年张裕中那些曾经辉煌的事物得到了诗化的处理，卡斯特酒庄、地下酒窖……这些对能代表品牌身份和荣耀的事物——被浓墨重彩地表现出来，产生了令人神往的效果。

3."号召从众"式的文化传播技巧分析

"从众"心理是大众文化中比较常见的一种心理态势。人是"合群"的动物，人从一出生开始就逃离不了群体的环绕，人的一个基本属性就是人的"社会性"。因此，身处社会、群体中的人有一种近乎本能的"从众"，或者是害怕孤立、或者是恐惧孤独、或者是维护利益减少损失，人们大都愿意相信跟着"众人"走是比较可靠的。这种独特的人类社会心理反映在受众对广告信息的接受上，就表现为消费过程中的"随大流"现象。因此，广告创意有意地利用受众的这种心理特质，通过信息的发布、氛围的营造和强力的说服造成一种"山雨欲来风满楼"的急迫态势，引导受众基于"从众"而去接受和选择。

4. "把关过滤"式的文化传播技巧分析

在传播学的历史上，美国社会心理学家卢因（Kurt Lewin）于 1947 年在《群体生活的渠道》一书中首次提出了"把关人"（gatekeeper）这个概念。卢因认为在群体传播过程中存在着一些把关人，只有符合群体规范或把关人价值标准的信息内容才能进入传播的渠道。后来，把关人研究被广泛地运用到社会传播的各个领域。在广告创意的文化传播过程中，创意主体利用自己的"把关"身份，在最初的素材选取、思路架构、价值取舍时，就把创意思路与广告主的利益诉求结合起来，过滤掉一切不利于产品销售的信息，将一个看起来"完美"的产品形象推介出去，就属于一种典型的把关行为。

5. "假借转移"式的文化传播技巧分析

"假借转移"是一个形象的说法，它所解决的是在文化传播过程中彼此不太熟悉的情况下如何迅速取得文化认同的广告创意策略。关于这个技巧，有这样一些有趣的故事。据说中国的汉学家到西方去讲学，当讲到中国圣贤孔子的时候，由于文化上的隔阂，外国人很难体会孔子在东方文化中的地位，于是汉学家打了个比方：在古代西方，有亚里士多德那样伟大的思想家，而孔子就是东方的亚里士多德。一席话语，将东西方的历史文化名人衔接在了一起。与此类似，当中国的小提琴协奏曲《梁山伯与祝英台》在西方舞台上演的时候，演出宣传者们打出了"东方的罗密欧与朱丽叶"的口号，拉近了东西方文化的距离。据说当澳大利亚的小说《荆棘鸟》推广到美国市场时，由于美国人对外国文学的陌生，很少注意这部小说的内容，于是有聪明的广告人用了一个"假借转移"法，将这部小说与美国的文学名著《飘》相提并论，说"《荆棘鸟》就是澳大利亚的《飘》"，结果一下子消除了国人的陌生感，将小说成功地推荐给国人。在这几个故事的背后所渗透的都是"假借转移"式的文化传播技巧。

6．"亲善接近"式的文化传播技巧分析

"亲善接近"的传播技巧是一种直指人心、主动示好的广告创意思路。当今的广告传播大都被纳入到大众传播的系统中，而传统的大众传播往往是一种居高临下、缺少反馈的"单向型"传播模式，广告宣传以传播者为主，对受众造成了一定的信息压力。而很多成功的广告创意恰恰能够"化戾气为祥和"，以"循循善诱"的方式、以"春风化雨"的亲切打动消费者，从受众最能够接受的话语方式开始，从受众最能够认可的信息说服态度入手，从受众最希望得到的信息内容着眼，凭借"亲善"的创意，博得受众的好评。

7．"证词代言"式的文化传播技巧分析

在世界广告历史上，"证词代言"式文化传播技巧的首次运用出现在20世纪50年代，当时美国著名的广告大师大卫·奥格威在进行广告创意时首创了"名人推荐式"电视广告，他用了5000美元请罗斯福总统夫人为"好运牌"奶油做广告，取得巨大反响。今天，以"名人推荐"为代表的"证词代言"传播方式已屡见不鲜，在逐步摆脱"名人万能"的认识误区之后，更多的广告创意者通过深入的市场调查、反复的科学比对，不断地从事关产品（服务）的信息中找到那些足以具有说服力的事实。

当然聘请名人做广告有很多值得注意的地方。

首先是昂贵的费用。

其次，名人推介式的广告只能产生一时的效用，而不可能成为长期的策略。

再次，名人推介式的广告也可能导致信誉的缺乏。据美国专业期刊《广告时代》（Advertising Age）所作的一项研究表明，有63%人认为名人代言广告目的只是为了获得金钱报酬，43%的人认为那些名人甚至都没有使用过他们所代言的产品。

另外，还有一种可能的情况就是，名人可能为很多产品做代言，久而久之，广告传播输出的信息就会产生混淆。

再有，在广告信息的传播过程当中，名人的光环掩盖住了广告信息的传递。

最后，在有的情况下，由于名人的参与往往打乱了广告创意的原有计划，影响了原始创意的执行。

8．"幽默诙谐"式的文化传播技巧分析

显然，"幽默"一词取自音译，是一个舶来词汇。在西方文化中，"幽默"被引入到艺术创造与审美鉴赏领域，成为以诙谐隽永、睿智哲思为特征的审美方式，形成了相应的文化传播技巧模式。

应该说，东西方文化的差异很大，对"幽默"技巧的诠释也有所不同，但又都具有巧智、机敏、愉快、豁然等基本特征。从广告创意文化传播的角度看，"幽默"技巧的关键在于：文化的契合之后所产生的"共鸣"效应，即广告创意的表情达意与受众内心文化情结的吻合或磨砥而擦出的火花。

如果将幽默作为一种创意技巧进行操作的话，最主要的难点在于如何处理"文化理解"的问题。所谓"文化理解"是一个比较抽象的说法，主要是指广告创意主体的思维筹划必须实现不同的人群、民族、阶层、性别、年龄等因素制约下的充满差异性的受众之间的信息接受上的同一性；更具体地说，就是通过什么样的筹划能够筛选和组合出为身处不同文化背景下的受众都能释然一笑的"主意"和"点子"。

在以往的法国戛纳国际广告节上，曾经发布过一则参展的"巧克力"产品的电视广告片，该片表现了这样一个有趣的故事：一个小孩子拿着一块巧克力去逗一只可爱的小象，小象对巧克力垂涎欲滴，不想调皮的孩子没有把巧克力送给小象，反而自己吃下了肚子，小象十分伤心。若干年过去了，昔日调皮的孩子已经成人，在狂欢节的餐桌旁，他正大口地享受着美味的巧克力；此时狂欢节上一位特殊嘉宾，当年的那头小象已是一个大块头的成年大象，当它看到曾经令它伤心的那个人在这里出现，"新仇旧恨"涌上心头，于是用它的大鼻子猛地将仇人打翻在地……整则广告洋溢着幽默诙谐的轻松氛围，给人以快乐和遐想，这则广告也在当年的广告节上获奖。

创意赏析

可口可乐的"广告经"

在"可口可乐"的百年发展历史中，广告传播始终是"可口可乐"营销策略的重要组成部分。据调查：82.2%的消费者对可口可乐的品牌认知是通过广告获得的。可口可乐通过广告宣传提高了产品知名度和公众的购买欲望，同时也借助广告树立了产品及品牌的良好形象。

在广告的创意表现过程中，可口可乐对代表中国文化的元素进行了充分的挖掘和运用。

可口可乐从1999年开始，在中国春节推出的贺岁广告"风车篇"，其广告中展现的全部外景是在黑龙江省附近的一个小村庄内拍摄的，而且广告中的全部人物角色也全部来自这个村庄。

　　2000 年，可口可乐推出其广告新作"舞龙篇"，由于龙是中国传统的吉祥物，舞龙更是中国传统节日的庆典节目之一，因此广告一经播出，随即就受到了广大公众的好评。

　　2001 年新年，可口可乐又演绎出一场深具中国文化特色的广告风暴，推出全新的具有中国乡土气息的"泥娃娃阿福贺年"广告片。此片以一个富有中国特色的北方小村庄为场景，并采用了一对极具人性化的泥娃娃的形象，以全家喜迎新年的故事为主题，用全家饮用可口可乐来衬托祥和、愉悦的喜庆氛围。广告片中所有的造型场景都采用了黏土工艺，使得整体画面感觉更加生动、流畅。"泥娃娃阿福贺年"广告片于 2000 年 12 月下旬开始投放，一直持续播出到 2001 年春节期间，该广告播出后，消费者更加认同了可口可乐的品牌形象。

　　在广告的创意表现中，充分运用"明星代言"的方式同目标消费群沟通。

　　可口可乐曾经聘请了香港、台湾、中国内地的当红明星为其品牌代言。张惠妹、谢霆锋、张柏芝、萧亚轩、伏明霞等文体明星们都曾加盟过可口可乐的品牌阵线家族，他们的加入为可口可乐演绎出精彩纷呈的"广告乐章"。

　　2001 年，两支展现中国国家足球队"永不言败，拼搏进取"精神的"活出真精彩"系列广告在全国各地电视台播出。2003 年，国际影星章子怡加盟可口可乐，从而成为其最新的品牌形象代言人，并通过电视广告《爱情篇》、《出击篇》演绎出可口可乐"抓住这感觉"的全新沟通策略。可口可乐在其系列广告中以个性鲜明的明星，来阐释品牌独特的个性，明星的形象同品牌完美融合、相得益彰，从而使广告卓有成效地提升了品牌价值。

　　在中国，可口可乐在运用大众传播媒介的同时，也不遗余力地建立自己的网络传播系统——可口可乐中文网站（www. coca-cola. com. cn）。2004 年，恰逢中国传统的猴年。春节期间，可口可乐中文网站的主页亦不失时机地换成了以泥娃娃"阿福"和中国神话故事《西游记》中的主人公孙悟空为主题背景的拜年画面。一副带有可口可乐中英文标识的春联，上联写着"金猴贺新春"，下联是"可口更可乐"。春联利用"可口更可乐"的双关语，把中国人民对新春佳节的期盼巧妙地跟可口可乐产品联系在一起，产生了极佳的沟通效果。

第七章　广告创意的思维规律

压题图片

图7-1　巧克力糖平面广告

　　由于广告创意是一项高度依赖智慧创造的领域，所以它吸引了无数向往睿智的人们对它进行无限的憧憬和积极的渴望。但优秀创意的生成并非是件容易的事情，它需要创意主体的殚精竭虑和呕心沥血。但是，当一则真正的出色创意展现出来的时候，却是那么的绚丽多姿、赏心悦目。其实，广告创意也是一门学问，它必须遵循适当的科学规律和思维规律，同时它也要立足于现实，因地制宜。看看左边的创意作品吧，广告的情景肯定会让你心动，这彩虹里流淌出来的一定就是"彩虹糖"了！

关键概念

　　注意——指的是心理活动对一定对象的指向与集中。

　　广告创意的"注意策略"——广告创意的"注意策略"具体包括"刺激策略"、"重复策略"、艺术策略等。

　　知觉——从广告心理学的角度看，知觉就是在感觉的基础上，借助已有的知识经验，经过大脑的加工选择、组织解释，对客观对象整体属性的反映。

　　学习——现代广告心理学认为，学习指由经验而产生的相对持久的行为改变。

　　认知——从广告心理学的角度看，认知(cognition)是全部认识过程的总称，包括知觉、注意、表象、学习、记忆、思维和语言等。认知规律包含三个方面的规约，即组织规约、视觉规约、失谐规约。

综观国际广告行业的发展，回顾国际广告大师的创作历程，我们不得不承认这样一个现实：奇妙的创想、睿智的构思、一切成功的广告创意活动都离不开对思维规律的把握。本文章的主要内容就是以现代广告心理学、现代广告思维学为基础，探讨现代广告创意活动背后所关联的思维规律。

第一节　广告创意与注意规律

国外的广告学者曾经针对"现代受众与广告宣传接触的密切程度"这个课题进行过两项著名的调查，了解一个普通的消费者在一天之内能够接触到多少广告：一份调查报告的结果说，有 560 多个；另一份调查报告结果说，每天平均 300 个左右。但问题的关键在于，在如此众多的广告所形成的"广告海洋"中，有哪些广告能够真正地被人看到、听到，最终记住呢？国外广告学者雷蒙德（Raymend A. Bauer）等人做过一项调查研究：研究者让被试者手握计数器，在每看到或听到一则广告的时候就记录一次，结果计数器显示在 24 小时中被受众感知到的广告平均数只有 76 个。这样的一个结果表明，在众多的同时存在的广告声浪中，能够被真正注意到的广告仅仅是其中的极少的一部分。这样的一个事实提醒我们，受众对广告的信息接受具有明显的选择性和局限性。因此，在广告创意的过程之中，为了使广告达到预期的传播效果，广告构想首先需要解决的问题就是如何吸引消费者的注意。

一、注意规律的基本内容

注意规律是现代广告心理学的一个基本规律，它研究的基本内容是：什么是注意？注意的基本特性有哪些？怎样才能使广告引起大众的注意？

1. 注意的内涵与品格

现代广告心理学认为，所谓注意指的是心理活动对一定对象的指志向与集中。

从现代广告心理学的角度看，注意的品格特质包括以下几个方面的内容：

（1）注意的广度品格——"注意的广度"，也被称作"注意的范围"，指一个人在特定的时间内可以明确把握的对象的数量。事实上，人类的信息加工能力是有限的，因而注意的广度也是有限的。例如，在十分之一秒的时间里，成年人大致可以注意到 8 个左右的黑色圆点，和 4～6 个没有内在逻辑联系的外文字母。这样的规律特点提示我们，在进行广告创意的时候，广告标题的文字不要太多，一定要考虑到注意广度规律的规定性。

（2）注意的稳定性品格——注意的稳定性是指注意力在一定对象上所持续的时间。具体来说，在狭义的层面上是指注意在某个具体对象上所维持的时间；在广义的层面是指注意在某个活动中所维持的时间。现实的广告传播经验告诉我们，新奇、有趣、变化的刺激容易吸引人的注意；同时，个人主观状态比较好的时候（身体健康，精力充沛的状态），注意所维持的时间就长。从个体的年龄角度看，显然，儿童的注意稳定性不如成年人的强；从个体的性格角度看，品格坚强、肯于钻研的人与意志薄弱、性情游移的人相比，注意的稳定性也会强得多。这些事实和规律提醒我们，在广告创意的过程中，应注意使产品（服务）信息成为受众瞩目的焦点，同时尽量避免其他辅助性信息对广告主题的喧宾夺主。

（3）注意的分配品格。所谓注意的分配，是指在同一时间内把注意分解到两种或两种以上的对象和活动中去。中国有一个成语叫做"一心二用"，"一心二用"形象地反映了注意进行分配时的状态。例如，在生活中人们经常有这样的经历，一边吃饭一边看电视或者一边逛街一边打电话。由于注意是可以被分解的，因此在广告创意活动中应该考虑此种品格的现实运用，运用一些策略，调动一些手段，就可以在很大程度上提升广告传播的效果和质量。例如，在公共汽车上循环播放广告，以使人们在使用公共交通之余顺便了解商品信息；或者在商场的广播中加入广告片段，以使人们在休闲购物的时候捎带了解产品（服务）信息。

（4）注意的转移品格。注意的一种品格特质表现为根据活动的需要有意识地把注意从一个对象转移到另一个对象上。在注意转移的过程中，注意的主体有明确的目的性，并且注意转移进行得顺利与否，还与个人主观的兴趣倾向、不同对象的吸引力程度等因素有着内在的联系。通常的规律是，原有对象本身越有吸引力，则注意转移的发生就越困难，这一点对广告创意人员以极为重要的启示。例如，在一部情节感人、节奏紧凑的电视剧中间插播广告是一件很令人讨厌的举动，电视剧本身的生动演绎使观众沉浸其中，乐此不疲，广告的突然出现会打破这种融洽的传播情境，招致观众的反感。相反的思路是，如果广告创意能够赋予广告作品以巨大的吸引力，那么完全有可能将受众从对其他事物的关注中解脱出来，将受众紧密地吸引到精彩广告的身边。

二、注意规律在广告创意中的应用

1. 广告创意利用注意规律的实践要素

从广告活动的实际运作看，影响到广告创意利用注意规律的实践因素主要有两方面：一是客观方面，二是主观方面。下面分别对其加以阐述。

（1）客观方面。从客观方面看，有两个因素直接影响广告创意注意规律的运行效果：一类是所谓"对象因素"，一类是所谓"情境因素"。

"对象因素"包括广告创意本身的刺激强度、新异程度、运动状态、相对特质、情绪倾向等。

"情境因素"包含了除去"对象因素"之外的所有客观方面的因素部分。具体来说，情境因素涉及到两类内容：一类是广告创意的文化情境，一类是广告创意的传播情景。

（2）主观方面。总的来说，主观方面的因素包括以下几个部分：主体的需求动机、主体的态度观点、主体的兴趣倾向、主体的经验积累。

2. 广告创意的"注意策略"

（1）广告创意的"刺激策略"。考虑到广告传播发生的实际情境，结合广告传播的市场环境，广告创意活动在其构想之初可以考虑利用"刺激的特点"来增强广告的吸引力。具体来说，广告构成要素本身所具有的刺激的大小与强度、新颖性、颜色、位置、变化与活动等都会影响到其能否引起受众的注意，会在多大程度上引起受众的注意，从而最终影响着广告创意的实施效果。

广告心理学的研究早已表明，刺激若想引起反应就必须达到一定的强度——在一定的强度范围内，刺激的强度增加，反应也就会随之增加。因此，在广告创意的过程中，可以结合"大小"、"强度"等因素，来加大广告信息的刺激程度。例如，为了增强广告的传播效果，通常所惯用的策略就是制作大尺寸的广告，来吸引人们的注意。堪称世界广告之最的瑞士钟表广告，直径达到 16 米，重量达到 6 吨，悬挂在东京一座新落成的摩天大楼上；无独有偶，美国印第安纳州的辛辛那提五金公司的建筑物，远远看去就像一把巨大的扳钳广告。这些巨大的广告，一般都位于交通要道，每天被人们观瞻的时间很长，由它吸引来的观众不计其数。

从平面广告的角度来看，与强度有关的因素还包括版面的篇幅大小和色彩的鲜艳程度。很显然，在有关报纸广告的调查中，篇幅大小是影响读者注意分数变动的主要因素，广告在报纸版面中所占的面积越大，一般来说越容易引起报纸读者的注意。除了版面篇幅的大小之外，色彩也往往是影响注意的一个重要因素。国外一项关于报纸广告色彩效果的研究认为："减价商品新增销售的41%可能是零售商在报纸黑白广告中增加了一种颜色所致。"①另外，刺激的强度除了"绝对强度"外，还包括所谓"相对强度"，即某一刺激的强度与其他刺激强度的相对大小。从这个角度来说，注意对比因素的作用对提高广告创意和传播效果都具有重要的意义。事实证明，那些能够使广告对象突出的做法，都会对提高广告传播的效果有着积极的意义。例如，上海有一架缝纫机厂曾经在《文汇报》上做了一个专版广告，虽然该广告所占版面篇幅相对较小，但有限的版面上只有"ＸＸ牌缝纫机"六个字，其余地方都是空白，这种对象与背景的明显差别迅速吸引了读者的注意力。

除去"大小"、"强度"对广告受众的吸引力之外，"新奇性"也是引起广告注意的有效手段之一。例如，泰国首都曼谷有一家饮食店，在门前摆放了一只巨大的酒桶，上面赫然写着四个醒目的大字"不可偷看"。这只巨大的酒桶和"不可偷看"的标志激起了路人的好奇心，当许多过路的行人好奇地将头伸进酒桶的时候，不仅闻到一股清醇芳香的味道，还看到了酒桶里面写的一句话："本酒店的美酒与众不同，请尽情享用！"由此可见，"新奇性"与"悬念"成为广告创意构想过程中吸引受众瞩目的好方法。

（2）广告创意的重复策略。有的时候，适当增加广告传播的频率也会增多受众对广告注意的机会。从消费行为学的角度看，一般消费者对广告的认知是在低卷入状态下进行的，也就是说消费者通常不会主动地去获取广告传播信息，要想使消费者对广告信息产生兴趣，就有必要适当地增加广告传播出现的频率。由此我们也就可以理解为什么在当代广告传播活动中，多数企业公司采取了所谓"地毯式轰炸"的广告宣传手法。客观地说，这种说法在提高产品的知名度、吸引受众的注意等方面，确实起到了不小的作用。然而必须指出的是，过度地重复、生硬地强化，很容易激起受众对信息的厌烦情绪，这种策略的不当使用对提高品牌形象和企业知名度而言又是有害的。可见，广告创意的"重复策略"是一把"双刃剑"。

在实际的应用过程当中，广告创意的"重复策略"不一定是同一个广告在同一媒体上的不断重复，而是可以灵活地考虑在目标受众能够接触到的不同媒体上的重复。举例来说，一则产品（服务）广告可以在不同的电视台播放，或者也可以在同一电视台的不同频道和不同时间段播放，继而还可以进行不同媒体之间的有效组合，这些措施的采用都可以积极地避免广告创意重复策略的不利因素，而发挥其积极的效应。

① 德尔 I. 霍金斯等著，符国群等译：《消费者行为学》，机械工业出版社，2000年版。

　　另外，在广告创意的构想中可以尝试利用多种信息渠道向消费者提供有关产品(服务)的信息。例如，在普通的电视广告中，可以结合广告旁白、广告标志、产品形象等多个信息渠道全方位地展示广告主题和广告创意的宗旨，这样的多渠道的信息提供和全方位的信息传播对于最终的传播效果来讲可能更有保障。再有，尝试围绕某个广告主题和广告创意制作"系列广告"，可以有效地解决"双刃剑"的矛盾。许多国际性的企业和品牌通常采取地这样的宣传策略，例如全球知名的食品企业"肯德基"往往会在不同国度、不同地区、不同情况下采取各有区别又主题相近的系列广告形式，既满足了不同消费群体的文化偏好又有效地树立了统一而多彩的品牌形象。

　　(3)广告创意的艺术策略。艺术，英文为"art"，解释为"美的事物(尤指肉眼可以看见的东西)的创造和表现"，在现代汉语中艺术指的是"用形象来反映现实但比现实有典型性的社会意识形态"，其种类包括文学、绘画、雕塑、建筑、音乐、舞蹈、戏剧、电影、曲艺等。不可否认的是，当代的广告创意和广告实践活动以其形象的视听语言的生动性展现生活情态，无论从内容的感染力还是形式上的表现力都已经达到相当高的程度，具有很高的艺术性。

　　所谓"爱美之心，人皆有之"，在人们的心灵当中普遍有一种追求美的倾向，而艺术创造和艺术表现则可以给人们带来美感。广告是一种信息传播形式，但受众却可以从广告信息传播的过程中看到美的身姿，获得审美愉悦，这表明广告会与艺术结盟、与美发生关联。时至今日，广告业的成熟发展已使人们认识到，富于艺术创造的广告创意实践活动也是一种审美文化建设。因此，广告新颖的创意、优美的画面、鲜艳颜色、动听的音乐、富有趣味的故事情节、恰当的人物展现等都能够给人带来美的享受，也都能起到吸引受众注意的作用。法国广告收藏家布尔西科曾经说过："一个好广告是商业性和艺术性的和谐统一，广告应充分开发人类丰富的艺术宝库，并加以商业性的利用"，这充分说明了广告具有实用与审美相统一的艺术个性，广告作品的美不是单纯为美而美，而是围绕着广告目标和内容来展现美，它既从属于营销目的，又能够充分揭示产品(服务)的美学价值，实现了实用价值和审美价值的高度和谐统一，成为现代广告创意活动追求的一个新境界。作为"艺术"的广告，它立足于传统艺术的生活土壤中，成就于当代文化的纷繁背景下；它秉承了传统艺术，又整合传统艺术；它既发掘艺术内涵，又创新艺术形式；它既吸引人的眼球，又影响人们的心灵。

三、广告创意注意策略的实践误区

从广告传播的终极目的来看，"引起消费者的注意"只是一种手段而不是最终目的。因此，在实践操作过程中，广告创意主体必须处理好目的与手段之间的关系。广告创意注意策略上的实践误区表现为以下几个方面。

1. 片面追求"轰动"和"刺激"

对于广告创意注意策略的一种认识误区表现为：片面追求"轰动"和一味强调"刺激"。有的广告创意人员单纯为了增强产品广告的"冲击力"或"知名度"不惜频繁采用提高刺激强度的做法，比如使用巨大的声音和进行反复的劝说。在日本广告界曾经流传这样一个案例，一家生产商为了使受众尽快知晓产品，不惜动用卡车装载高音喇叭走街串巷叫卖产品，甚至是早间也强行叫卖，结果适得其反，被消费者所唾弃，后来这种广告宣传手法被一些专家称之为"大嗓门广告"。"大嗓门广告"的最大问题在于对广告创意注意策略的曲解，这种方法没有顾及受众的接受心理状态，盲目地对消费者大呼小叫、指手画脚，特别容易招致人们逆反心理的对抗。另外，片面追求"轰动"，认为只要花大价钱做广告就能带来财源滚滚的做法也极不科学。以我国广告界为例，20世纪90年代曾出现过竞买中央电视台黄金时间广告播映权的"标王"现象，曾几何时，白酒广告铺天盖地，很多企业将广告视为"赌博"，甚至出现了广告投资高于企业收益的怪现象，结果使很多企业走上了歧途。

2. 过度依赖"模特形象"

对于广告创意注意策略的另一种认识误区表现为过度依赖"模特形象"。在世界广告史上，斯塔奇(Starch)曾经对广告中的人物模特问题作过深入细致的研究，研究结果证明：带有人物形象的广告比仅带有产品信息的广告更"受看"。因此，一直以来广告界习惯于使用广告模特来增加广告的吸引力。广告中的模特形象，其形象内涵应与广告的主题、内容密切相关。比如化妆品、清洁用品、女性时装的广告中都会大量使用女性的模特形象，这有利于增强广告自身的魅力和影响力，吸引受众的注意。

但是，如果广告中的模特形象与广告主题、内容无关或关联度较疏松，那么由它引起的注意就会产生游离于产品之外而指向模特形象本身的效果，这样一来广告传播的结果已经不是产品推介的，充其量只是一种供人欣赏的人物作品，而根本起不到宣传产品的效应。

3. 大肆渲染"色情"与"性"

对于异性仰慕和对于性的需要是人类的基本欲望之一，在欧美一些国家"性诉求"被普遍地应用到广告创意的过程之中，甚至在近几年的嘎纳国际广告节上，一些包含有"性诉求"的广告作品获得了嘉奖。但是，这并不意味着可以在广告创意中大肆渲染"色情"与"性"。固然，"性感"的广告容易吸引受众的注意力，但同时它也极易使受众的注意抛开产品而直接集中在性感模特的身上——对于性感元素的取舍，归根结底还是要看它与广告主题的关联程度。在现实中，片面追求"性"的吸引力，很容易使广告片沦为色情片。例如，有这样一则广告招贴画，画面中有一位乳房丰满的裸体女郎，而文案解说只有一句话："澳大利亚真美。"将裸体女郎与澳大利亚并列起来，在受众的心理上会引发何种猜想呢？甚至还有一种日本制造的录音机产品，在包装盒上赫然印着两个裸体女郎的形象。事实上，这样的作为最终只会导致"吸引力"的外流，转移了受众对广告信息本身的注意，广告传播的手段与目的之间产生了巨大的错位。

第二节　广告创意与知觉规律

一、知觉规律的基本内涵

1. 知觉的内涵与特性

从广告心理学的角度看，知觉就是在感觉的基础上，借助已有的知识经验，经过大脑的加工选择、组织解释，对客观对象整体属性的反映。从人们心理运动的规律看，人们对客观事物的知觉不是消极、被动的，相反它是一种积极、能动的认知过程。因此，知觉是人类的大脑对来自感觉器官的信息进行综合处理、选择取舍从而获得统一的、连贯的现实映像的过程，这个过程的运行具有"知觉的选择性"、"知觉的整体性"、"知觉的理解性"、"知觉的恒常性"等几方面的特点。

2. 知觉过程的影响因素

知觉过程的影响因素众多，内容也比较复杂，但总体上可以归结为两个方面：客观方面和主观方面。

（1）知觉过程影响因素的客观方面。知觉过程影响因素的客观方面包括"知觉对象的特征因素"和"知觉情境因素"等内容。

从"知觉对象特征"的角度来看，"刺激的接近性"、"刺激的相似性"、

"刺激的连续性"、"刺激的封闭性"等因素都会成为影响知觉过程的客观因素。

从"知觉情境"的角度看,知觉发生时所处的情境因素成为影响知觉的重要环节。

(2)知觉过程影响因素的主观方面。面对同样的客观对象,不同的人可能会产生不同的知觉结果,影响到这些结果出现的主观因素包括知觉主体过去的知识经验、态度、动机、情绪等。

知觉的心理过程具有明显的个体性和主动性的特点,所以在广告创意的过程中根据目标受众的具体情况和特点进行有针对性的诉求,才能取得事半功倍的效果。

二、广告创意与知觉偏差

1. 广告创意与首因效应

所谓"首因效应",又被称作"第一印象",在实际生活人们往往会根据最初获得的信息所形成的印象去形成对后来获得的新信息的解释,形成先入为主的成见。通常的情况是,第一印象一旦形成以后就容易形成先入为主的成见,而直接影响到人们对后续信息的选择和解释。例如,受众接受了某一产品的电视广告后,初次尝试购买了某种产品,而且该种产品的性能和质量令消费者感到十分满意,由此形成良好的第一印象,这种首因效应的结果会促使消费者急需购买该品牌的商品,并且对有关这个产品的不良信息也不会轻易地相信。了解首因效用的现实运用,对于广告创意来讲具有重要意义。一方面,公共创意人员的作品要尽量避免首因的印象不良而使受众对广告信息内容产生误解和看法;另一方面,又要利用的影响所产生的首因效益,尽快建立起在受众心目中的良好形象,这显然有利于商品销售和品牌形象的建立。

2. 广告创意与近因效应

所谓"近因效应"是指:人们最近所获得的信息在头脑中形成较大的影响,甚至可以冲淡在此之前所获得信息构筑起的心理印象。在商品经济激烈竞争的条件下,一些企业在最近一段时期内的所作所为,很容易影响到消费者对它的评价。举例来说,中国南方的著名月饼品牌"南京冠生园"在历史上曾经深受消费者喜爱,企业的效益也很好,可是2001年该企业用陈年的果馅生产月饼的事件被新闻媒体曝光,一时间遭到世人的唾弃,导致企业停产,甚至还殃及到了上海冠生园——"近因效应"的影响可见一斑。

3. 广告创意与晕轮效应

晕轮效应就是人们常说的"光环作用"，从广告心理学的角度看这是知觉主体的一种以偏概全的心理现象。从一般的道理来讲，人们往往会承认客观事物具有多方面的特征和属性，有所谓"人无完人，金无足赤"的俗语；但是在很多时候，人们往往会出于对某种事物的好感而赋予该事物一个光环，认为该事物的任何一个方面都是如此的完美和优秀。晕轮效应形成的心理机制使中心特质的扩大化，在广告创意的过程，可以利用晕轮效应提高广告的效果树立品牌的良好形象，比如在广告中突出产品的某个或某些与众不同的优点，以使消费者对产品（服务）形成良好的印象。

4. 广告创意与刻板效应

刻板效应是这样一种知觉偏差的心理现象：知觉主体把知觉对象归入某一类以后，会主观认为该对象具有那一类的特点，从而将对象人为地划入固定、概括的类型加以认识。在"刻板效应"发生的实际心理流程中，可能产生两个方面的作用：积极的作用是使认识过程简化，有利于对认识对象做出概括性的反应；但在很多情况下，这种概括和模式化不一定合乎实际，往往会造成知觉的错误结果。例如，在消费行为上，有人认为进口的产品一定比国产的产品好，名牌产品都出在大城市里，乡镇企业不会生产出名牌产品来等等，都是刻板印象的典型表现。

5. 广告创意与移情效应

移情效应是这样一种知觉偏差的心理现象：人们会有一种习惯，将对某一特定对象的情感迁移到与该对象有关的其他事或物上去。在我国民间有一句俗语为这种心理现象做出了生动的诠释，即"爱屋及乌"。考虑到移情效应的存在，广告创意经常利用这种心理现象来提高广告传播的效果。例如，在许多广告中我们可以看到，企业、公司高薪聘请在受众心目当中具有较高知名度和美誉度的社会名流、体育明星、演艺明星为产品做形象代言人，人们常常把这样一种广告形式称之为"名人广告"。事实上，"名人广告"之所以能够获得成功，就是利用了受众"爱屋及乌"的知觉偏差，把对人物的爱戴和好感转移到与之相关的产品（服务）上去。

三、广告创意与知觉错觉

错觉，是一个常见词汇，但在广告心理学上却是一个特定的概念。错觉是指在特定条件下对客观对象歪曲的知觉。错觉也是一种常见的心理现象，可以通过人们的诸多感觉通道发生作用。了解错觉产生的心理机制，把握错觉发生的心理规律,对广告创意而言,有着积极的作用。

1. 广告创意与"视错觉"

在错觉发生的心理现象中,"视错觉"是最常见的一种。比如,墙壁上镶满镜子的房间,会让人眼前一亮,觉得豁然开朗;体态臃肿的胖子,穿上深颜色、竖条纹的衣服,看上去苗条了许多;蓝、白、红三色条块的宽度相当,但在人的眼里,蓝色条块总是显得比红色条块宽一些——这些都属于"视错觉"。在实际的广告创意活动中,利用"视错觉"产生的规律,不仅能够使广告引人注目,而且往往能够产生令人意想不到的、特殊的心理效果。

我们来看一个著名的平面广告作品(见图7-2)。在图中所展示的产品实际上是欧美女士们所经常使用的"剃毛膏"。对于这样一类日用化妆品而言,想要求得广告创意的出其不意是极为困难的一件事情。但是聪明而富于智慧的创意人员还是做到了令人期待的出其不意。在这则广告中,创意主题的思维经过了多次的转换,他们将女性日常清理体毛的实际问题与方法进行了仔细的分析,找到了产品的独特之处。在平面广告的展示上,他们大胆地利用了人们的"视错觉",造成了一种打破既有认知结构的形象组合,一副男人的面孔,一双女人的美腿,奇异的组合产生了震撼性的效果,极大地吸引了受众,出色地完成了广告信息的传递。

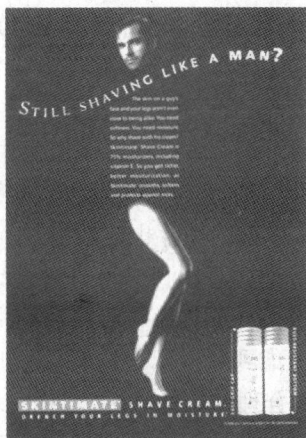

图7-2　日用品平面广告

2. 广告创意与方位错觉

方位,即方向和位置。作为一个成年人,在其长期的社会活动和实践生活中,已经积累起来了比较稳固的方位知觉,但是在特定的条件下,这种关于"方向"和"位置"的知觉,也可能产生偏差,形成错觉。例如,观察事物的角度发生变化时,方位错觉就可能产生。有这样一个故事:一名老师将一幅画挂到墙壁上,让学生辨认以前是否欣赏过,结果学生回答从未见过;但是当老师把这幅画颠倒过来再挂在墙上时,学生们才发现这是一幅他们十分熟悉的世界名画——类似的现象提醒广告创意人员,在实际的构思和创想时,要考虑到有关"方向"、"位置"、"角度"等因素可能对广告信息传播带来的影响。例如，若要克服方位错觉带来的不良影响，就必须设法让受众明确图案的底边和顶端，甚至还要提供明确的方向线索；若要将文字作为一种图像加以变形处理时，应该在保持字的基本结构和认知特征的基础上进行艺术加工，而不与人们的常识认知相违背。

四、广告媒体选择与知觉效果

广告创意活动之初要考虑到一个基本问题就是对广告媒体的选择与应用问题，而每一种广告媒体自身的特点对受众所造成的知觉效果是不尽相同的。下面集中探讨以下几种常见的广告媒体的视觉效果。

1. 报刊广告媒体的知觉效果

作为典型的平面广告媒体而言，报纸和杂志具有印刷数量多、图文并茂、读者广泛等特点。报刊广告媒体的媒介特性决定了它是一种以文字和图画为主要符号、以视觉刺激为主要方式的信息传播渠道。报刊广告媒体不像电视和广播媒体那样受到时间序列的限制，相对而言，读者可以多次反复的阅读，内容的保存也比较容易。

从受众对报刊广告的阅读行为看，受众阅读行为往往具有一种随意性，最先停留在那些比较显眼和突出的文字、图画上，这要求广告创意人员应该充分考虑到广告标题的醒目、新颖、文字外观大小、美观、舒适，信息容量的适当、合理的具体问题。除此以外，还可能涉及到美术字的运用，必须有利于信息的传递、主题表达，而不是"英文含义"；或者涉及到版面安排布局，要留出视线延展的空间，造成通常视觉效果的。

2. 广播广告媒体的知觉效果

从广播广告媒体的特点看，它主要以语言、音乐、音响等声音符号作为承载信息的元素，而其中语言又是作为核心来使用的。因此，广播广告媒体的知觉效果，在很大程度上取决于听众对语言表述的理解程度。为此，在广告创意和广告制作时，务必使语言的表达清晰、明了、准确；对于重要的广告信息还要采取放慢朗读速度、重复播报等手段以加深印象。同时，语言表述的感染力、亲和力也将影响到最终的知觉效果。例如，曾经获得日本民间电台大会最佳奖的一则广播广告中，当播音员广播"SANTORY（酒的名字）故乡，是在日本酿造威士忌最适当的京都郊外的山歧"时，听众耳朵里回响起潺潺的溪水声和鸟儿清脆的啼叫声——这种美妙的音响配合，自然而然地诱发了受众的想像，鸟语花香、山清水秀的情景浮现在人们的脑海里，进而有力地烘托出广告的主题——"威士忌（美酒）迷恋的地方"。另外，值得注意的是：广播媒体虽然传递信息的速度很快，但声音的传播转瞬即逝，又没有视觉形象的辅助，最后留在受众心目中印象可能比较淡薄、模糊。

3. 电视广告媒体的知觉效果

电视广告媒体的特性决定了它是目前各种广告媒体中表现形式最丰富的媒体之一。电视媒体的声画和一、形声兼备的特点，使得电视媒体在传递信息、影响受众方面具有巨大的潜力。因此，电视广告媒体应该以更加活泼的形式、更加多样的方式，参与到对受众的知觉影响中去。

我们可以把电视媒体视为一个可以承载丰富内容与形式的平台，在这个平台上面，我们可以充分发挥广告心理学意义上的规律与原理，去试图打造一个绚丽多彩的视听知觉世界。比如，当今的电视符号语言规律是所谓的"蒙太奇"原理，我们可以通过画面的剪接与组合去表现事物本来的逻辑线索，也可以主动利用这样的运作规律做全新的剪接和组合。

4. 户外广告媒体的视觉效果

常见的户外广告媒体包括路牌、招贴、霓虹灯等。这些户外广告媒体具有灵活、持续性强的特点，但是它们的问题也在于此，由于户外广告的"固定不动"，使它无法随时变换形式针对变动的目标受众调整传播形式；同时，由于物理条件的限制，户外广告所传递的信息也不可能很充分。使用户外广告媒体时，应注意如下一些具体事项：要考虑广告与周围环境的对比，增强广告视觉吸引力，广告面积的大小应考虑受众的距离远近，而路边广告牌应该与道路构成一定的角度，以增加受众注意广告的机会。

第三节　广告创意与学习、记忆理论

受众对某一个品牌和产品的认知与行为是学习记忆的结果，因此提升广告创意的传播效果，就需要对受众学习、记忆广告信息的过程进行深入的研究。

一、学习理论的基本内容

现代广告心理学认为，学习指由经验而产生的相对持久的行为改变。这里所谓的经验既包括通过直接的实践活动所获得的经验，也包括通过间接地观察、阅读和倾听所获得的经验。在广告心理学当中，有三种理论流派分别对学习的原理进行了说明，它们分别是联想学习理论、认知学习理论、社会学习理论。

联想学习理论认为，所谓学习是一种反应同一种刺激之间的联系和连接，也就是在一个刺激与对此所做的反应之间建立联系。这种联系是借助于一种条件反射，既经典条件反射和操作性条件反射的方法得以实现的。从广告创意的角度看，在日常的经济消费行为当中，操作可以视为购买活动；操作性条件反射活动可以被理解为在购买特定商标的商品与解决问题和服务需要之间建立联系。

认知学习理论把学习看成是发现可以解决问题的有意义的模式或者领会事物之间的关系的过程，而不是尝试错误结果，这种发现和领会常常是以突发方式所进行的，所以这种现象又叫做"顿悟"。这些理论更适于解释什么样的商品、购买方式、广告信息是最能满足消费者自己需求的。

社会学习理论认为，个体不仅可以通过直接经验进行学习，还可以通过观察和听取发生在他人身上的事情而进行学习，在广告心理学中被称为"替代强化"。在社会学习的过程当中，榜样的影响是社会学习的核心，大量事实证明榜样对个体产生潜移默化但是至为深远的影响。

二、广告创意的"学习策略"

学习理论有关人们学习过程心理机制的规律性解释对于广告创意而言，具有着重要的指导意义和实践价值。从心理学的角度看，学习过程中经常伴随两种常见心理现象的发生，这就是条件反射的"泛化"和条件反射的"分化"，这两种心理现象在广告创意活动中的合理运用，可以被视为广告创意的"学习策略"。

1. 广告创意的"泛化"策略

按照学习理论的解释，当学习者学会对某一个刺激作出特定反应的时候，这种反应不仅可以由原有的刺激所引起，还可以由与这一刺激相似的其他刺激所引起，这种现象叫做条件反射的"泛化"现象。而学习活动中的这种"泛化"现象，常常被应用于广告创意的范畴之中。例如，在激烈竞争的市场条件下，某些不知名的品牌为了提高其销售量和扩大影响，有时候会采取不正当的手段，在包装、装潢、商标、品名、颜色、字体、图案等各方面设计的与名牌产品十分相似，期望受众由对名牌产品的好感而"泛化"到自己的产品上去，以达到"鱼目混珠"的效果。如近些年在全国新闻媒体上曝光的"沙宜"洗发水对"沙宣"的模仿、"大太"泡泡糖对"大大"泡泡糖模仿等都属于这种情况。从正面效应看，某些成功的企业和品牌希望继续利用自己品牌的感召力，在开发出一些新产品的时候也同样能够迅速得到得消费者的信任，通常也会采取品牌的"泛化"策略。如以生产电冰箱等的国产名牌"海尔"，近年来不断开发新产品，其产品领域涉及电视机、洗衣机、微波炉、吸尘器、空调甚至是电脑、手机等，在这些产品的广告和宣传中都赫然打出"海尔"的品牌标志，很快赢得了消费者的认可。

2. 广告创意的"分化"策略

条件反射的"分化"是指学习者对不同刺激作出不同的反应。广告心理学认为，为了达到对刺激的分化，辨认应该从明显差别的刺激开始，然后逐渐缩小差别。从广告创意的市场环境看，由于同类产品繁多，类似产品之间只有少数特性的不同，这种细小的差别要想使消费者能够准确地分辨出来，并不是一件容易的事情。因此，广告创意人员应该正视受众难以分化的特点，设法通过广告宣传和其他的信息传播手段，把自己的产品（服务）从同类产品（服务）当中区分出来，防止同类产品与自己的优质品、名牌货相互混淆。

三、记忆理论的基本内容

现代广告心理学认为，记忆是过去经历过的事情在头脑中的反映。记忆包括识记、保持和再认三个环节，其中识记和保持是前提，再认是结果。

识记过的东西不能再认和回忆，或者发生错误的再认和回忆，叫做"遗忘"。德国著名心理学家艾宾豪斯对"长时记忆"中的遗忘规律进行了系统的实验研究，得出了心理学中著名的"遗忘曲线"。艾宾豪斯"遗忘曲线"的实验结果表明，"长时记忆"遗忘的时间规律是：遗忘的速度是先快后慢，到一定时间后，几乎不再遗忘。把握学习与遗忘的特点，对于广告创意活动具有着重要的意义，如何迅速地提高受众对产品（服务）广告信息的记忆量，并且防止遗忘，已经成为广告创意的筹划重点。

四、广告创意的"记忆策略"

1. 广告创意的"叠加策略"

现代广告心理学关于记忆系统研究表明，外界信息需要经过复述才能进入人的长时记忆系统，所以要提高受众对广告信息的记忆效果一个重要的手段就是将广告信息不断地加以重复和反复，这种策略称之为广告创意"叠加策略"。然而在实际的运行过程中，"叠加策略"也是一把"双刃剑"。

广告创意的"叠加策略"在时间安排上有一定的技巧，通常来说在时间上的不同分配，其广告效果不尽相同。有一种研究为电视广告设置了五种时间分配，分别是 13 个星期重复 100 次，26 个星期重复 50 次，52 个星期（一年）

重复 25 次，每隔四个星期 100 次，7 个星期与 6 个星期各 100 次。结果表明，相同数量的电视评价点，却产生了不同的广告回忆效果。这个研究结果对于广告创意而言，有着实用性的启示：当广告创意的实践时间目标是推出新产品，或者是为对抗竞争对手的攻势宣传时，采取广告密集的时间策略是可行的；如果广告创意的实践目标是引起消费者长期持久地重复购买，那么一份广告的长期分配时间表则最有效。

2. 广告创意的"信息策略"

广告信息是在有限的时间和空间内进行传播的，通常的情况是，在一定时间内，材料越少则刺激的水平越高。要提高受众对广告信息的记忆程度，广告文案就应该简明扼要，尤其是广告的标题应该短小精悍，使人一目了然。国外广告界的实践时间研究表明，广告标题在 6 个字以下，读者的回忆率为 34%，当超过 6 个字以上的时候，则只剩下了 13%。涉及到电波广告而言，由于电波广告的时间有限，同时声音和画面还具有转瞬即逝的特点，因此其文字说明应该更加简洁。

从信息编排的角度看，将信息以"模块"形式排列组合进行传播，会有利于受众对广告信息回忆与记忆。"模块"是指把几个小单位组成大单位的方法，在实际操作中，不仅图形可以组成模块，文字语言也可以组成模块。另外从受众认知信息的角度看，要想提高正确辨认刺激的数目，增加刺激的维度是可取的。

3. 广告创意的"视觉策略"

广告心理学的研究表明，"视"与"听"是人脑的两道信息传递通道。在现实生活中，人们可能都有这样的经历：在记忆某个事物时，单纯地"看"或者单纯地"听"所达到的记忆效果不如"看"、"听"结合的效果好，作为广告创意和广告传播而言，尤其是这样。时值今日，人们形象地把现代人汲取信息的主要方式比喻为"读图时代"，这个比喻的要点在于指出了人们接受信息时的便捷通道是"视"通道。现代心理学研究表明，无论是在平面媒介或是在电子媒介传递的信息中，以"图像"形式传递的信息比以"文字"形式所传递的信息更容易让人记忆和理解。因此，在广告创意之时善于通过"视"通道传递产品（服务）信息，就成为广告创意的"视觉策略"。

第四节 广告创意与想像、联想、认知规律

广告传播要想取得良好的效果，则必须借助丰富的想像力，在揣测受众认知规律的基础上，以新颖、独特的形象吸引受众。然而问题的关键在于，新颖、独特的形象从何而来？在创意主体发挥主观创造和艺术构思时，如何运用联想、认知规律取得理想的传播效果——这些都将是本节探讨的内容。

一、想像规律的基本内容

广告创意人员在进行构思时所使用的素材大多为"表象"的形式——"表象"是一个广告心理学术语，它是这样一个概念范畴：在广告创意人员的思维创想过程中，总要使用大量的、具体的思维素材；这些素材可能来自于当前的客观对象，称之为"知觉映像"，也可能来自于曾经产生过的对象的形象在大脑中的储存，称之为"表象"或"记忆表象"。

在实际的广告创意活动中，创意主体往往需要对早已储存在大脑中的"记忆表象"进行加工改造，形成新的形象，这个过程称之为"想像"。从心理学的角度看，"想像"的过程是把过去形成的暂时神经联系进行新的结合的过程。想像的特点表现为：想像中的形象可以超越时间的阻隔，其思维跨越过去、现在和将来，想像中的形象可以打破固有的模式，其思维结果超越生活、经验和现实，想像中的形象离不开现实，其构造素材来源于客观现实。

依据想像活动有无预定目的，可以将想像分为有意想像和无意想像。另外，根据词语描述或图形示意，在头脑中形成与之相符合或相仿的新形象的过程称为"再造想像"；不依赖现成的描述而独立创造出新形象的过程称之为"创造想像"。"再造想像"与"创造想像"的生发与运用最能体现广告创意的某些思维特点。

二、广告创意与想像策略

在广告创意活动中，想像是最主要的心理功能之一，广告创意主体通过想像创造新形象的方法包括如下一些内容：

1. "原型"创想

原型，英文是"prototype"，意指创造想像时对解决问题起到启发作用的事物或表象。原型创想的基础是创意主体的知识经验积累。原型启发的运作机理在于，作为原型事物的事物和表象与创造的对象之间有某种相似之处，

原型的特质在创意主体的头脑中起到了催
化剂的作用，促进解决问题的症结，使创意
思考顺利完成。

　　我们来看这则手表广告的例子（见
图7-3）。这则广告的基础是人们对于钟
表事物的基本知识和经验了解，但是广告
创意的思维创生却在于由此想到的另外一
些事物，包括生活的细节、工作的经历、内
心的情感、家庭的隐私等。

　　2. "组合"创想

　　组合创想的过程，并不是将思维材料
简单、机械地拼合，而是创造性地综合产生

图7-3　手表平面广告

具有独特结构和特定内容的新形象；同时也是根据既有记忆表象将不同对象
的部分形象抽取出来重新加工为新形象的过程。

　　在这幅广告作品中（见图7-4），创意主体巧妙地将一个男人人生中的
特殊瞬间采撷出来，加以组合。一枚戒指代表了一个男人走入婚姻，一个小
小的三色扭纹戒指不仅在手指上，更在肩膀上，它意味着责任。另外一个场
景，是年轻的父亲与尚在襁褓中的可爱的孩子嬉戏。很显然，这两幅画面的
组合不是机械式的拼接，而是有机化的整合，经过这样一番组合之后，原本
各自平淡无奇的画面产生了直指人心的魅力。

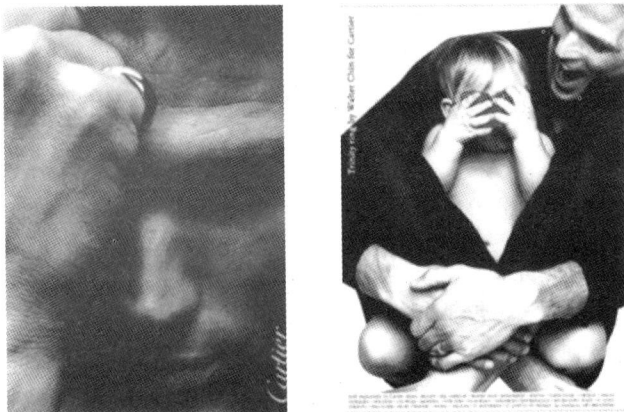

图7-4　"组合"创想式平面广告

3. "变形"创想

"变形"创想的过程并非主观臆断式地将对象扭曲、变形，而是基于对象自身性质及与其他对象之间的关系做出适当的突出或强调，从而创造出新形象的过程。

这是一幅在全国反腐败公益广告评比中受到好评的作品（见图7-5），在这幅作品中，我们看到了变形创想所散发出来的创意光芒。就作品的色调而言是红色的主色调，红色在中国传统文化中本身就有许多的文化含义，用在这里显然也是为了增加作品的张力。更重要的是，画面的中心进行了一番大胆的变形处理，乍看

图7-5　"变形"创想式平面广告

上去好像是一顶古代的官帽，外形与中国传统戏剧中包公的官帽颇为相像；但仔细观察却发现，这官帽形象的上半部分，是一个变了形的汉字"民"字。画面的中心的纵轴部分表现的是好似明烛的火焰又似利刃的长剑。整幅广告没有丝毫主观的臆断或矫饰，而是生动地将主题思路与表达对象之间的性质关系形象化地展示出来，取得了很好的创意效果。

4. "无为"创想

"无为"创想是一个抽象的提法，这里的"无为"既不是"无所作为"，也不是"不作为"，相反它的积极作用在于使受众依据"有限"的信息符号展开"无限"的思维想像，所谓"此处无声胜有声"、"无画处皆成妙境"。在传统绘画艺术当中有所谓"留白"的技巧，就是"无为"创想的一种思路。

同样是全国反腐败公益广告，但这幅广告（见图7-6）的创意路径却大不相同。我们看到的画面极为简洁，大块的留白，只有位于画面中心的大大的"逗号"，在这逗号图形之中套嵌了无数个"廉正"

图7-6　"无为"创想式平面广告

的字符。整幅广告的文案是"廉无止境"。这则广告的成功之处正在于它的"不作为"，这种所谓的"不作为"恰恰是一种真正的基于创意蓝图取舍的"大作为"。

二、联想规律在广告创意中的应用

1. 联想规律的基本内容

从广告心理学的角度看，联想是指由当前感知的事物想起另一事物，或由想起的一事物的经验又想起另外一事物的经验。联想规律中包括四项重要规约，即接近律、类似律、因果律。所谓"接近律"是指时间上或空间上接近的事物之间容易使人产生联想；所谓"对比律"是指在性质和特点上相反的事物之间容易使人产生联想；所谓"类似律"是指在形貌和内涵上相似的事物之间容易使人产生联想；所谓"因果律"指在逻辑上有因果关系的事物之间容易使人产生联想。

2. 广告创意的联想策略

在实际的广告创意过程中，经常困扰广告创意人员的一个问题是广告媒体对创意表现的"掣肘"。任何一种广告媒体都会囿于自身的局限，影响到广告效果的实现——要么是报纸版面篇幅所限，不能尽情展现广告丰富的内容；要么是电视播出的时间所限，不能全面体现广告的诸多主张。因此，广告创意主体在思维上的无限舒展与在实际表现上的有限可能之间形成了尖锐的矛盾，而化解这个矛盾的有效方法就是联想规律的运用。

（1）接近联想规律的运用——在时间上或空间上接近的事物容易引发人们的联想。比如在我们的生活中经常会发生这样的现象，看到闪电就会联想到雷声，看到打火机就会联想到香烟，看到奶瓶就会联想到婴儿，看到拐杖就会联想到老人，看到红色就会联想到喜庆……由于接近联想这种心理机制的存在，由于接近联想规律的运行，人们的精神世界才会异彩纷呈，而广告创意也才可以大有作为。

（2）对比联想规律的运用——心理学的规律告诉我们，在性质或特质上相反的事物容易引发人们的联想。比如在我们的生活中经常会发生这样的现象，由男人想到女人，由父亲想到母亲，由白天想到黑夜，由巨大想到微小，由寒冷想到炎热，由饥饿想到温饱，由沙漠想到绿洲，由上想到下，由左想到右……由于对比联想这种心理机制的存在，由于对比联想规律的运行，使得我们的内心世界充满了律动和变化，而广告创意也由此演绎出了多彩的画卷。

（3）类似联想规律的运用——广告心理学认为，在外貌和内容构成上相似的事物容易使人产生联想。比如在我们的生活中经常会发生这样的现象，从海洋推想到河流，从高山推想到峻岭，从雄壮推想到威武，从悲伤推想到寂寞，从温馨推想到幸福，从手足推想到情深……由于类似联想这种心理机制的存在，由于类似联想规律的运行，造就了人们意识的流变和拓展，也为广告创意引导受众情思提供了有效的路径。

（4）因果联想规律的运用——广告心理学原理指出，在逻辑上有因果关联的事物容易引发人们产生联想。比如在我们的生活中经常会发生这样的现象，由台风来袭很自然地考虑到瓢泼大雨，由山呼海啸很自然地考虑到自然灾害，由社会动荡很自然地考虑到人情冷暖，由汽车轰鸣很自然地考虑到交通拥堵……由于因果联想这种心理机制的存在，由于因果联想规律的运行，让人们可以从前后相继的事物中看到内在的逻辑关联，看到隐藏在事物背后的秘密所在，也成就了广告创意的故事叙述和场景展示。

三、认知规律在广告创意中的应用

1. 认知规律的基本内容

从广告心理学的角度看，认知（cognition）是全部认识过程的总称，包括知觉、注意、表象、学习、记忆、思维和语言等。认知规律包含三个方面的规约，即组织规约、视觉规约、失谐规约。

组织规约是这样一种规律显现：认知过程可以统领思维材料，将其由具体部件构建为整体单元以创造新形象。

视觉规约是这样一种规律显现：认知过程可以凸显对象的微观局部，并以适当的方式表现而产生新颖的形象。

失谐规约是这样一种规律显现：认知过程会打破既有的思维定势，以"反常态"揭示对象的特点，塑造新颖的形象。

2. 广告创意的认知策略

（1）组织策略——组织策略是一种整合策略或统领策略，它通过"组合"、"模化"、"境联"、"类化"的方式将零散的要素化为有机的整体。我们来看这样一则公益广告（见图7-7），其主题是"提高两个文明建设，推进小康社会进程"。如图所示，画面的中央是一个电源插销的形象，但是和日常人们见到的插销有些不同的是，其中的一个电极短了一截。创意文案写到："成对不成极，缺乏精神充电，小康理想如何有力量"。这则广告创意的生动之处就是大胆地运用了组织策略，将生活中零散的要素有机地整合到广告宣传的主旨之下，将电器部件与社会精神两个相距甚远的事物连接为合乎逻辑、充满活力的完整部分，显示出了智慧的力量。

（2）视觉策略——视觉策略更多关注的是细节的表现张力，因而属于一种微观策略，它通过"嵌入"、"转换"、"呈现"、"对比"的方式将抽象的创意理念化为可供欣赏的视觉符号。我们来看这样一则公益广告（见图7-8）。该则广告作品的主题是"孝敬老人"，创意的社会背景是当今越来越多的"空巢老人"现象，很多年轻人疏于对年迈父母的呵护、关爱，忙于自己的生活，而将老人们留在家中寂寞地度日。在画面的左半部分是一只可爱的宠物狗，胖墩墩的身体、半蹲的姿态煞是惹人喜爱，但小狗的眼神多少显出忧郁。整个的画面布局极为空旷，画面的右侧写有文案："它不能代替你照顾老人"、"常回家看看"。在这幅作品中，视觉策略被合理地加以利用，受众由鲜明的形象获得了清醒的认知，广告创意实现了它的初衷。

（3）失谐策略——所谓"失谐"，只要是指"认知失谐"，即认知的"异常"或"反常"。在日常的生活中，人们基于自己的人生阅历和社会经验，在漫长的实践中构建起了相对成型的"认知结构"和"思维定势"，而当新的信息与

图7-7　组织策略下的广告创意

图7-8　视觉策略下的广告创意

图7-9　失谐策略下的广告创意

以往的结构和定势不同时，就会对人们的思维产生强烈的冲击，导致认知的

失谐。我们来看这样一幅广告创意作品(见图7-9)。显然它的主题是"环境保护"。整个画面的色彩处理可谓"黑白分明",作品机敏地利用了中国汉字的某些特点,制造了一种文字认知上的"失谐",所形成的效果却令人耳目一新。左边的汉字"环"少了一横,看起来像个"坏"字,文案写道:"缺一尚可?";右边的汉字"保"少了偏旁,看起来像个"呆"字,文案写道:"缺人保啥?!"整个的创意主题清晰、表达简洁,在失谐之中给人以警醒。

创意赏析

"农夫山泉有点甜"

在激烈的市场竞争中,每个企业都力图使自己的产品深入人心,使自己的品牌广为人知。为了实现这样的目标,不惜想方设法、殚精竭虑。而近些年来,在国内饮用水市场异军突起的"农夫山泉",以其独到的创意构思和成功的广告宣传,为我们提供了一个范例。

自1999年开始,"农夫山泉"的广告开始出现在各级电视台的节目中,而且来势凶猛,随之市场也出现了积极、热烈的反应;加之随后该企业实施的一系列营销大手笔,最终使"农夫山泉"一举成为中国饮用水行业的后起之秀。据统计,到2000年的时候,"农夫山泉"成功地挤进了该行业的前三甲之列,实现了强势崛起。历来中国的饮用水市场上就是竞争激烈、强手如云,农夫山泉能有如此卓越的表现,堪称传奇。而这个传奇的经历

图7-10　农夫山泉饮用水
平面广告

首先归功于"农夫山泉有点甜"这个著名的广告创意,正是这句蕴含深意、韵味优美的广告语,在宣传之初就打动了每一位消费者,使人们牢牢记住了"农夫山泉"。

创造差异性是突显自己产品存在的首要因素,没有差异点,就不会产生记忆点。创造显著差异性的过程,正是建立产品个性的过程。"农夫山泉有点甜"对此做出了很高明的应对。当别的同类产品都在表现各自如何卫生、高科技、时尚的时候,农夫山泉不入俗套,独辟蹊径,"四两拨千斤"般地强调了产品的口味,一句"有点甜",显得超凡脱俗,与众不同。这样就形成了非常明显的个性,让电视机前的消费者感到耳目一新,对产品产生了深刻的

印象，产品的宣传也就事半功倍了。相似的策略运筹也体现在"乐百氏纯净水"身上，由于产品宣传重点突出了"二十七层"净化工序，用一个非常简单的数字表现纯净水的优异品质，使人叹服于企业的精益求精，树立了品牌独特的个性，以卓尔不群的姿态在竞争中胜出。

力求简洁、集中，也是促使农夫山泉广告创意成功的重要因素。消费者的记忆能力是有限的，而市场中各种产品的信息相对而言是无限的。要让消费者牢牢记住一种产品决非易事。面对铺天盖地的产品信息，消费者只愿意也只能够记住简单、鲜明的信息。农夫山泉在这一点上同样显示出非凡的睿智，仅仅用了"有点甜"三个字，简洁、集中地表述了产品的鲜明特点。一个"甜"字令广告语顿生意蕴，以富含感性的味觉描述，激发起受众无限的联想，有效地拓展了广告宣传的弦外之音，轻松地占据了消费者的记忆领地。

突出品质、以情感人，同样是农夫山泉广告创意传播制胜的法宝。农夫山泉取自千岛湖 70 米以下的深层水，这里属国家一级水资源保护区，水质纯净，喝一口都会感到甘甜。正是基于这样的品质，加之"农夫山泉有点甜"的贴切演绎，使消费者感觉产品既有"名"又有"实"，品质的力量俘获了消费者的心。同时，伴随广告词而来的，不仅仅是纯粹的商业兜售，广告中所展现的美丽壮阔的千岛湖风景，以及勤劳淳朴的当地人民的热情，使整个广告充满了人情味，给人以美的享受。

"农夫山泉有点甜"的成功是产品品质的成功，也是产品个性的成功，更是广告创意的成功。

第八章　广告创意的构思

压题图片

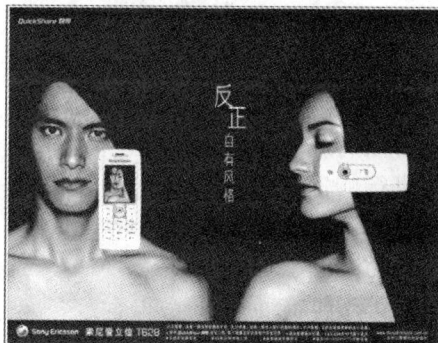

图 8-1　手机产品平面广告

广告创意的构思向来被人们看作是一个神秘莫测的领域，人们常常慨叹精妙主意的出现是可遇不可求的事情，慨叹创意思维生发的困难。其实，就人类的思维而言，是一个复杂而高级的创想过程，是有科学规律可遁的，因此在实际的广告创意过程中，注注需要主体能够运用正确高效的构思技法，才会使思维创生的矛盾迎刃而解。看看左边的作品，是一幅"索尼爱立信"新款手机的平面广告，正如文案所言："反正自有风格"！

关键概念

创造——英文为"creativity"，意为"将过去毫不相干的两件或更多的物体、观念组合成新的东西"。换句话来说，创造意味着产生或构想出过去不曾有过的东西或观念。

辐射构思——又可以称为"扩散构思"、"发散构思"、"开放构思"、"立体构思"、"求异构思"等，是指从一个目标出发，沿着各种不同的途泾去思考，探求多种答案的思维方式。

辐合构思——又称"聚合构思"、"收敛构思"、"集中构思"。辐合构思是以某问题为中心，运用多种方法、手段和途泾，沿着不同的方向、寻着不同的角度将思维指向这个思维生发的中心点，最终实现思维运动的完成。

逆向构思——是一种违反人们惯常的思维逻辑、思维路线、思维传统进行思维创想的构思方式。

"头脑风暴法"——由美国 BBDO 广告公司负责人阿列克斯·奥斯本（Alex Osborn）于 1938 年首先提出，并最终赢得了广告界的一致认可。"头脑风暴法"的含义是指两个或更多的人聚在一起构思创意的过程，以召开讨论会的形式刺激彼此的思维活动，直至产生"喷涌如泉"的灵感。

广告创意的过程表面上看是"思接千载、视通万里"的畅快，是"吐纳珠玉、舒卷风云"的自由，而实际上却是"冥思苦想、殚精竭虑"的探索，是"十月怀胎、一朝分娩"的痛苦。广告创意可能是由灵感激发而来，但灵感的"顿现"必须经由长久思考的"跋涉"；广告创意可能是由直觉促动而生，但直觉"顿悟"必须经由反复考量的"磨砺"。广告创意主体在激烈竞争的市场环境下，在时间迫近的工作压力下，不能一心指望灵感的光顾或直觉的垂青，一味期待走一条一蹴而就的终南捷径；而是必须搞清楚广告创意的基本思维方式，搞清楚思维的基本规律，才能科学地进行广告创意活动。因此，本章集中探讨广告创意的构思问题。

第一节　创意构思概述

作为一名普通消费者，在当下市场经济的环境下，我们每天都可能接触到成千上万条广告信息，但是能够被我们注意甚至是记住的信息却寥寥无几。一项统计研究表明，在现代西方发达国家里一般消费者每天大致要接触到近 1500 条广告，而真正被消费者接收到的广告信息却只有其中的 76 条左右，大多数的广告信息都被人们"过滤"掉了，有学者将这种"过滤"现象形象地描述为"雷达防护功能"，据此来提醒广告创意人员一定要发出"独创的、有趣的超雷达沟通，以使消费者察觉到你在销售"。

一、"创造"在广告创意过程中的作用

创造，英文为"creativity"，意为"将过去毫不相干的两件或更多的物体、观念组合成新的东西"。换句话来说，创造意味着产生或构想出过去不曾有过的东西或观念。在很多人看来，创造好象直接来源于人的潜能，但实际上创造生发、实施的过程是一个可以通过学习来掌握的过程。

"创造"在广告创意过程中发挥着举足轻重的作用，具体而言体现在如下几个方面：

1."创造"有利于广告传播活动的进行

从某种角度上说，广告活动是否能顺利实现其传播目的，很大程度上有赖于广告创意本身是否具有"创造"性。很显然，充满"创造"的创意作品会使广告变得更加栩栩如生、异彩纷呈。大量的广告实践研究早已证明，"创造"所带来的"生动"，是吸引受众注意、启发消费者思维的有效工具。例如，一些出色的广告创意作品往往善于利用"文字游戏"、"语言技巧"或"视觉比喻"等手段，使受众产生了解产品信息的强烈兴趣。

2.创造有利于广告劝服活动的实施

广告传播说到底是一种"劝服性传播"，广告传播的最终目的是改变人的态度，催促人们付诸行动。同时，富有创造性的创意作品，容易在大众心中为产品(服务)树立一种独特的、不可取代的标识符号，这就使得"创造"成为在激烈竞争中击败对手的制胜法宝。

3.创造有利于广告提示活动的开展

现代广告活动借助于大众传播系统，年复一年、日复一日地宣传有关本产品大致相似的信息，这很容易造成受众在信息接受上的疲劳甚至厌倦，疲劳、厌倦的感觉一旦产生，就会很快引起受众心理上的一系列反应，甚至还会出现逆反、排斥的结果。聪明的广告创意主体不会以陈腐、乏味、千篇一律的信息说教来倒观众的胃口，相反，他们会运用"创造"使乏味的推销"脱胎换骨"，变成有趣的、耐人寻味的广告信息。国际知名品牌"耐克"的广告就具有这样的特点：纵观"耐克"的广告，没有几条是反复强调公司名称的"说教"方式，"耐克"的广告总是通过讲述一个个的故事，避免"长篇大论"，只是在故事发生的最后、在让人看到意想不到的结果之后，画面上闪过"拉长的钩"的企业标志。

4."创造"有利于广告轰动效应的实现

在中国传统的相声艺术中，关于逗笑技巧的理论中有所谓"抖包袱"的说法，玩笑中俏皮话带来的娱乐效果的高潮正是"包袱"打开、露出"笑料"之时，此时受众又恰好领悟了其中的含义，随即产生身心的愉悦、情感的共鸣。好的广告作品也同样追求"抖包袱"以后所带来的"众人开怀"的"轰动"效应，而实现这一传播效果的最好办法就是在广告创意的过程中加入匠心独运的"创造"。有一则国外电视广告，其内容是兜售"塔科贝尔煎玉米饼"：广告画面中一只聪明伶俐的奇瓦瓦小狗走向正在吃墨西哥煎玉米饼的男子，歪着脑袋，然后突然开口讲西班牙语："我爱塔科贝尔煎玉米饼(Yoquiero Taco Bell)。"此时一定会给观众带来忍俊不禁的心理感觉。促成广告创意实现轰动效应的因素有很多，但无论如何都需要运用"创造性"才能完成。

二、创造性思维与广告创意

有人把创造力的培养看做是一件可遇而不可求的事，对那些具备出色创造力的人士顶礼膜拜，充满敬畏之情。其实，创造力是每个人与生俱来的能力，人们在处理各种生存、生活问题时，都时不时地运用创造来认识世界、改造世界。

20世纪初期，德国著名的社会学家马克斯·韦伯（Max Weber）提出有关人类思维方式的假说。他认为：人类有两种思维方式，一种是客观的、理智的，以事实为根据的；另一种是定性的、本能的、以价值为依据的。前者如"应试学习"，后者如"消费选择"。韦伯的学说揭示了人们在思维方式上的差异。20世纪50年代后期，西方出现了"聚合思维学说"和"分散思维学说"，这种理论揭示了人如何通过缩小和扩大自己的观念归属来处理众多的思想的规律。20世纪70年代后期，相关研究不断地深入，科学家发现：人的左脑控制着人的逻辑思维，而右脑则控制着人的直觉思维。20世纪80年代以来，社会学家艾伦·哈里森（Allen Harrison）和罗伯特·布拉姆松（Robert Bramson）又提出了思维的五种类型，即"综合型"、"理想性"、"实用性"、"分析家型"和"唯实论型"；此后学者罗杰·冯·奥克（Roger Von Oeoh）又将当年韦伯的"两种思维方式"归结为"硬思维"与"软思维"。这些研究为我们科学地探讨思维方式对创造活动的作用提供了扎实的科学依据。

概括来说，思维学一般将思维方式分为两大类：事实型思维和价值型思维。

事实型思维（fact-based thinking）方式的人倾向于将观念分解，化为细小的构成要素，并善于分析背景，寻求解决问题的最佳途径。事实型思维方式的人习惯于线性思维，钟情于事实或数字这些"硬信息"，擅长逻辑思辨。

价值型思维（value-based thinking）方式的人往往习惯于凭借直觉做出判断或依据价值观、道德做出抉择。拥有这种思维方式的人，更容易接受变化、面临矛盾、处理冲突，善于融合不同的观点，善于运用想像，也善于综合多种因素创造新鲜事物。

事实上，思维方式对创造活动的作用在于：广告创意主体必须选择恰当的思维方式从事创意运作，通过与目标受众大体一致的思维方式来指导广告创意的技巧或手段；同时还要学会驾驭两种不同的思维方式，扬长避短，寻求最佳。

第二节　创意构思的基本方式

一、辐射构思与辐合构思

1. 辐射构思

辐射构思又可以称为"扩散构思"、"发散构思"、"开放构思"、"立体构思"、"求异构思"等，是指从一个目标出发，沿着各种不同的途径去思考，探求多种答案的思维方式。不少心理学家认为，发散构思是创造性思维的最主要的特点，是测定创造力的主要标志之一。美国心理学家吉尔福特认为，发散构思具有流畅性、灵活性、独创性三个主要特点。流畅性是指智力活动灵敏迅速，畅通少阻，能在较短时间内发表较多观念，是发散构思的量的指标；灵活性是指思维具有多方指向，触类旁通，随机应变，不受功能模式、定势的约束，因而能产生超常的构思，提出不同凡响的新观念；独创性是指思维具有超乎寻常的新异的成分，因此它更多表征发散构思的本质。可以通过从不同方面思考同一问题，如"一题多解"、"一事多写"、"一物多用"等方式，培养发散构思能力。

其实，广告创意上的辐射性构思能力是可以通过锻炼而提高的。其要点是：

首先，拓展思维路径，大胆进行创造。不要仅仅考虑实际不实际、可行不可行，这正如一个著名的科学家所说："你考虑的可能性越多，也就越容易找到真正的诀窍。"

其次，增加思维向量，提升思维质量。发散构思的关键在于不仅要拓宽思维的广度，还要落实思维的层度。

其三，坚持思维个性，形成独属风格。重复自己脑子里传统的或定型的东西是不会发散出独特性的思维的。只有在思维时尽可能多地为自己提出一些假设和突破，才能从新的角度想自己或他人从未想到过的东西。

2. 辐合构思

辐合构思，又称"聚合构思"、"收敛构思"、"集中构思"。如果说发散构思是放飞思维、展开遐想翅膀的话，那么辐合构思则是回归理性、回收思绪、合拢翅膀。辐合构思是以某问题为中心，运用多种方法、手段和途径，沿着不同的方向、寻着不同的角度将思维指向这个思维生发的中心点，最终实现思维运动的完成。相对于辐射构思，辐合构思是一种"异中求同""量中求质"的方法。如果只"辐射"不"辐合",势必造成"一盘散沙"或"鱼龙混杂",因此有必要在辐射后集中进行筛选和掌控,通过比较和鉴别,获得满意的思维成果。

　　3. 辐射构思与辐合构思的关系

　　作为两种思维方式,辐射构思和辐合构思着明显的区别,主要表现在这样两个方面:

　　思维方向的差异——辐射构思与辐合构思在思维运动的方向上恰好相反。辐射构思运动的方向是由中心向四面八方扩散,而辐合构思运动的方向是由四面八方向中心集中。

　　作用功能的差异——在作用功能方面,辐射构思有利于人形成人们思维的广阔性、开放性、舒展性,有利于在空间上的拓展和时间上的延伸,但容易散漫无边、不知所踪。辐合构思则有利于思维的深刻性、集中性、系统性、全面性,但容易循规蹈矩、墨守陈规。

　　总的来说,在开发创意阶段,辐射构思占主导地位;在定夺创意阶段,辐合构思则占主导地位。创意就是在这种辐射—辐合—再辐射—再辐合的循环往复中,获得了层层深入和脱颖而出。

二、顺向构思与逆向构思

　　顺向构思是一种依照人们惯常的思维逻辑、思维路线、思维传统,从上到下、从小到大、从左到右、从前到后、从低级到高级进行思维创想的构思方式。在人们认识世界、改造世界的过程中,积累了丰富的思维经验,也形成了特定的思维规律,养成了一定的思维模式——顺向构思的出发点就是"因势利导",承认人们既定的思维模式,"顺水推舟"地沿着人们既有的思维路线,进行合理的生发、创想,形成具有新意的思维成果。

　　逆向构思是一种违反人们惯常的思维逻辑、思维路线、思维传统进行思维创想的构思方式。从激发广告创意构思的角度看,逆向构思的开发与拓展更具有特殊意义。如果说顺向构思是一条人们平时走熟了的路,那么逆向构思往往会帮助我们寻找到一条全新的路。在《广告攻心战略——品牌定位》一书中,广告大师 A·莱斯说:"寻求空隙,你一定要有反其道而想的能力。如果每个人都往东走,想一下,你往西走能不能找到你所要的空隙。哥伦布所使用的策略有效,对你也能发生作用。"

　　在实际的广告创意过程中,创意人员往往会陷入"常识"、"习惯"的泥沼,仅仅从"正向"的角度,或夸耀产品(服务)的优点,或进行反复的劝服——此时，如果能够转换一下构思的方向，从事物的另一方面思考问题，或许能够产生让人意想不到的结果。例如：作为女性用品来说，请女性模特担当"形象代言人"拍摄广告是司空见惯的事情，并无新奇之处。但是美国的"美特"牌丝袜却反其道而行之，起用男模特担当女性用品的形象代言人，演绎了广告创意领域的一段佳话。在"美特"牌丝袜广告中，画面首先呈现出一双形态优美、穿着长筒丝袜的人的腿部形象，这时镜头上移，观众发现映入眼帘的是身穿绿灰色短裤、棒球队员衬衫的体育男明星乔·纳米斯的形象。此时，乔·纳米斯微笑地面对观众说："我当然不穿长筒丝袜，但如果'美特'牌女丝袜能使我的腿变得如此美妙，我想它一定能使你的腿也变得更加漂亮。"纵观这则电视广告，逆向构思的妙处可见一斑。

再如，许多汽车产品的广告很容易将广告拍摄为"飞驰"如闪电的形象，除此之外很难给观众留下什么深刻的印象，但 Leganza 轿车的电视广告的创意却与众不同。电视画面上首先出现了下闪光点，好像是谁打开了电视。在黑白屏幕上，一辆 Leganza 轿车正在行驶，屏幕下端出现了一个色彩控制条，正在自动地向后延伸，当调到最大限度时，屏幕变成了彩色。接着，出现了一个音量控制条，它在自动向最大音量移动，但是我们仍然听不到任何特别的音响和噪音。事实上，唯一的声响来自路边的一只青蛙，而不是逐渐靠近的汽车。Leganza 轿车飞驰而过消失在视野之外，没有留下任何声音。这样将 Leganza 轿车的安静特点充分表达出来，使人过目难忘。

三、纵向构思与横向构思

纵向构思，即"垂直构思"，是指"形"的构思方式。这种构思方式通常是在一种结构范畴中，按照序列法则和程式化方向，根据事物本身的发展过程，沿着人类习惯的思维路线和逻辑路线进行思考的一种构思方式。纵向构思的特征表现为遵循由低到高、由浅到深、由始到终等线索，在一定范围内，向上或向下进行垂直思考。

例如，广州致诚广告有限公司"海尔品牌小组"在 2001 年 12 月底受"海尔"的正式委托，全面策划海尔 007 系列冰箱的市场宣传方案。在双方的沟通会议上，双方一致同意为 007 冰箱作出这样的产品定位，即"独有零下 7℃保鲜技术，目前保鲜最精确的中高档冰箱"。这样，产品的销售概念已经非常明确，那就是"新鲜"。但接下来的问题是用什么样的形象元素来表现这一概念，创意人员开始了艰苦的构思过程，七昼夜的冥思苦想但结果却不尽如人意，总感觉方案缺乏应有的"震撼力"。这样广告人员开始借助于"垂直型思考"方法。创意小组沿着这样的思路拓展思维：新鲜是什么？（是天然，是原汁原味）——天然和原汁原味会想到什么？（鲜活力）——鲜活力意味着什么？（活蹦乱跳）——由"活蹦乱跳"想到什么？（有弹性）——"弹性"联想到什么？——弹簧。这样一来，新鲜的创意表现元素"弹簧"被提炼出来，广告主题和创作表现等问题也就迎刃而解，"零下7℃弹簧，当然弹性十足"。

　　横向构思，即"水平构思"，是指"—"形的构思方式。这种构思方式通常是从与事物关联密切的其他事物中寻找突破口，换句话说，是突破事物自身的局限，以新的角度和视角对事物进行重新思考的一种构思方式。在国际广告界，"水平思考法"就是一个著名的横向构思理论。

　　水平思考法（lateral thinking）是针对"垂直思考法"而提出的一种创意构思方法，由英国心理学家爱德华·戴勃诺（Edward De Bono）博士首先提出。"水平思考法"旨在打破"垂直思考法"的传统窠臼，强调思维的多向性，看重多方位、多角度观察事物，具有某些"发散构思"的特点。戴勃诺博士强调，"水平思考"是一种"不连续的思考"，是一种"为改变而改变"的思考，对可以在很大程度上弥补"垂直思考法"的缺陷和不足。戴勃诺博士甚至从众多方面详细地罗列了"水平思考"较之于"垂直思考"的优点所在：

垂直思考是选择性的；水平思考是"生生不息的

垂直思考在确定方向之后才加以延伸；而水平思考则是通过移动和延伸产生一个方向

垂直思考是"按部就班"的；水平思考是跳跃的

垂直思考要求在逻辑上每一步都正确，才能结果圆满；水平思考却无须这样

垂直思考为封闭某些途径而要用"否定"；水平思考中没有"否定"

垂直思考要尽力而集中地排除无关联的介入部分；水平思考则欢迎多种介入

垂直思考要遵循最可能的途径；水平思考则探索最不可能的途径

垂直思考是无限的过程；水平思考是或然性过程

垂直思考是分析性的；水平思考是激发性的

　　由此可见，"水平思考法"追求在各种要素、情况、事件、活动中探索新关系，以此来促成独创性构思的产生。"水平思考法"较之传统的"垂直思考法"的最大变革在于打破人类思考的定势和习惯性倾向，打破人们业已形成的惯常思维模式。

　　总之，戴勃诺博士"水平思考法"的运用有助于我们在思考问题时摆脱旧习惯、旧经验的约束，打破常规、创新理念，不失为广告创意思维的有效方法之一。

第三节 广告创意的构思技法

一、"智力激荡"及其衍生技法

1. 头脑风暴法

作为广告创意构思技法之一的"头脑风暴法",历来是广告创意主体经常采用的有效技法。其实作为概念来讲,"头脑风暴法"只是一个形象的译法,从其英文原文"brainstorming"来看,翻译为"集体自由研讨"应更为恰当,只不过港台广告界最早把这个词推介到内地,所以内地的广告界也沿用了这个颇具形象感的词汇。

"头脑风暴法"由美国 BBDO 广告公司负责人阿列克斯·奥斯本(Alex Osborn)于 1938 年首先提出,并最终赢得了广告界的一致认可。"头脑风暴法"的含义是指两个或更多的人聚在一起构思创意的过程,以召开讨论会的形式刺激彼此的思维活动,直至产生"喷涌如泉"的灵感。由于这种方法简易、高效、可控性强,因而一经提出就在实践领域获得了从业人员的青睐。奥斯本认为,若要使此法运用成功,还必须遵循以下原则:任何创意不得受人批评,即任何创意都不是"错"的;所有创意都记录在案,以备将来查考;所有的灵感都会被记载下来。

概括说来,"头脑风暴法"的运用可分为三个步骤:

(1)设置议题。在奥斯本看来,"动脑会议"的首要问题是设置一个明确、单一、指向具体的"议题",会议组织者应提前将"议题"通知与会者,使其有备而来;人数以 10~12 人为佳,组织者应努力创造一个轻松、活泼的会议讨论氛围。

(2)头脑风暴。在这过程中,与会人员各展所能,提出想法,彼此交流、启发,产生新的想法。"激荡"时间一般在 30~60 分钟左右,同时要注意:参与者排除一切障碍,将思维在无限的时空范围内展开,所有"奇思妙想"或"异想天开"都应得到尊重与重视;会议期间不允许提出批驳、怀疑意见,既不否定自己,也不否定别人;鼓励群体思维的链式反应,即鼓励在别人构思的基础上创造新的思路。

(3)筛选评估。"动脑会议"的结果可能是想法"一箩筐",但"真金白银"并不多见。因此,在此法运用的后期就需要进行"遴选"工作。所谓"筛选",就是要按照科学性、实用性、可行性的标准,在社会效益、经济效益等指标的要求下，去粗取精，选择那些可能付诸实施的方案。所谓"评估"就是对遴选出的方案做"从头到脚"的"打量"与"分析"，对方案不完善的地方"精益求精"，甚至还可以进行第二次、第三次脑力激荡，直到该方案相对完满。

2. 头脑风暴法的操作案例

下面我们举一个应用头脑风暴法的实际操作案例，大致了解一下此种构思技法的流程①。

在美国近一个世纪的可乐大战中，百事可乐和可口可乐的广告大战是最为精彩的。可口可乐为了争夺百事可乐的新一代，决定推出新配方的可乐，没想到竟然伤害了老可乐的感情，在美国掀起一场轩然大波。百事可乐抓住这一良机，投入 600 万美元广告经费，委托 BBDO 公司制作一系列的反击广告。下面是 BBDO 在动脑小组会议上的记录。

会议讨论方向——为可口可乐的顾客着想。

"选一个男孩做主角?"

"选一个女孩。一个男孩对一种可乐感到失望只表示他无能。"

"倘若一个姑娘为一种可乐背弃的话，她就像在舞会上无人理睬一样。"

"应使这个遭冷遇者显得更可怜一些。"

"一个坏女人的儿子真令人心碎。"

"她正对着摄影机说话。"

"带给可口可乐的口信。"

"与其他可口可乐的对话。"

"不，她应该对在场的所有人讲，那些人可能回答她的问题。因为她很可悲，她甚至遭到了拒绝。"

"他们何以如此对待他?"

……

最后的脚本是：一位女孩站在可口可乐罐子上，显得很难过。"有谁能告诉我，他们为什么这么做吗?""他们说过他们生产的是真正的可乐，他们说过他们的产品都是真货色。后来他们却突然变化了。"如今她找到了百事可乐，当她喝了一口后，显出非常惊奇的神色，并感到极为满意。她的镜头说："现在我可明白了。"

百事可乐这种咄咄逼人的广告攻势，获得了巨大的成功，把更多的顾客吸引到百事可乐上来。

3. 默写式头脑风暴法

会商式的头脑风暴法很容易受到参与者知识积累程度、思想灵活程度、

---

①　引自余明阳、陈先红主编:《广告策划创意学(第 2 版)》，复旦大学出版社，2003 年第 2 版，第 216～217 页。

经验积淀程度的影响，尤其是对于一些怯于表达但长于沉思的人就更难以发挥作用。另外，它所强调的严禁批评的原则也给最佳思路的取舍、最终方案的确定带来了很大的困难。有鉴于此，这种方法被逐渐改良，并衍生出了新的操作方式，"默写式头脑风暴法"就是其中之一。

"默写式头脑风暴法"的提倡者为德国人荷立肯，他考虑到德意志民族疏于表达但敏于深思的性格特点，设计出了以"默写"代替"讲话"的头脑风暴法，即"默写式头脑风暴法"。当然这种方法还有其他的称谓，比如叫做"635"法——"6"即每次会议大约有 6 个人参加参与讨论；"3"即每个人每次提出 3 个主意；"5"即思维交流以 5 分钟为时间单元。具体的操作方式描述如下[①]：

> 举行"635"会议时，先由主持人宣布议题（广告创意目标），解答疑问，然后发给每人几张"设想卡片"，每张卡片上标有"1, 2, 3"号码，号码之间留有较大的空白，以便其他人能补充填写新的设想。
>
> 在第一个 5 分钟里，每人针对议题填写 3 个设想，然后把卡片传给右邻，在下一个 5 分钟里，每个人可以从别人所填的 3 个设想中得到启发，再填上 3 个设想。这样经过半个小时可以传递 6 次，产生 108 个设想。这种方法的优点是它不会出现因争着发言而压抑灵感、遗漏设想的情况，缺点是缺乏浓烈的激烈氛围。

4. 卡片式头脑风暴法

"卡片式头脑风暴法"包括两种操作方式，分别为"CBS"和"NBS"。在这里简单地介绍一下"CBS"操作的大致流程：

（1）会商前的预备环节——明确参加会商的人数以及设置议题，每人都要有空白卡片数十张，另外单独准备 50 张，整个会商时间控制在 1 个小时左右。

（2）会商初期的独创环节——会商初期，利用几分钟的时间要求每个与会者都要在卡片上填写主意，做到一张卡片一个点子。

（3）会商中期的交流环节——会商成员依次介绍自己的主意，在介绍的过程中他人可以提问或质询，成员可以将受到启发后的设想填入卡片

（4）会商末期的研讨环节——最后拿出几十分钟，在成员之间充分展开关于设想和点子的大讨论，再次诱发新观点的产生。

---

① 引自余明阳、陈先红主编：《广告策划创意学（第 2 版）》，复旦大学出版社，2003 年第 2 版，第 217 页。

"CBS"法以其充分的准备工作、热烈的现场交流、频繁的思想碰撞而极大地有利于广告创意的产生。"NBS"与"CBS"的操作流程大致相仿，只是有一些操作细节地不同，这里就不再赘述了。

5. 检核表法

此法是阿列克斯·奥斯本(Alex Osborn)于20世纪60年代再次提出的促进创造性思考的有效方法。所谓检核表法，就是以清单的形式将所需解决的问题一一进行罗列，再激发思维运转，逐个思考对策，最终形成创造性成果的一种构思技法。由于该法结合了众多的创造技法，被誉为"创造技法之母"。

一般来说，检核表法包括九个方面的工作：转化，对事物用途的多方面思考；适应，对事物进行类比性的联想；改变，尝试对事物做出某个方面新的调整；放大，对事物的局部或细节的聚焦；缩小，将事物做微观化处理；替代，尝试对事物构成部分的替换；重组，对事物的局部进行解构；颠倒，对事物因素做逆向的思索；整合，将不同事物化为有机整体。

在广告创意业界，也有人将检核表法加以通俗化的表达，总结出12个"一"的说法[1]：

加一加。加高、加厚、加多、组合等。
减一减。减轻、减少、省略等。
扩一扩。放大、扩大、提高功效。
变一变。变形状、颜色、气味、音响、次序等。
缩一缩。压缩、缩小、微型化。
联一联。原因和结果有何联系，把某些东西联系起来。
改一改。改缺点、改不便、不足之处。
学一学。模仿形状、结构、方法，学习先进。
代一代。用别的材料代替，用别的方法代替。
搬一搬。移做他用。
反一反。能否颠倒一下。
定一定。定个界限、标准，能提高工作效率。

二、记忆展开法

"记忆展开法"是由日本学者中山正和首先提出的一种创意构思技法。

---

[1] 引自余明阳、陈先红主编：《广告策划创意学(第2版)》，复旦大学出版社，2003年第2版，第219页。

中山正和在其《构思的理想》一书中提出：人类具有记忆本能，通过记忆的展开，可以了解自由联想性的构思具有哪些特色。此法认为人类的记忆可以分为"线性记忆"和"点性记忆"，前者是以"意志"、理论为契机产生的关系性联想，后者是在断断续续的记忆联想中涌出意想不到的结果。

"记忆展开法"的一个初衷就是通过第一信号体系的"线性记忆"展开构想、生成创意。中山正和认为，在通常情况下，线性记忆展开的方式可能有两种情况：一种是"T"型展开，比较抽象、综合；一种是"H"型展开，线索明晰、逻辑性强。

就"线型记忆"的"T"型展开而言，有如下几个要点需要注意：

A. 确立关键词。

B. 展开联想的翅膀。

C. 记录思考成果。

D. 对"回答"的"追问"。

E. 重新整合。

就"线性记忆"的"H型展开"而言，有如下几个要点需要注意：

A. 明确问题。

B. 设置重点。

C. 类比联想。

D. 分析演绎。

E. 寻找可能。

三、语言暗示法

学者麦丘博姆(D. Meicheubaum)于1975年提出了著名的"语言暗示法"，这是一种借助于暗示语言诱导心理因素刺激思维创想产生的构思技法。"语言暗示法"的核心是所谓"三段启动"，其实质是综合地运用了多种创造性理论的要义和精华。具体地说，这"三段启动"包括：创造性是一种杰出的处理信息的心理能力；创造性是一种有分寸地退回到幽默而天真的思维方式的能力；创造性是求新的态度特征和个性特征的产物。三段启动的暗示语言材料包括[①]：

---

① 引自王健：《广告创意教程》，北京大学出版社，2004年第1版，第162~163页。

A. 心理能力的自我陈述：

　　　抓住问题；什么是你必须做的？

　　　要用不同方式把因素结合起来。

　　　运用不同的类比。

　　　精心提炼观点。

　　　变陌生为熟悉，进而变熟悉为陌生。

　　　你在循规蹈矩——好，尝试新的途径！

　　　你如何更有创造性地利用挫折？

　　　好，休息一下！天知道什么时候观点会再来拜访。

　　　慢些——别急——不必紧张。

　　　太好了，你有了新观点！

　　　这太有趣了！

　　　那个观点就成了一个很好的精确答案！别急于告诉人。

B. 回忆方面的自我陈述：

　　　放松控制，让你的大脑随心所欲地漫游。

　　　不要联系，让观点奔涌而出。

　　　松弛——任其自然。

　　　让你的观点活动。

　　　参考你的经验；从不同角度看问题。

　　　让你的自我回归。

　　　感到自己像个旁观者，任凭观点飞扬。

　　　让一个答案引发另一个答案。

　　　几乎像在梦中，觉得观点都有各自的活力。

C. 态度和个性方面的自我陈述：

　　　力求创新，力求独特。

　　　求疑求异。

　　　想一些别人想不到的事。

　　　凭思绪漫游。

　　　突出自己的特色，你能富有创造性。

　　　数量有助于提高质量。

　　　甩掉内在的包袱。

　　　推迟评价。

　　　不要管别人怎么想。

　　　别担心对与错。

　　　不要说出你想到的第一个答案。

　　　不要自我否定。

可以说，上述麦丘博姆(D. Meicheubaum)的暗示性语言涉及到了与激发创造性思维有关的诸多心理机制和心理要素，虽然其中有些内容不一定直接符合每一次具体的创意实践，但在总体的构思技法上，还是值得我们去研究和学习的。

四、ZK 法

日本学者片方善基于系统论的原理思想提出了有利于创造性思维生成的"ZK 法"，"ZK"是片方善名字罗马写法的开头字母缩写。这种构思技法的初衷是动员脑力思考成员人人参与想像生发、联想生成的过程，并始终科学把握从集体智慧创想中显露出来的思维指向和目标。它的基本做法是，在集体思考、会商中极大地发挥个人思考领域，之后通过观察事物再组织思考，如此反复地在个性创造与客观对象之间寻找能够真正和谐一致的思路，将思维成果在集体内交流、并在集体中完善。ZK 法在思考过程中所采用的思考方式主要有三种，简述如下①：

由感觉而产生的思考。这主要是由不明白为什么，对实际可感知的事物的经历以及某种氛围所引起的兴奋等引起的思考，其特点主要是由感觉受到激发所引起的。

由想像而产生的思考。这主要是为了挣脱现实的束缚和对抗现实的"贫乏"而采取的思考方式，目的是闯入想像世界，以触发新思想的萌生。

由现实而产生的思考。这是为了把新获得的某种思想具体化和把新触发的想像实际化而采用的思考手段。基于现实以实现其创造价值。

ZK 法的特点就在于它是依靠反复的思维探索和思维求证而进行的思维创想，它一方面将思维扩散开去，另一方面又会将思维收拢回来，在思维的"张"与"弛"之间寻找答案。同时，这种技法的运行离不开集体的环境和集体的交流。所以很显然，这种方法是将西方创意的群体思考与东方创意的个人冥想结合起来的创意构思技法。

---

① 引自王健：《广告创意教程》，北京大学出版社，2004 年第 1 版，第 158 页。

创意赏析

游戏活动引燃品牌传播烽火①

喜力啤酒和奥迪汽车在国外的网络营销活动为我们开启了一扇窗，使我们得以一窥游戏活动营销之道。

喜力，造谣运动

喜力啤酒曾跟一家平面媒体和一家网站进行合作，针对啤酒消费者中的朋友圈做了一个网上推广活动。

在活动之初，喜力就已经分析了啤酒爱好者的消费习惯，其中引发此次活动创意的重点就是"喝酒是哥们的事"。显而易见，去酒吧喝酒的时候一般都是跟非常要好的朋友一起，大家可以畅所欲言。喜力啤酒的网上推广活动正是瞄准这样一个特定的消费群体。

只要消费者进入这个活动网站，或者说游戏，造谣运动就开始了。它有这样一个流程：首先用户要为自己确定一

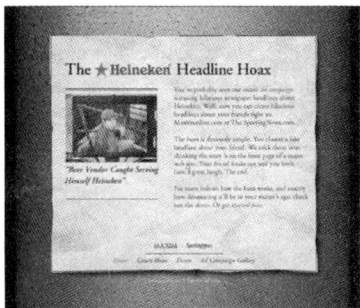

图 8-2　喜力啤酒游戏活动网站页面

个身份，然后制造一个事件，并可以将造谣对象的名字以及造谣的内容添加到网上，比如说某某朋友在某时某地做了某件事情等。最后，用户会得到两个版本的截图，且有着跟真正媒体一样的刊登环境。

拿到这张截图以后，游戏参与者可以马上转发给一大堆朋友……谣言在不断复制，新的谣言也层出不穷，这使得活动的波及面越来越广。

在这个活动中，网络为人们提供了一个及时行乐的场所和快速复制的娱乐手段。活动的发起方只需将最简单的第一步告知给用户，用户开始制作造谣事件，一个新的传播链条就形成了，并且会产生不断地向下一个环节裂变的效果。整个事件本身就是一次快乐的"病毒式营销"。

活动网站的流量疯长，也使得喜力的品牌形象得到了源源不断的传播。在活动中，喜力扮演了朋友之间沟通的桥梁和纽带，增强了消费人群的好感

---

① 摘自"中华广告网" http://www.a.com.cn 2006-10-06《游戏活动引燃品牌传播烽火》，有删节。

度。而活动制作和传播的较低成本，也使得喜力取得了事半功倍的营销效果。

奥迪，盗窃的艺术

奥迪的 A3 系列在北美刚刚上市便卷入了一宗扑朔迷离的艺术品失窃案。六辆 06 款奥迪 A3 轿车在纽约一家经销商店里被人偷走了。对此，奥迪网站声明说，失窃的六辆车里藏着一个巨大的阴谋，因为有一些人决定窃取一些著名艺术品，而案件线索正是藏在这六辆车里，最为重要的是其中一辆里藏有一个芯片，里面有活动策划人的信息。为此，奥迪设计了专门的网站来与消费者一起追寻这些失窃的车辆。

这是奥迪精心策划的推广活动，并为此次活动设计了三个网站，这三个网站之间互相联系，各有分工但又浑然一体。

这个活动使互联网一片沸腾，单在一个月内，活动网站的浏览量就暴涨了 40%，活动高潮时每天曾达到 28 万人的访问量。用户在网站上逗留了大量的时间，特别是能提供案情线索的后两个网站，因为用户想搞清楚最后的真相，所以需要花费大量时间翻看虚拟人物的博客和其提供的信息。

就在网络活动如火如荼时，车展活动也紧锣密鼓地进行着。在 5、6 两个月的车展期间，有大量的人在关注奥迪新款 A3 以及其失窃事件，他们问经销商，问现场工作人员，去拍照片，在不知不觉中参与到了事件当中。

直到 6 月底奥迪 A3 的加州推广会结束时，大家才恍然大悟，吸引数十万人关注的案件竟然是奥迪新款车系 A3 的推广活动。

游戏活动，多对多的网络营销之道

不论是喜力的"造谣"还是奥迪的"失窃"，都是将网络媒体作为首选"作案地点"。游戏活动营销在以用户为中心的网络背景下有着独特优势，它将新颖的创意借助网络互动平台表现得淋漓尽致，创造一个又一个令广告主兴奋不已的营销奇迹。

第九章　广告创意主体

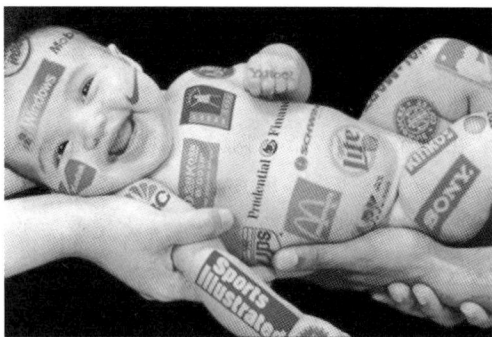

图9－1　平面广告作品"商业社会的婴儿"

精彩的广告创意总是让人们眼前一亮，那些前所未有的新鲜形象或是新鲜观念，让人们感觉到新奇而富有意义，广告创意在无形间潜入了人们的心里。说到底，决定广告创意成败的关键性因素还是"人"，正是作为人的主体的创造性和实践性成就了广告创意的奇幻殿堂。看看左边的广告作品吧，在这幅名为"商业社会的世纪婴儿"的创意作品中，在幽默、诙谐之外，更融入了对当今社会现状的生动描摹。

主体——是我们常用到的一个词语，作为常识性的理解，它的含义有二：一方面，它指"事物的主要部分"；另一方面，在哲学上指"有认识和实践能力的人"。

广告主——又称为"广告客户"，是指"为推销商品和服务，自行或委托他人设计、制作、发布广告的法人及其他经济组织和个人"。

广告公司——是广告业界的核心部分，美国《现代经济词典》将广告公司定义为："以替委托人设计和制作广告方案为主要职能的服务性行业"。而我国广告法规中将广告公司视为"广告经营者"，即它接受广告主委托，为广告主策划、实施、代理广告业务。

在广告创意的智力之旅中，真正起决定性作用的还是"人"，正是因为人类主体的能动性和创造性，广告创意才得以实现"好风凭借力、送我上青云"般的发展。以往的业界和学界更多地关注着广告创意的"结果"和"产品"，而较少考量在其背后主体的养成与磨炼。但这被忽视的领域恰恰是广告创意的"源头""活水"。本章将着重探讨事关广告创意主体的方方面面，一来是弥补过往认识的不足，二来也是努力将广告创意的主体研究继续推向科学的轨道上。

第一节 广告创意主体概述

一、广告创意主体含义解析

主体，是我们常用到的一个词语，作为常识性的理解，它的含义有二：一方面，它指"事物的主要部分"；另一方面，在哲学上指"有认识和实践能力的人"。马克思主义哲学告诉我们，人的全部意识和活动是围绕着一个大的主题而展开的，即"认识世界、改造世界"，从这个角度看，所谓"主体"就应该是认识世界、改造世界的"人"。这样一番简单的哲学探究，会有助于加深我们对主体的理解，也有利于我们进一步探求广告创意主体的内涵。

在实际的广告活动中，作为广告传播宏大社会过程的一个环节要素，广告创意主体的含义有着广义和狭义之分。从广义上看，广告创意主体应当指所有参与认识世界、改造世界的人或人们。也就是说，凡是成为广告创意活动生发、进展、执行、完成的人或人们都应该被冠以"广告创意主体"的称谓，而这其中就包含了丰富的成分。因此，广义的"广告创意主体"至少应该包括"广告主"、"广告公司"、"广告创意人员"等。从狭义上看，广告创意主体则具体指专门的从事"运筹帷幄"、"智力创想"的人或人们，亦即"广告创意人员"。需要说明的是，本书在谈及基本概念和原理时，是本着双重含义兼顾的初衷，但在论及"主体素质养成"等具体问题时，还是主要从狭义的角度加以阐发。

从传播学的视角看，广告创意主体在广告传播的过程中位于"起始"的位置。下面我们以传播学历史上经典的"5W"理论为依据，进行一个简单的比对。1948 年，美国学者拉斯韦尔（Harold Dwight Lasswell，1902—1980）在题为"传播在社会中的结构与功能"的论文中，提出了著名的"5W"理论，即构成传播的五个基本要素，后世将其总结为"5W 模式"，借用这个理论，我们也完全可以描摹出广告创意传播的过程，如图 9 - 1。

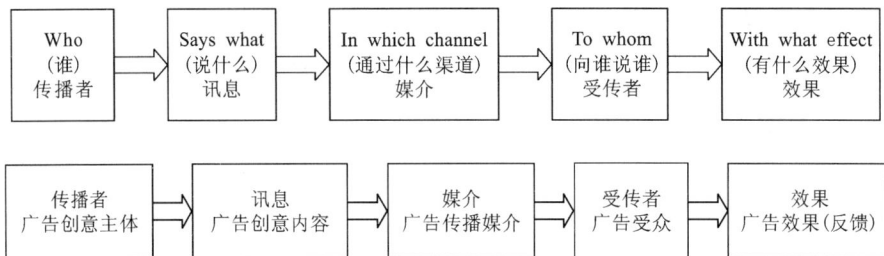

Who (谁) 传播者	→	Says what (说什么) 讯息	→	In which channel (通过什么渠道) 媒介	→	To whom (向谁说谁) 受传者	→	With what effect (有什么效果) 效果

传播者 广告创意主体	→	讯息 广告创意内容	→	媒介 广告传播媒介	→	受传者 广告受众	→	效果 广告效果(反馈)

图 9 - 1   5W 模式

不难看出,由于位于广告传播的"起始"位置,广告创意主体就成为广告传播的"引发器",成为广告传播接力赛的"第一棒"。

二、广告创意主体内部的现实关系

如上所述,如果从广义的角度理解,广告创意主体包含了"广告主"、"广告公司"、"广告创意人员"等成分。由于现实中广告事业的飞速发展和广告业界的纷繁复杂,我们有必要简单地梳理一下广告创意主体内部的相互关系。

广告主,又称为"广告客户",是指"为推销商品和服务,自行或委托他人设计、制作、发布广告的法人及其他经济组织和个人。作为法人的广告主主要指企业法人、事业法人和社会团体法人;其他经济组织是指依法从事商品经营或者提供服务的社会组织;个人是指依法能够从事商业经营或者提供服务的自然人"①。广告主在广告运行的过程扮演什么角色呢? 通俗一点说,一个广告创意活动的完成需要"出钱"、"出人",广告主大多是广告活动的出资者,是广告行为的发起者。

广告公司是广告业界的核心部分,美国《现代经济词典》将广告公司定义为:"以替委托人设计和制作广告方案为主要职能的服务性行业。"而我国广告法规中将广告公司视为"广告经营者",即它接受广告主委托,为广告主策划、实施、代理广告业务。

在广告创意主体的内部关系中,"广告主"与"广告公司"之间的关系最为重要。

从目的上看,"广告主"与"广告公司"的关系说到底是相辅相成、平等协作、目标一致的关系;但从现实来看,"广告主"与"广告公司"难免存在着各种各样的利益纠葛和具体矛盾。

---

① 引自张金海、姚海鑫主编:《广告学教程》,上海人民出版社,2004 年版,第 54 页。

　　审视广告主一方，我们经常会发现广告主在处理与广告公司的关系上常常会出现一些行为误区。

　　误区之一，"臆想夸大"。很多广告主凭借主观臆想，将广告传播的功能无限"夸大"，形成了"广告是万能"的认识误区，无视市场经济中的规律原则，将广告公司的广告传播工作看成是包治百病的"灵丹妙药"，结果导致了广告主与广告公司关系上的紧张与疏离。

　　误区之二，"短期逐利"。在现实的经济活动中，很多广告主仍然肤浅地把广告创意理解为短期的"临时之举"，忽视与广告公司的长远合作，轻视广告公司对广告主的价值与贡献，甚至不顾广告公司的诤语良言，盲目追求眼前利益，追求"轰动效益"。不顾企业长远的目标，不惜牺牲企业的公众形象，从而造成广告主与广告公司关系的分歧与冲突。

　　误区之三，"主观随意"。现实的情况是，很多广告主沉溺于具体、庞杂、散乱的具体广告行为中，而没有对广告活动的科学性、整体性、规划性有着清醒的认识。比如他们往往只关注"销售"，不考虑"形象"；他们大多看重"数量"，不兼顾"质量"。这种随意性很强的广告行为，从根本上看是有违广告事业发展客观规律的。长此以往，难免使得广告主与广告公司的关系出现脱节和摩擦。

　　误区之四，"抵触猜疑"。由于广告主对广告代理机制认识上的不足，由于广告主仅仅从眼前的金钱关系着眼，由于广告主对广告科学性的认识盲区，使得广告主和广告公司之间笼罩上了一层"抵触"、"猜疑"的阴影。这种"抵触"与"猜疑"，导致许多广告主"自己动手"、"亲自上阵"，"班门弄斧"地执行企业的广告行为。甚至有的广告主视广告公司为"外人"、"敌手"，动辄提防，时时小心，难以完成全面的合作与沟通。其实这些现象都是由于认识上的误区造成的。

　　审视广告公司一方，我们也不难发现，在处理与广告主的关系上，广告公司也往往会出现一些行为上的"偏差"。

　　偏差之一，"曲高和寡"。所谓"曲高和寡"是对广告公司行为偏差的一种比喻。广告公司及其创意人员不能一味地抱着所谓"艺术的标准"、"审美的标准"，而不顾市场是市场的形势、经济的现状。广告公司必须善于摆平市场与艺术的天平，拿捏销售与审美的砝码。尤其是一些广告公司的创意人员，为了彰显自己独特的专业水准和创意理念，眼睛只盯着"大奖"，而不顾市场，这样的行为取舍是很危险的。广告事业发展的历史证明，广告创意活动是"务实"的，那些真正优秀的创意作品，总是能在市场销售与艺术审美之间、雇主期待与受众欢迎之间、通俗与高雅之间架起一座和谐的桥梁。

第二节 广告创意主体的历史经验

在广告创意发展的历史进程中，不同的人士从不同角度发表了对广告创意主体素质养成的理论、意见、看法，成为百年广告史留给后人的宝贵财富。下面从狭义的广告创意主体概念出发，大致总结一下这些著名广告大师、学者、业界人士的历史经验。

一、广告创意大师对主体素质养成的论述

1. 大卫·奥格威——"有创造力的人"

作为美国广告界叱咤风云的人物，大卫·奥格威在广告创意领域做出了卓越的成就。然而，对于"如何才能成为一名优秀的广告创意人才"这个课题，大卫·奥格威坦言自己也不能完全说清楚。但是，以他的名著《一个广告人的自白》为代表，大卫·奥格威以自己的实践经验为基础，道出了一些真谛。大卫·奥格威十分强调广告创意人员在"创造力"方面的培养，"有创造力的人都特别敏感于观察，他们比别人更重视准确、能说明真理的观察。""他们对事物的看法和感受与常人相同，也异于常人。他们天生头脑发达，他们有更多的能力同时抓住许多概念，能对它们进行比较——从而能做出更丰富的综合。他们禀赋异常，精力充沛，身心健康。他们内心世界绚丽多彩，过着更多样化的生活。他们比常人更能接触潜意识生活"。

大卫·奥格威很注重广告创意人员"勤奋"的品格，正如他自己的奋斗历程："有时候，我早上五点或六点起来写，一直写到吃早饭，写出来还不错。"[1]

大卫·奥格威还很看重扎实的调查研究对创意理念生成的影响，他说："我的观点几乎全部来自研究，而不是个人意见。这些年来，我一直试图紧跟研究发展，因为有时候有的研究确实很有启发性。"[2]

此外，大卫·奥格威主动地将"生活"与"创意"融为一体："有很多人——我是其中之一——喝点什么的话就会有很多想法。我发现如果喝了两

---

[1] 引自丹尼斯·希金斯(Denis Higgins)著，顾奕译：《广告文案名人堂》，中国财政经济出版社，2003 年第 1 版，第 93 页。

[2] 引自丹尼斯·希金斯(Denis Higgins)著，顾奕译：《广告文案名人堂》，中国财政经济出版社，2003 年第 1 版，第 99 页。

三杯白兰地，或一大瓶红葡萄酒，我会写得更好。"①

大卫·奥格威曾经这样总结道："16 年来我一直致力于寻找优秀创作人员身上的共同特征，但是毫无结果。假设我能找到那么五六条，当我在聘用员工的时候会有把握得多，我会列出一个次序来：第一条，好奇心；第二条，丰富的记忆；第三条，良好的视觉想像能力，等等。这样你可以对成百个具有这些特质的人进行面试，从中挑选出最好的来。"

2. 詹姆斯·韦伯·扬——"对任何事物都感兴趣"

詹姆斯·韦伯·扬被学界和业界认为是美国广告领域"泰斗"级的人物，他不仅是美国广告委员会的创始人，还是一位杰出的广告教育家。由于詹姆斯·韦伯·扬本人独特的自学成才奋斗历程，使得他格外深刻地体会到了成为一名优秀广告创意人员的艰辛与挑战。在他的最后一本书《产生创意的技巧》中说道："成为广告人是一个终其一生的过程。我本人已从事广告工作逾50 年，但仍然看不到路的尽头。"

詹姆斯·韦伯·扬一向十分重视对广告创意人才的培养，他曾经义务为大学讲课；他曾经将自己的酬金投入专门的基金会资助广告教育。在詹姆斯·韦伯·扬的身上，结合了"广告人"与"教授"的双重身份。他善于将业界经验与学界理论有机地结合，他在芝加哥商学院讲学时所撰写的《如何成为一个广告人》一书，至今仍然是培养广告人才的经典著作。在这本书中，他强调广告创意人才必须具备的核心能力包括：在创造一个广告信息的时候，第一需要的是吸引注意的能力；第二是保持兴趣的能力；第三是鼓动购买欲的能力；第四是从消费者那里得到欲望的回应的能力。在这本书中他进一步指出："就我所知，每一位真正有好创意的广告人士，常具备两种显著特性：第一，天底下任何话题都很难使他不感兴趣；第二，广泛浏览各学科的一切书籍。"此外，詹姆斯·韦伯·扬还对广告创意人员的知识储备进行了集中的归纳，他认为下列知识是必备的：

陈述主张的知识
市场知识
讯息知识
讯息传达工具知识

---

① 引自丹尼斯·希金斯（Denis Higgins）著，顾奕译：《广告文案名人堂》，中国财政经济出版社，2003 年第 1 版，第 87 页。

交易通路知识

怎样知道广告发生功效的知识

特定情况知识

    总的来说，詹姆斯·韦伯·扬在进广告学教育和培养广告创意人才方面做出了许多积极的贡献。

    3. 威廉·伯恩巴克——"广告最重要的就是新颖独特"

    作为 20 世纪后半叶国际广告创意舞台上最有影响力的人物之一，威廉·伯恩巴克以他个人"一步一个脚印"的成才之路，生动地诠释了一个优秀的广告创意人才是如炼成的。

    威廉·伯恩巴克早年就读于纽约大学，所学专业是文学，这为他今后的广告生涯打下一个良好的基础；同时也激发起他对艺术创造的浓厚兴趣。大学毕业以后，威廉·伯恩巴克凭借一支笔闯荡天下，从基层做起，以丰富的实践经验和出众的创意才华崛起于广告业界。

    在威廉·伯恩巴克的广告创意生涯中，格外看重"原创精神"。他说："我们还想知道人们是怎样看待广告的。不知道美国人民会不会对这个广告制作群体感兴趣呢？结果却是：人们甚至不讨厌我们！他们只是忽略我们的存在。所以，对我来说，广告最重要的就是新颖和独特。"[①]因此，威廉·伯恩巴克强调："广告作者必须率直、敏捷，具有洞察力。这些也都是来自于对商品的理解，而这种理解必须与消费者的需要结合起来。有想像力并不是说扯得远一点，耍点小聪明。我经常举的一个例子是：在纸上画一个人做倒立可以吸引不少人，但这不是一个好的广告，除非你画出他口袋里掉下来的很多东西，而那些东西正是你要做广告的商品。只有这样，你的创造力、吸引力和智慧才得到了提升，商品的优点也会变得让人印象深刻。"[②]

    威廉·伯恩巴克曾大胆地宣称："我的规则是——我想使我们商品的优点给人留下深刻的印象（要印象深刻必须做到新颖独特）。如果打破世界上的所有规定就可以做到这一点，那我宁愿将所有的规定都打破。"

    4. 李奥·贝纳——"对事物保持好奇心"

    作为美国广告学"芝加哥学派"的掌门人，李奥·贝纳以他丰富的人生阅

---

    ① 引自丹尼斯·希金斯（Denis Higgins）著，顾奕译：《广告文案名人堂》，中国财政经济出版社，2003 年第 1 版，第 15 页。

    ② 引自丹尼斯·希金斯（Denis Higgins）著，顾奕译：《广告文案名人堂》，中国财政经济出版社，2003 年第 1 版，第 13 页。

历和卓越的广告才能，为国际广告创意领域贡献出了许多"真知灼见"。李奥·贝纳十分推崇广告创意人员的好奇心，他高声宣称："对生活保持全面性的好奇，乃是伟大创意人员成功的秘诀。""如果你并不拥有十足的创造力，丰富的想像力，对万事万物也没有太多的好奇和疑问，那么，我劝你最好离广告这行远一点"。

这种对"好奇心"的强调，与李奥·贝纳早期的报社工作经历有很大关系。李奥·贝纳认为，当时的报纸工作经历对自己："很有帮助。因为它使我明白对事物保持好奇心的重要性。起初我对汽车一点都不懂，但是我好奇，是什么使马达不停地运转以及所有其他的事情。我用通俗的语言写了很多科技方面的文章。"同时，李奥·贝纳还觉得报社编辑的写作经历，极大地提高了他的文字表述能力，使他可以胜任广告文案这样高难度的写作工作。他说："写广告文案比写报纸文章难多了。因为广告文案必须紧凑，但又必须把事实都表述出来。在报社我学会了如何交流，如何将色彩和趣味融入到广告文案中。但是从一件商品中找到神奇的东西，使人们感兴趣，并一步步引导他们作出购买决定，那完全是另一种艺术。"[1]

另外，李奥·贝纳还特别强调广告创意人员应该具备完善的知识结构。他说："对某些商品——比方说药物，懂得一些背景知识非常有用——包括知道哪些有效，哪些无效以及相关的科学事实。"在这个基础上，李奥·贝纳进一步强调了超于知识之上的能力培养，他说："但是，这类的知识和经验远不及其他一些能力重要，比如表达能力、思考能力和组织语言的能力。"[2]

李奥·贝纳坚信，出众的能力不是天生的，而是靠点点滴滴的调查研究获得的。他说："我的技巧，如果那也可以被称作技巧的话，就是使自己尽量掌握关于商品的信息。我坚信广泛而有深度的调研的作用。因为那会让你切切实实地面对那些你试图说服去购买商品的人。"[3]

李奥·贝纳自己养成了平日积累创意素材的习惯："我有一个很大的文件夹——里面放的东西越来越多——就在办公桌左手边下面的抽屉里。这个本子好像在我一开始创办公司的时候就有了，我把它称作'俗语集'（Corny

① 引自丹尼斯·希金斯（Denis Higgins）著，顾奕译：《广告文案名人堂》，中国财政经济出版社，2003年第1版，第38页。
② 引自丹尼斯·希金斯（Denis Higgins）著，顾奕译：《广告文案名人堂》，中国财政经济出版社，2003年第1版，第46页。
③ 引自丹尼斯·希金斯（Denis Higgins）著，顾奕译：《广告文案名人堂》，中国财政经济出版社，2003年第1版，第47页。

Language)。一旦在谈话中或者别的什么地方发现了好的语言，我都会把它们记下来。这可能是因为他们把观点表达得很确切，或者充满活力，或者突出某种特别的味道和形式——总之，只要恰当地表达了某种东西——我都会把它们记下来，然后贴在本子里……我还搜集了另外一本资料，简直多得要命——是值得收藏的广告——我已经整理了 25 年了。"①

此外，李奥·贝纳也很推崇优秀广告创意人员所具有的坦率与热情："我想，那些最优秀的作者都有一种表达的才能，他们能把已知的、可信的东西重新组合变异并以一种全新的关系表现出来。我们试图——我想这是芝加哥派广告的特点，如果有这样一个流派的话，我认为有——做到坦率而非直截了当；我们试图做到热情而非矫揉造作。"②"在企划的过程中，我喜欢在伟大创意未知国度边缘冒险的感觉；但只要懂得利用事实利器，我们就有机会攻城掠地。"

5. 罗瑟·瑞夫斯——"一个全面的广告人要储备各种各样的技能"

作为"美国杰出撰文家"称号的第一位得主，罗瑟·瑞夫斯在 20 世纪 50 年代高举"广告是科学"的大旗，以众多优秀创意作品引领了一时风尚。罗瑟·瑞夫斯的创意哲学是在实践中不断摸索和完善的。罗瑟·瑞夫斯早年与广告毫不相干的文员从业经历，以及在他政治宣传、理论研究方面的人生经历，为我们生动地诠释了一个优秀的广告创意人才是怎样在社会这个大学校里磨炼与成长的。罗瑟·瑞夫斯曾经说过："创意可以成为广告行业里最艰难的事情，也可以是最简单的。"他格外看重广告创意人员应该具备的全面技能："我觉得写广告文案跟做全科医生差不多。今天他的肝脏动手术，明天要切除阑尾，第三天动眼科手术，到了第四天又有可能切除脑瘤了。一个全面的广告人要储备着各种各样的技能。"

二、广告创意学者、专家对主体素质养成的论述

中国古代最伟大的大诗人陆游在向别人谈及文学创作经验时，说过一个著名的论断："汝果欲学诗，功夫在诗外。"这个论断不仅阐明了文学创作的思维建构过程，也道出了一切创造性活动共通的规律。对于广告创意主体的素

---

① 引自丹尼斯·希金斯（Denis Higgins）著，顾奕译：《广告文案名人堂》，中国财政经济出版社，2003 年第 1 版，第 52 页。

② 引自丹尼斯·希金斯（Denis Higgins）著，顾奕译：《广告文案名人堂》，中国财政经济出版社，2003 年第 1 版，第 48 页。

质养成而言，也同样适用。

日本著名的创意大师小鸠庸靖认为，增长创意才干的一个捷径就是"随时随地都注意观察"。他指出："优秀创意的源泉就在你所为之创意的产品中间，只是等待你发掘罢了。"

日本广告创意名人高桥宪行甚至逐条罗列出了成为广告创意人士的必备条件，内容包括：敏捷的反映能力；形象感；丰富的知识储备和综合能力；思路清晰的系统概念；战略把握能力；抽象思维能力；敏锐的市场嗅觉；多彩的想像力；丰富的情感世界；驾驭复杂信息的能力等。

美国著名广告创意人士肯尼斯·罗曼（曾任奥美公司总裁）和简·马斯（曾任奥美公司创意总监）在《如何做广告》中说："创意的奇妙之处在于它能使一些广告超凡脱俗。令人眼花缭乱的制作技术也无法掩饰基本创意的缺乏……我们知道创意是珍贵的。它们通常很难出现在我们的脑海里，刚开始出现时总是脆弱的，但真正确立了以后却是强大的。它可以改变人们的感觉，培养忠诚度（也吸引模仿者），并且树立品牌……广告业就是一个关乎创意的行业。不论你是否认为自己有创意，你都必须重视创意过程，懂得如何与创意的人共事，并激励他们完成自己的工作。你应该积极促成创意，而不是以我没有创意为借口而退避三舍。"①

美国广告学者阿夫莱德·波立兹在《创作广告的窘境》一书中说："一个主张接受规律与条件会干扰他创作力的广告人，很可能是他忽略了一项事实，那就是他在寻求在艺术界及科学界真正的创作天才们所认为困扰的一种放纵。创作力与纯粹自由的想像力相反。去创作一件东西的意思是依据某些有用处、有目的之规律去建立某种东西……去建立一种智力的或机械的有机体。"

美国广告学者魏特·哈布斯在《文案策略》一书中说："我是百分之百赞成在广告中使用创作力，但不是全然的创作力。我所反对的是缺乏指导，缺乏策略，缺乏'首先想通难题'的事情。我反对在尤中生有里创作广告，而不是针对明确的销售难题作明确的回答。我反对没有指导方针，没有目的而放任创作人员自由行动；我相信有指导的创作力。换另外一种方式来说，就是我相信要困难方法去做。"

著名广告学者樊志育在《广告创意、设计与制作技巧》一书中指出："法则只是提供先贤的经验，帮助您启发智慧，但不可一成不变，墨守成规。尤其广

---

① 引自肯尼斯·罗曼，简·马斯：《如何做广告》，新华出版社，2005年版，第3页。

告设计，注重求新求奇，更不能视法则为定规……布局并无定则，所谓决定性布局，过去既不存在，将来亦不可产生。只要熟悉视觉的基本造型，就能创造出优秀的广告作品，可是，能否充分把握资料，活用资料，是布局好坏的决定因素。而设计人员是否具有创造的才能，是决定布局价值的关键。"

美国广告学者艾·里斯在《广告攻心战略——品牌定位》中提到："今天要想在定位上成功，你一定要在心智上有大幅度的适应性，你一定有能力在遣词用字上和不重视史书一样不重视字典。这并不是说传统上所接受的意义不重要。相反的，你所选择的字句必须要能触发你所建立的意义。"

著名的创新思维研究者弗兰克·巴伦（Frank Barron）曾经具体归纳了一些创造性主体的素质构成要素，提出了创造性主体应具有的若干特征：善于观察；表达真理；看到别人未曾看到的事物；认知独立；受到自身才能和评价的激励；迅速把握思想并善于比较和综合；敏感并且强健；阅历丰富且能理解事物的复杂性；能够意识到无意识的动机和幻想；具有强大的自我修复人格；将主客观融通。

以上，我们只罗列部分专家学者对于广告创意主体素质养成的看法和见解，在很多情况下这些见解和意见的提出不是长篇大论和统一集中的，而是散见在有关广告创意的著作和资料中的。由上面的例举不难看出，专家、学者们依据各自的独到思考和亲身实践，从不同的角度、就不同的层面提出了许多建设性的意见。在我们看来，广告创意主体的素质养成，较之一棵树木的成长要难得多，它是一个阳光雨露浇灌与根系叶脉舒展的有机过程，更是一个融合主观客观、联结才智心力的系统过程。

第三节　广告创意主体的素质养成

纵观百年广告历史的风云变迁，遍历广告创意大师、学者们的理论著作，一个不争的事实摆在我们的面前：广告创意活动的核心是"人的创造活动"，广告创意主题的素质养成事关广告创意活动的成败，以下就这个问题予以阐述。

一、广告创意主体的素质要求

广告创意的生成绝不是"灵感顿现"般的简单，相反，却是广告创意主体素质累积、智慧升华的产物，它的基础是主体自身的文化涵养、知识储备、思想才情。一般来说，对广告创意主体的素质要求包括以下几个方面。

1. 知识结构

大思想家培根说过："知识就是力量。"这句至理名言对广告创意主体也同样适用。扎实的知识储备、丰富的知识底蕴是塑造成功广告创意的取之不尽的源头活水。一个合格的广告创意主体一般应该具备三个方面的知识：专业知识、社科知识、技术知识。

所谓"专业知识"，主要是指事关广告业发展方面的相关知识，涉及的内容比较丰富。例如，广告学理论知识、中外广告历史知识、广告传播学知识、广告心理学知识、广告媒体知识、广告策划知识、广告美学知识等。

所谓"社科知识"，主要是指事关人文科学、自然科学、社会常识方面的相关知识，涉及的内容十分广泛。例如，哲学知识、文学知识、艺术知识、历史知识、宗教知识、经济学知识、社会学知识、心理学知识、数学知识、物理知识、化学知识、人文知识、风俗知识等。

所谓"技术知识"，主要是指事关对象、工艺、材料、制作等方面的相关知识，涉及的内容极为庞杂。例如，档案技术知识、资料搜集技术知识、绘画技术知识、摄影技术知识、摄像技术知识、电脑技术知识，等等。

2. 智力结构

所谓智力，通俗地说也可以称为智慧，它是人们创造性的动力，是人类文明进化的结晶。正如古希腊哲学所倡导的"爱智慧"一样，智力不仅体现为对知识的把握程度，更重要的是体现为对知识的运用水平。广告创意人员不仅要具备扎实的知识功底，同时还要具备运用这些知识储备的能力，具备完整的智力结构。

智力结构的组成可能包含着许多复杂要素，但是基本的要素无非是"学习能力"和"记忆能力"，这两个要素成为构筑智力结构的两块基石。

学习能力是一种广告创意主体内在获取信息的能力。如果说，人类面对世界的全部活动是"认识世界、改造世界"的话，学习能力就是维系"认识世界"活动的基础。何为学习？这是一个见仁见智的问题，但有一点可以肯定的是：学习能力就是一种主体构建知识空间、历练思维效率的能力。学习能力的获得有许多途径和手段，其中最主要的就是"观察"与"认知"。

"观察"可以帮助广告创意主体洞察事物的细节、把握事物的实质，在"司空见惯"中发现新鲜信息，于"细枝末节"处找寻奇妙感受。不仅是在广告创意领域，就是在文学创作、艺术创作领域，"观察"也总被看作是十分紧要的事情。

"认知"可以帮助广告创意主体实现从感性到理性、从具体到抽象的提高。比如"认知"中既包括"感觉"成分，也包括"知觉"成分。前者是主体对事物个别属性的反映，后者是主体对事物整体属性的反映，在经历了从感觉到知觉的提高后，认知就表现为信息接受分析的选择性、整体性、恒常性，产生相应的认知结构，随之主体的思维体系就逐渐成熟。

3. 人格结构

所谓人格，实际上是一种"非智力因素"。广告创意主体不仅需要具备完善的知识储备、灵活的智力头脑，还需要有坚强的意志品质、认真的思想态度、负责的敬业精神。

就意志品质来说，它有时候恰恰是决定广告创意主体成败的关键性因素。广告创意领域是一个充满了挑战和希望的领域，也是一个充满了坎坷和失败的领域，面临激烈的市场竞争、面对复杂的传播局势，在知识水平和智力水平相当的情况下，意志品质往往就成为最终的决定性因素。

就思想态度来说，它有时候很可能成为左右广告创意主体能够"走多远"的关键性因素。广告创意事业的发展，使得广告创意活动本身告别了"单打独斗"的阶段，转而纳入到分工协作的科学流程中，创意主体能否以开阔的胸襟、豁达的人生态度、友善的情怀、真挚的爱心对待身边的人和事，往往就成为分辨广告创意主体品格高下的"试金石"了。

就敬业精神来说，它主要针对的就是当今广告创意的工作特点。形象一点说，广告创意活动是一个智慧付出的过程，不仅是智慧付出，甚至还是体力的付出、精力的付出、心血的付出，广告行业本身决定了广告创意工作的残酷性。广告创意主体不仅要应付来自外部的重重压力，还要克服自身思维水平发展的瓶颈，甚至是叱咤风云的广告大师也时常有类似的苦恼，大卫·奥格威曾感慨地说："包括我自己，三十几岁写的东西总比四十几岁写得好，四十几岁写的东西又比五十几岁写得好。一个作者在50岁后就很难再保持创造力了。"他甚至有时候"不得不写出一个文案或者为印刷品或电视广告出点主意，可是又觉得脑子很空，想不出东西来"。由此看来，广告创意主体没有一种过人的智慧和意志、过人的体力和精力是难以走出这种循环性、周期性的困顿境地的。那么什么才能成为支撑广告创意主体继续走下去的支柱呢？敬业精神就是答案。

二、广告创意主体的素质开发

广告创意活动本身是一项极为复杂的脑力劳动过程，不同的创意主体基于不同的文化积累、知识构成、思维习惯会创造出完全不同的作品，而作品的优劣高下恰恰是创意主体自身素质的反映。以下就"广告创意主体的素质开发"这个问题作概括式的阐述。

1. 广告创意主体的能力培养

当今经济环境的错综复杂、传播局势的千百万化，使得社会对广告创意主体的能力要求十分苛刻，实践的需求使得广告创意主体必须长有"三头六臂"，学会"七十二变"。那么，在内容繁多的各项能力要求之中哪些是最主要、最关键的呢？一般认为，如下几种能力的培养尤为重要。

创造力——几乎所有的广告业界人士和学者们都承认创造力对于广告事业的价值，以至于今日更加出现了诸如"创造思维学"（science of creative thinking）这样的专门学科。尽管创造力如此重要，但创造力的培养却绝非易事。创造是人类劳动中最高级、最活跃、最复杂、也是最有意义的一种实践活动，它的实质是人类追求新的有价值的功能系统。从社会宏观角度看，创造可以发展生产力、推动社会进步、改善人类的生存环境，创造力是人类宝贵的财富。创造学研究者认为，以下五种精神的塑造有利于创造力的培养：普济人类、造福社会的情怀；勇于思考、勇于开拓的实践品格；百折不挠、一往无前的勇气；见微知著、灵活创新的品质；勤学好问、知行统一的气度。

想像力——伟大的科学家爱因斯坦曾经对想像力极为推崇，他说：想像力比知识更重要，因为知识是有限的，而想像力概括着世界上的一切并推动着进步。那么，到底什么是想像力呢？人们不仅可以凭借回忆在头脑中勾勒出昔日的事物和形象，而且还能在头脑中创造出崭新的事物和形象，这种在一定刺激条件的影响下将旧有经验重新组合孕育新形象的思维过程，叫做想像。而想像力正是这种思维活动的活跃程度和生发能力。形象性和新颖性是想像活动的基本特点。心理学研究表明，人的大脑有四个功能部位：感受区、贮存区、判断区、想像区。普通人，经常使用的是前三个区，想像区的功能发挥得很不够，有待开发的潜力尚有75%。鲁迅先生曾说过，孩子是很善于想像的，他常想到星月以上的境界，地面以下的情况……他想飞入天空，又想潜入地穴。人的想像是在广泛的感知、丰富的经验、渊博的知识的基础上产生的。但是，想像力的培养与知识的累积又不是直接成正比的，知识只是激发想像力的前提，想像的分析和综合是凭借形象来实现的。

呈现力——所谓"呈现力"是一种抽象的提法，它主要是指广告创意主体将思维成果恰当表现、付诸实践的能力。广告创意构思最初是在创意主体的头脑中完成的，或者是一个大致的思路，或者是一个绝妙的主意，或者是一个惊人的想法，但它不可能是一个彻底完整、面面俱到的作品，因为它没有最终进入实施环节，没有接受实践的检验。一个优秀的广告创意主体不仅要能够"思接千载、视通万里"，还要能够把"想像"变为现实，将创意结为作品。因此，从这个意义上说，"呈现力"是事关行为层面的问题。具体地说，它可能涉及到创意主体运用语言、文字、符号、图形、画面、音响、色彩等手段来贯彻和落实思维创想的过程。目前，在业界和学界被讨论最多的部分可能就是"语言表达能力"和"媒介作业能力"了。前者需要扎实的语言文字功底和敏捷的才思，后者需要可靠的媒介策划水平和科学的媒介操作范式。

判别力——在广告创意的开发运行阶段，主体需要对各种因素加以权衡利弊，同时在思维构建的过程中随时改进疏漏，进行思维信息的取舍，这就涉及到"判别力"的实施。"判别力"与"创造力"、"想像力"不同，它实际上是一个去伪存真、去粗取精、由此及彼、由表及里的过程，它通过分析、比较、筛选、定夺，保证创意活动的顺利开展和创意思维的高效运行。

2. 广告创意主体的思维训练

就目前国内高校的广告创意教育而言，正在不断地汲取国外先进的教学方法和理论经验，开发了很多卓有成效的训练方式，对于广告创意主体的养成大有帮助。这里就目前被广泛重视的"思维导图"训练理念作大致的介绍。

英国著名心理学家东尼·博赞在研究大脑的力量和潜能过程中，仔细分析了伟大艺术家达·芬奇的笔记，发现其中使用了许多图画、代号和连线，就此他意识到这正是达·芬奇拥有过人思维能力的特质所在。于是，19世纪60年代东尼·博赞总结了一套名为"思维导图"的思维训练方式，随即风靡全球。简单地说，"思维导图"就是一幅幅帮助你了解并掌握大脑工作原理的使用说明书，它有助于增强使用者的超强记忆能力、立体思维能力（思维的层次性与联想性）和总体规划能力。它的基本原理就是基于对人脑的模拟，它的整个画面正像一个人大脑的结构图（分布着许多"沟"与"回"）；并且这种模拟突出了思维内容的重心和层次；同时强化了联想功能；利用了人脑对图像的加工记忆能力大约是文字的1000倍的规律。

绘制思维导图的过程十分简单：

A. 从一张白纸的中心开始绘制、周围留出空白；

B. 用一幅图像或图画表达你的中心思想；

C. 在绘制过程中使用颜色；

D. 将中心图像和主要分支连接起来，然后把主要分支和二级分支连接起来，依此类推；

E. 让思维导图的分支自然弯曲而不是像一条直线；

F. 在每条线上使用一个关键词；

G. 自始至终使用图形

以下就是几张思维导图的示例图①（见图 9－2）。

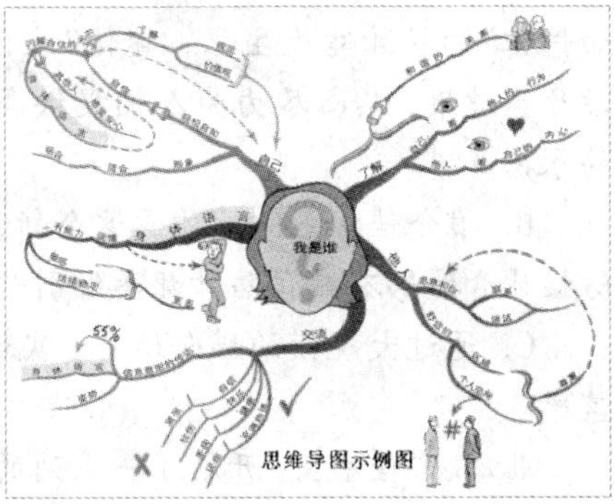

图 9－2　思维导图示例图

创意赏析

一场"防止蛀牙"的创意活动

美国宝洁公司是全球最大的日用消费品公司之一，始创于 1837 年，而"佳洁士"品牌则是旗下的一个重要子品牌。

"不断创新以满足消费者的最新需求"是佳洁士品牌自 1955 年在美国创立之日起就一直奉行的宗旨。进入中国之后，"佳洁士"更是结合中国消费者的不同需求先后成功推出了具有氟泰配方的佳洁士防蛀牙膏、佳洁士双效洁白牙膏、含中草药的佳洁士多合一牙膏、舒敏灵牙膏、佳洁士牙刷等系列产品，仅用数年的时间就成为中国口腔保健产品领域里的著名品牌。

综观"佳洁士"的广告创意工作，有许多值得研究和探讨的内容。

比如近年来"佳洁士"提出的"根部防蛀，全面保护"的广告宣传，就颇值得关注。在广告宣传的创意之初，"佳洁士"进行了一系列市场调查，针对消费者存在的"防蛀"观念的误区，提出了"提高消费者对于牙根防蛀的重视、

---

① 引自东尼·博赞(Tony Buzan)：《思维导图：大脑使用说明书》，外语研究与教学出版社。

实现'从根到冠'的全面护齿"的创意主题，进行了旨在提升佳洁士品牌的认知度和美誉度的大规模的市场公关和产品宣传。

图9－3　佳洁士防蛀牙膏

首先，"佳洁士"指定了这样的广告传播目标：

A. 凸显"宝洁"公司奉行的"牙根防蛀，全面保护"的护牙健康主张，宣传"宝洁"一贯关注牙齿健康，尽心尽力为人们提供高质量产品的承诺。

B. 推介佳洁士防蛀牙膏这个新产品，强调其为消费者带来福音；佳洁士防蛀牙膏能够有效预防牙龈萎缩引起的牙根蛀牙，有效率高达67%。

C. 通过大规模的媒介运作，实现在电视、广播、报纸、杂志等媒介上覆盖率。

其次，"佳洁士"开展了一系列的广告宣传活动：

A. 积极开展"预防成人根部蛀牙"活动

B. 提倡"根部防蛀、全面保护"的口号

C. 传播"佳洁士独特的氟泰配方"的产品信息

D. 在一百多家媒体发布了相关活动宣传和产品信息

E. 组织了大规模的媒体新闻报道活动，以"专家小组科学验证"的公允形象和"成人防蛀"的平民视角树立美誉度。

经过大规模的创意策划和广告宣传，"佳洁士"在中国的牙膏市场取得了不俗的业绩。

第十章　广告文案创意

图 10 - 1　韩国高丽参行
"正官庄"平面广告

广告创意中的语言、意象等符号，都是为传达产品（服务）信息而存在的。但广告呈现过程中所使用的语言、意象未必是产品（服务）概念的直白显露，它总要受到创意思路的安排和调度，最终以曲径通幽式的效果得以完成。无论语言、意象与产品（服务）之间的关系如何，是对应的或是暗示的，是比喻的或是种属的，是象征的或是反证的，它总是创意主体思维运筹与广告对象之间寻求和谐的产物。看看旁边的这幅广告作品，运用了大胆的留白手法，它的文案告诉你：韩国最著名的高丽参行"正官员庄"现在在香港设立了热线电话。

广告文案的构成——通常包括四个要素，即标题、正文、口号、附文等。

广告文案标题——是广告文案的题目，它用以揭示广告文案的主旨，同时又具有区别于其他广告内容的作用。

广告文案正文——是指广告文案中除标题、标语、商标、企业名称等之外的主要说明文字。

广告文案口号——也称"广告文案标语"，是一种长期反复使用的特定商业用语。

"艾达玛"策略——即"AIDMA"策略，是英文"Attention"、"Interest"、"Desire"、"Memory"、"Action"五个词语的缩写。该策略将广告由被认知到引出购买行为的过程，分为五个阶段加以说明。

第一节 广告文案创意概述

现代广告传播活动异常活跃，其作品艺术表现形式也多种多样。一般来说，广告作品往往由语言文字和非语言文字两部分构成。可以说，现代广告传播无论其形式如何灵活多样，但语言文字总是重要的载体。广告作品中的语言文字主要包括标题、正文、标语口号、解说词(广播电视广告)、商标、商品名称、价格、企业地址等，即通常意义上的所谓"广告文案"或"广告文稿"。

一、什么是广告文案

由于文化背景的差异和广告实践水平的不同，中外广告界对待"广告文案"的理解不尽相同。

1. 国外广告界对"广告文案"内涵的认识

追溯近现代广告活动和广告学研究的历史，不难发现：自从近现代广告诞生的那天起，就伴随着语言和文字。由于资料所限，欧美世界早期的广告史或广告学研究著作中，何时明确地对"广告文案"下过定义已经无法查证。从国内现有的资料看，有一点可以肯定，1880年美国人开始使用"advertising copy"一词，而且出现了最早的职业广告文案撰稿人，他的名字叫约翰·鲍尔斯。[①]

在英文中，与"广告文案"对应的词语是"advertising copy"，这个词不仅指"广告的语言要素"，也往往指广告作品的全部(包括文字、图片、编排等)。这种认识显然是有其历史背景的——在广告活动的早期，广告作品常常体现为一篇语言文字编织而成的"说辞"或"劝服"。所以人们很容易的、也很自然地把广告作品等同于语言文字。然而随着广告实践的丰富，人们的认识也逐渐深化。"advertising copy"的含义已经不能满足人们对广告文案活动的新认识。于是，该词被一步步引申为现代广告作品(advertisement)的全部内容。可见，该词的内涵是随着历史的发展不断被填充和丰富起来的。另

---

① 参见晓玲:《约翰·鲍尔斯——美国第一位专业广告撰稿人》,《国际广告》1992年第二期,第9页。

外，值得指出的是将英文中的"advertising copy"与中文的"广告文案"作为对译词是汉语文化圈的约定俗成。

通过对英文"advertising copy"词义变迁的简单考察，使得我们对广告文案的内涵有了一个基本的、特点上的把握，这就是：

其一，广告文案对广告作品的依附性。广告文案是因存在于广告作品之中才形成自己独特的功用和价值；反过来说，广告活动过程中以语言文字形成的其他的广告文本（如广告策划书、广告媒体计划书、广告预算书等）并不能称为广告文案。

其二，广告文案的属性是语言文字。广告文案是构成广告作品的语言文字部分，而其他构成广告作品的部分（如图片、色彩、版面编排等）不属于广告文案的范畴。

2. 国内广告界对"广告文案"内涵的认识

在我国，有关广告文案的最早研究可以追溯到 1931 年。这一年，商务印书馆《万有文库》出版的由苏上达撰写的《广告学概论》一书较早地详细论述了广告的结构问题。尤其是比较具体地论及了广告文案中标题的重要性，可视为中国广告学界最早关于广告文案的阐释。① 1978 年以后，新中国的广告业开始复苏，众多广告学的专门论著纷纷出版。1981 年出版的《使用广告学》（唐忠朴、贾斌撰写）中，将广告的文稿与图画稿统称为"广告稿"②；1985 年版《广告学》（傅汉章、邝铁军撰写）中，将其称之为"广告文"③，并在书中将"advertising copy"直译为"广告拷贝"；1991 年中国友谊出版公司出版了全部翻译自海外广告学名著、由唐忠朴主编的《现代广告学名著丛书》，其中很多著作的内容以"advertising copy"或"copywriter"为核心，并且采用了统一的译文"广告文案"和"广告文案撰稿人"。由此，"广告文案"的说法逐渐普及开来。

我国的广告界，对"广告文案"内涵的认识还存在着不同的观点。比如，曾出现过"文学派"与"广告派"的分歧。所谓"文学派"，指的是从文学写作的角度来理解和定义广告文案的观点主张；而所谓"广告派"，指的是从广告作品的语言文字构成的角度来理解和定义广告文案内涵的主张。显然，前一种观点有其理论局限性，将广告文案与文学写作混为一谈，抹杀了两者的一些本质区别和功用差异。虽然广告文案的创作在很大程度上能够借鉴文学写

---

① 参见商务印书馆，1931 年《万有文库》，苏上达著《广告学概论》第 33 页。

② 参见唐忠朴、贾斌著：《实用广告学》，工商出版社，1981 年版第 79 页。

③ 傅汉章、邝铁军著：《广告学》，广东高等教育出版社，1985 年版，第 142 页。

作的一些手段或技法，但广告活动与文学活动毕竟不是一回事。后一种观点有其理论的合理性，逐渐获得了广告学界的认可，它不仅指出了广告文案与广告作品之间的密切联系，同时也与国际广告界对广告文案的看法相一致。

另外，在我国的学术界关于广告文案的内涵界定也出现过"狭义派"与"广义派"的分歧。所谓"狭义派"的理解是，广告文案主要指标题、正文、附文等结构完整的文字广告；"广义派"的理解是，广告文案主要指广告艺术形式中的语言文字部分，无论样式要素是否完整，无论篇幅长短、文字多少，只要是广告作品中出现的以语言文字为载体的信息表达，就是广告文案。

现实的情况是，随着广告实践的不断丰富和广告文案形式表达的千变万化，人们逐渐接受和认可了广义的广告文案的概念，这种认识也逐渐与国际学术界接轨。本书认为，所谓广告创意是指广告作品中的语言文字部分。

3. 广告文案的历史发展

尽管广告文案的成熟观念最早出现于 19 世纪后半叶，但其实践操作活动则是与广告活动相伴而生的。纵观人类广告活动的历史，在印刷术发明以前的漫长时期，广告文案主要存在于口头传播的广告和手写形式的广告中。从现存的资料看，英国伦敦博物馆保存的古埃及草纸广告传单，可以算得上是迄今为止发现的最早的古代广告文案。该文物出自公元前 3000 年古埃及首都一个名叫合甫的织布匠人之手，为了寻找一个叫谢姆的男奴，他制作了约有现代 32 开纸张大小的广告传单，上面简要地写有"悬赏缉拿逃奴"的内容。另外，在公元前 79 年毁于维苏威火山灾害中的罗马古城庞贝遗址中发现了写在白墙上的珍贵广告文案遗迹。

印刷术发明以后，出现了样式齐备而且讲求版面编排的广告文案。我国北宋时期"济南刘家功夫针铺"印刷广告铜版，被视为迄今为止发现的世界最早的印刷广告文物。这则广告文案共存 44 字，分为三个部分：广告尺幅为四寸见方，由白兔抱杵捣药图案和文字构成；图案居于版面中间偏上；文字以横排和竖排两种方式围绕在图案周围，图案上方横排写有"济南刘家功夫针铺"、"认门前白兔儿为证"字样，下方竖排写有

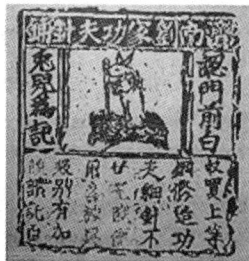

图 10 - 2　"济南刘家功夫针铺"广告铜版（北宋）

"收买上等钢条造功夫细针 不偷工 民使用 若被兴贩 别有加饶 请记白"。

西方最早的印刷广告出现于 1477 年，英国人威廉·卡特斯将推销宗教书籍的印刷广告（篇幅为 12.5cm × 17.5cm）贴在了伦敦教会的门上。1625

年，用英文出版的《英国信使报》首次将一则销售图书的广告登载在了背面版上，有人将此当作世界上最早出现的报纸广告；大约在同一时代，英国《新闻周报》也曾登载过寻找失窃的 12 匹马的悬赏广告。在这些历史档案中，一致反映出这样的事实：广告信息传达以语言文字为主要手段，一般出现在特定的商业栏目中，往往采用"advertisement"作为标题，以至后来成为"广告"的专用词汇。19 世纪中后期，随着廉价报纸在欧美发达国家的普及，大众传播时代宣告来临。由于近代大众报纸广告业务量的急剧增加，客观上刺激了广告业的发展，孕育了第一批职业化的广告文案撰稿人（copywriter）。作为公认的美国第一位广告文案撰稿人约翰·鲍尔斯，从 1880 年开始以短小精悍、结构简单的广告文案创作，使他所服务的"沃纳玛克百货公司"收获颇丰。在19 世纪和 20 世纪之交，美国出现了两位杰出的广告文案撰稿人约翰·肯尼迪和克劳德·霍普金斯。约翰·肯尼迪以朴素的撰稿风格冲击了 19 世纪美国流行的歌谣体广告；霍普金斯则通过对商品细节的强调和对商品特点的重视，参与了众多知名品牌的宣传活动。20 世纪以来，出现了几位享有国际声誉的广告文案撰稿人，被广告业界奉为典范，其中包括威廉·伯恩巴克、李奥·贝纳、乔治·葛里宾、大卫·奥格威、罗瑟·瑞夫斯——这五个人是"纽约文案俱乐部"（copy club）颁发的"杰出撰稿人"（The New York Copywriters Hall of Fame）称号的第一批获得者。后来，美国人丹·海金斯根据这些人的访问而撰写的《广告写作艺术》一书，详细地介绍了他们的创作历程，至今仍不失为一本广告文案写作的必备参考文献。

　　4. 广告文案的构成与类型

　　广告文案的构成，通常包括四个要素，即标题、正文、口号、附文等。必须指出的是，按照现代广告业界对广告文案的广义理解，广告文案的四个构成要素并不需要同时具备，其现实的构成样式可以是灵活多样的。

　　"广告文案标题"是广告文案的题目，它用以揭示广告文案的主旨，同时又具有区别于其他广告内容的作用。广告文案的标题按照不同的标准，可以有不同类型的划分，如按其内容与形式的组合方式可以分为"直接标题"、"间接标题"、"复合式标题"等。其具体的表现形式也多种多样，如"新闻式标题"、"判断式标题"、"提问式标题"、"祈求式标题"、"情感式标题"、"比较式标题"等。

　　"广告文案正文"是指广告文案中除标题、标语、商标、企业名称等之外的主要说明文字。广告文案正文是广告文案的主体部分，是表达信息的核心部分。从文字结构看，广告文案正文包括三个部分，即"开端"、"中心段"、

"随文"。前者作为衔接标题、展开内容的过渡结构；中者作为正文的主干，依照广告创意表达商品的主要信息；后者主要是为方便受众付诸行动而进行的具体说明(如联系方式、销售地点、价格等)。广告文案正文的撰写，往往要根据广告创意的思路灵活处理，所谓"文无定形"。但从正文的表述方法看，大致可以分为记叙体、描写体、论说体、说明体、文艺体等类型。

"广告文案口号"，也称"广告文案标语"，是一种长期反复使用的特定商业用语。广告文案口号以简短的文字表达产品(服务)的特性，加深受众对广告文案的印象。广告口号是广告文案全部信息的浓缩，在这一点上容易与广告文案标题相混淆，其实二者有很大的区别。就功用而言，"标题"在设计上往往置于广告文案最显眼的地方，与正文放置在一起，且经常与照片、插图等有机结合；而"口号"在设计时没有固定的位置限制，甚至可以单独使用。就操作而言，"标题"往往是"一次性"地出现，一则广告文案只能有一个标题；而"口号"可以多次、反复使用。

二、什么是广告文案创意

1. 广告文案创意的内涵

作为广告创意活动的一个环节，广告文案创意就是一个有关广告作品中语言文字的创意。具体而言，它是指广告文案创意人员根据广告战略、广告产品、企业特征等复杂要素，结合广告创意的有关规律、原则，针对市场营销实际和消费者心理等因素进行的对广告作品中语言文字表现的构想。广告文案创意的内涵主要包括三个层面：

(1)意义层面——所谓广告文案创意的意义层面，主要指广告文案语言文字所承载的符号意义。这种意义的表达，既要体现出对于商品特性的概括、对于企业特征的描摹，更要体现出广告创意整体思路的脉络，同时还要兼顾为广告文案树立正确主题、深刻内涵的使命。

(2)形式层面——所谓广告文案创意的形式层面，主要指广告文案作品中语言文字的表现形式。具体来说至少涉及两方面的问题：一方面是语言文字本身的运用形式问题，如选用什么样式的句式、词语搭配、语法关系、逻辑顺序、组词技巧等；另一方面是语言文字之外的编排形式问题，如采用何种结构样式构成正文、各部分的比例关系、段落的长短、版面形象等。

(3)语音层面——语言文字是"字"与"音"的复合体。所谓广告文案创意的语音层面是指广告文案作品中语音文字的表现。现代广告文案的实践发展，要求广告文案创意不能偏废任何一个方面，而语音层面恰恰是可能导致广告文案创意发挥心理影响的一个隐性层面。在广告文案的创作中，能否兼顾文字的声调、音韵、节奏美，能否合理凸显广告语言的信息含量和音声美感，是很能体现广告文案创意主体水平的重要环节。

2. 广告文案创意的基本要求

作为广告作品的常见构成部分，广告文案担负着表达广告信息、传递广告主旨、劝服受众等多重职责，其创意构想面临的要求是多方面的，概括起来主要体现为以下几点：

（1）指向精准。所谓"指向精准"，就是要求广告文案创意对产品特点的精确体察和对企业特征的准确把握，以有利于广告文案彻底地履行其传递产品信息、凸显企业文化的功能和使命。

（2）内涵深刻。所谓"内涵深刻"，就是要求广告文案创意对产品（服务）及其与企业相关联的价值理念、文化主张等方面的开掘。

（3）创想新颖。所谓"创想新颖"，就是要求广告文案创意以新鲜的形式、新锐的视角、新潮的形式取胜。

（4）富含情趣。所谓"富含情趣"，就是要求广告文案创意善于通过对广告主题的领悟和对目标受众的分析来揭示产品（服务）自身所包含的引人情结和怡人趣味。

（5）思维独到。所谓"思维独到"，就是要求广告文案创意要"想人之所未想、道人之所未道"，以犀利的视角、敏锐的观察、出人意料的表现体现出广告创意主体的思维独创性。

三、广告文案创意策略

清新隽永或是新鲜独到的创意构想，往往来源于创意主体"思接千载、视通万里"的凝神专注，依赖其日积月累、厚积薄发的修养功夫。说到底，广告文案创意素质的养成并非"一蹴而就"的短时之功，它更需要长期实践操作基础上的经验积累。所谓"策略"，也非可以投机取巧的捷径，而只是前人在实践摸索中获得的一些心得体会。通常来说，广告文案创意策略有两种：一种是创意主体直接面对创意对象发挥主观能动性的创造性活动，称之为"正面创意策略"；一种是创意主体采取侧面迂回、间接地发挥创造性的活动，称之为"侧面创意策略"。下面简单地加以论述。

1. 正面创意策略

正面创意策略是指创意主体直接面对对象，发挥主观能动性、直接揭示广告内容核心、表现信息重点的创造性思维活动。在具体运用的过程中可以采用"直观感觉"、"情境触动"、"比较鉴别"等操作方法。

(1)直观感觉法。直觉,俗称"第六感觉"。在一些人的眼中,直觉的运用似乎充满着神秘色彩。从心理学的角度讲,直觉也是人们的一种正常的精神活动。直观感觉法的核心就在于凭借直觉确定广告文案创意的构思,此种方法比较适合于涉及产品(服务)、企业的特征等方面的广告宣传。

例如,台湾经销运动鞋的广告文案写道:

鞋子就是路

穿一双不好的鞋子,在一条平坦的路上跑,结果,感觉上还是等于在一条坏路上跑;穿一双爱迪达的鞋子,在一条坏路上跑,结果就等于跑在一条平坦的路上。

直观感觉法在实施的过程中,其优点是创想生成的时间周期短,效果显现的时间快,容易迅速完成创意思路的构建;但直觉的发生往往不是随人的意志而随时随地展开的,所谓"偶然的灵感"只能是思维长期专注集中之后的瞬间通透——这些都提醒创意人员,直觉的运用不是偶然的幸运降临,而是长久思维磨炼的产物;直觉的创意不是脱离实际的主观"神游",而必须依赖对创意对象的科学把握。

(2)情境触动法。人们某种心理感受的生发,往往都是在特定时间、特点地点、特点环境、特定条件下完成的,即所谓在特定"情境"下完成的。如果创意人员能够适时地模拟或渲染出这种"情境"氛围,则很容易触动受众的心理感觉,这就是所谓的"情境触动法"。

例如,以色列航空公司喷气式飞机航班的一则广告文案写道:"从12月23日起,大西洋将缩短20%。"与这则文案配合的是一幅平面宣传画,画面上的形象是波涛汹涌的大西洋海面,图片的一角被撕去了一部分,在这被撕去部分的空白处写下了这句文案的内容。客观上说,大西洋本身是不会缩小的,但由于飞机航线和航速的改变,更便捷的空中交通使人们产生了地球缩小的感觉。这则广告成功地运用了情境触动的方法,细致地把握住人们心理感受的变化,适时、恰当地描摹出在特定情境下人们的切实感受,有效地打动了消费者的心灵。

(3)比较鉴别法。比较鉴别法,就是通过对两个以上相近或相对的事物进行对比性观察和对照性品评来进行正面创意的一种方法。在现代广告史上,很多成功的广告大师都很善于通过比较和对照来辨别优劣、来突出产品(服务)特色,取得理想的传播效果。

例如英国一则"超级商会号"客机航班的广告文案。这则文案配合了两组图片，一组表现乘客被绑在座位上，流露出不堪拥挤的痛苦表情；另外一组表现乘客在座位上悠闲自如，读报、喝茶、听音乐，流露出舒适和愉快的神情。文案的内容是这样的：

搭乘"超级商会"远离挤迫苦况

乘坐一般商务客位，阁下可以体验到那种局促挤迫，缚手缚脚的苦况。

英国航空公司"超级商户"客位与众不同，一排6张座椅，分成3组，每组两张，不设中间座位，每一个位置，身边都是通道或窗口，宽敞舒适，让阁下泰然安坐，仍有足够地方，活动自如。下次飞英国，选坐英国航空公司超级商会客位，不必与人挤在一起，安享一个无拘无束，轻松舒适的旅程。

这是一个比较成功的比较鉴别法的实践案例。

比较鉴别法在实际运用的过程中要注意"适度"和"得当"，尤其是在进行两种产品（服务）的优劣对比时，更要注意分寸的拿捏。一般的行业禁忌是，不轻易地通过诋毁别人而抬高自己。

2. 侧面创意策略

侧面创意策略是指创意主体不直接面对对象，而是采取侧面迂回的方式，间接地发挥主观能动性来表现广告内容中心、推介信息重点的创造性思维活动。在具体运用的过程中可以采用"迂回暗示"、"设置悬念"、"动之以情"等操作方法。

（1）迂回暗示法。迂回暗示法是指通过对有关事物的说明和阐释来间接提示或侧面呈现广告文案创意主题的方法。此种方法的优点在于不直接传递广告的主题信息，绕过消费动机的矛盾之处，避免信息给人感官上的直面冲击，在迂回暗示中透露广告的诉求目的。

在广告创意的过程中，利用这种言外之意的暗示效果，以含蓄的表达来达到广告宣传的目的，也是广告创意的一种有效方法。比如发动机油的一则广告："用冒牌油，受害者是你的车。"言外之意可想而知。再比如，挪威奥斯陆 JBR 公司，以英国王妃黛安娜为主角制作了一则安全套产品的广告，广告画面上刊载了王妃黛安娜身穿白色晚礼服、头戴桂冠的照片，文案写道："是否随便和人上床，表面上是看不出来的。即使世家贵胄也难得免，还是小心为上。"

此种方法的缺点在于，暗示迂回的程度要把握得当，否则双关的话语、间接的表白容易给人造成曲折、晦涩之感，容易使人费解。

（2）设置悬念法。设置悬念法是指通过悬念来吸引受众的注意，使之产生好奇、惊异或疑惑、恐怖等心理紧张，然后以信息的传递消除紧张而使之获得身心愉悦的广告文案创意方法。

"设置悬念法"用"符号陌生化"的原理也能说得通。"陌生化"是俄国形式主义文学理论中的一个独创的重要概念。他们认为，与文化相关的日常感觉趋向于习惯性的态势，或称之为感觉的"代数化"、"自动化"，这必然导致对客体的视而不见、充耳不闻。而艺术的功能恰恰在于使我们的感觉非习惯化，从而复活对象。这就需要进行突破日常语言、文化惯例、既有规则的陌生化设计。陌生化把对象从正常感觉领域移出，是对象在受众感觉中"陌生"。陌生化设计突破语言常规与社会传统，迫使受众以新颖的、批判的眼光注意、感知它们。

美国一家电器商店，故意将广告牌子弄错。本来是一家电商店却悬挂起了文具店的招牌；广告所说的内容也是文具质量如何的好。不少行人发现后，出于好奇心进去告诉店主招牌弄错了，最后在店里逛上一圈，顺便买几样东西。当有人问店主为什么不把招牌改过来时，他笑着说："谢谢你的好意，我暂时还不想改，理由是每一个进来告诉我招牌和广告有错的人都会买几件商品。"

桂林中药制药厂生产的"西瓜霜润喉片"制作了这样一个设置悬念的广告：

卡拉怎样永远 OK？

甩掉今日的疲劳　抛开明天的烦恼　或三五成群或三朋四友和成双结对或独自一人，

今晚就要 OK　逍遥。

西瓜霜润喉片，可有效防止用嗓过度引起的声音嘶哑，咽干口燥，对嗓音有优良的滋润保护作用。

西瓜霜润喉片，今卡拉永远 OK！

（3）动之以情法。情感是最容易打动人的因子，动之以情法就是发挥情感的感染力，在广告文案创作中注入情感因素，在推介商品功用的"晓之以理"外，加强寻求受众情感共鸣的"动之以情"。从国际广告界的实践看，以现实生活中的人性美好、人性温暖等观念创作的广告作品很容易打动人，因而也容易取得商业上的成功。这种方法的优点在于，成功的情感诉求打消了传统广告传播过程中"受者"对"传者"的天然抵触情绪，有效地化解了劝服性传播过程中受众的逆反心理。

美国加州兰丽公司编写了"兰丽绵羊油"的广告文案，用一个富有传奇色彩的故事，突出了产品的浪漫经历和传奇故事，吸引了受众的注意，极大地激发了人们的感情。广告画面是用细线条画成的一只手和几只绵羊。标题是：很久以前，一双手展开了一个美丽的传奇故事！这则广告出现在报纸上，同时有一本带有英文说明的画册，等待受众去函索阅。画册上的故事写道：

　　在很久很久以前，一个很遥远的地方，有一位很讲究美食的国王。在皇家御厨中，有一位技艺高超的厨师，他所做的大餐小点极受国王的爱好。有一天，国王忽然发现餐点不好吃了，将厨师叫来询问，原来厨师的那双巧手忽然变得又红又肿，当然做不出好吃的早餐来。国王立即让御医为厨师医治，可惜无效。厨师不得不离去。

　　厨师流浪到森林中的一个小村落，帮助一位老人牧羊。他常常用手抚摩羊身上的毛，渐渐发觉手不疼了。后来，他又帮老人剪羊毛，手上的红肿也渐渐消失。他欣喜地发现自己的手痊愈了。

　　他离开老人返回京城，正遇皇家贴出告示征求厨师。于是他蓄须前往应征。结果他所做的大餐小点极获国王的欣赏。他知道自己的手已恢复了过去的灵巧。当他被录用以后，剃掉了胡须，大家才发现他就是过去的大厨师。

　　国王召见他，问他的手是如何好的。他想了想说，大概是用手不断整理羊毛，获得无意中的治疗。

　　根据这一线索，国王让科学家们详加研究。结果发现，羊毛中含有一种自然的油脂，提炼出来，具有治疗皮肤病的功能。国王命名其为"兰丽"。

第二节　广告文案创意与主题表达

　　"主题"原为音乐术语，指乐曲中具有特征的、处于显著地位的音乐思想。它是乐曲基本意象的载体，也是形成结构和发展的基础①。广告文案主题是广告文案创意过程中处于核心地位的创作思想，它是广告文案创造性思维的载体，更是形成广告文案结构和主体的前提。

一、广告文案主题创意的价值和作用

1. 广告文案主题创意的价值

　　中国的传统文人讲究写文章前的酝酿和构思，有所谓"意在笔先"的说法。无论写什么样的文章或文案，动笔之前应该明确通过什么内容表达什么思想和倾向，"意在笔先"的过程恰恰是确立主题的过程。主题往往可以用一两句话来概括，因此主题的确立是一个关于所述内容抽象概括的思维过程，

---

　　① 参见《辞海》，上海辞书出版社，1999年第1版，第3411页。

是一个深入实际、认识现实、反映现实信息的过程，是对创作对象和周遭世界分析、综合、比较、揭示事物本质的过程。广告文案主题创意的价值主要体现在以下几个方面：

第一方面，揭示内核、高度概括。

第二方面，贴近对象、回应时代。

第三方面，凸显思想、统领全局。

比如深圳华显微机病毒免疫卡的文案写道：

别无其他的选择

在众多的同类产品中，只有它，是世界上第一张微机病毒免疫卡。

只有它，唯一荣获国家发明专利〔专利号 2L9010303706，获部优，省优。

只有它，获国际科学与和平特别奖。

只有它，经过国际病毒权威严格检测，被称为"伟大的产品"。

只有它，为用户在保险公司代投保险。

这则广告在创意之初，就确立了鲜明的主题意识，因此我们发现材料和素材范围十分广阔和繁杂，却丝毫没有凌乱和无序，整个的文案布局都因为有了主题创意的统摄而变得井井有条。

2. 广告文案主题创意的作用

主题是广告文案的基本思想和基本内核，是构建文案结构形式的思想原点。主题一经确立，广告文案就有了施力的方向，广告作品的形式安排就有了创作的方向。广告文案主题创意的作用体现为以下几个方面：

（1）聚焦作用。在通常的情况下，广告文案肩负着传递尽可能多的信息的使命。但产品（服务）特点阐发的无限可能性与广告文案实际表达的有限性形成了尖锐的矛盾，解决这一矛盾的法宝就是发挥主题的"聚焦"作用。所谓聚焦作用就是明确一个中心，在信息内容的取舍过程中围绕中心选材，突出重点，使广告文案的创作与表达始终呈现一个明确的思维意向，以取得最佳效果。

（2）整合作用。主题聚焦的结果就是对广告文案所可能表达的信息内容的系统整合。在通常的情况下，广告文案的写作可能会有大量的写作素材和庞杂的信息资料，显然这"千言万语"不可能通通写进文案当中，只有在主题的感召、统摄、集约之下做适度的调整合取舍，最终形成付诸文字的文案表达。

二、广告文案主题创意的基础

广告文案主题创意同其他的广告创意活动一样，是一个艰苦的思维凝练的过程。任何创意思维活动的展开，都要经历一个相对漫长的思维运作过程。因此，为了保证创意思路的顺畅进行，激发构思创想的迅速生成，就如同田径运动员比赛前的"热身活动"一样，广告文案主题创意之初，也必须进行一系列的准备活动，这些活动是实施进一步创意的基础。

1. 把握广告传播活动的整体路线

在广告文案创意活动之初，主创人员必须能够准确把握广告传播活动的整体路线，在"一定之规"中进行思维创造。广告传播活动本身是一个复杂的系统工程，包含了众多的环节和要素，但其最终的目的是确定的，即"推介"产品（服务）、促进销售。每一次的广告传播活动，都要结合市场的实际情况，进行有针对性的"影响"或"劝服"——作为广告传播信息的重要部分，广告文案创意必须遵循传播活动的总路线。主创人员要经常问自己这样的问题：

文案是为了什么而写？

文案是否与广告传播的目的相吻合？

如果广告传播活动规定了明确的量化销售指标，文案主题创意能否有助于这个目标的实现？

广告文案为谁而写？

广告文案主题构思是否能让广告诉求对象满意？

……

2. 熟悉广告传播活动的具体战略

每一次具体的广告传播活动，都会有适当的战略安排和战术运用。广告文案主题创意人员必须了解相应的战略部署，才能有效地实施思维创想。广告传播战略安排涉及的领域众多，涵盖的内容广泛。

首先，主题创意要符合广告传播的媒体选择战略。同样是文案主题创意，如果考虑到"电视广告文案"、"广播广告文案"、"报纸广告文案"的媒体差别，在主题创意的着力点上会有很大的差异。

其次，主题创意要符合广告传播的营销战略。同样是文案主题构思，如果考虑到"长期营销战略"或"短期营销战略"的时限差别，在主题创意的构思取舍上会有很大的不同。

再次，主题创意要符合广告传播的诉求战略。同样是文案主题创意，如果考虑到"理性消费者"或"感性消费者"的心理差别，在主题创意的技巧运用上会有很大的区别。

3. 揣摩广告创意构想的精神内核

所有的广告创意活动的背后，都有关于"价值"、"观念"等精神因素的取舍和评判过程。广告文案主题创意的实质就是一种思维定位，这种定位必须与广告创意构想的整体文化选择相适应，必须深入了解、仔细钻研广告创意构想的精神内核。比如，广告文案所呈现的将是什么样的一种消费观点和生活理念；广告文案所负载的可能会是怎样的价值取舍或生活态度；广告文案所表达的是什么样的文化意念和思想内涵。

三、广告文案主题创意的构成

广告文案主题反映了创作主体对产品(服务)的理解、对生产者的认识、对消费者的看法等。因而，广告文案的主题主要由产品(服务)特征、生产者特征、消费者特征三个方面构成。

1. 产品(服务)特征

广告文案最重要的使命就是传递产品(服务)信息。因此，产品(服务)特征自然就成为文案主题创意构成的主要因素。对产品(服务)特征的把握涉及许多具体方面：

首先，有关产品(服务)品行、质量方面的部分。具体包括产品(服务)的性能、口碑、产地等。比如，农夫山泉矿泉水的广告文案强调自己的矿泉水饮品"绝不使用城市自来水"、"每一滴水都有它的源头"。

其次，有关产品(服务)品位、层阶方面的部分。具体包括产品(服务)的价格、荣誉、工艺、档次等。例如，张裕葡萄酒反复在自己的广告文案中强调其悠久的历史和卓越的品质，强调曾经获得荣誉和传奇的经历，极力彰显其不凡的品质。

2. 生产者特征

对生产者特征的把握涉及许多具体方面：

首先，有关生产者资质、能力方面的部分。具体包括生产者的历史来由、水平等级、实力验证、资本性质等内容。

其次，有关生产者信念、文化方面的部分。具体包括企业文化、团队意识、公众形象等内容。

3. 消费者特征

"顾客就是上帝"，现代广告传播活动的全部努力，都是为了最终能够打动消费者，赢得其青睐。对消费者特征的把握涉及许多具体方面：

首先，有关消费者属性、阶层方面的部分。具体包括年龄、性别、职业、住址等人口统计学方面的内容。

其次，有关消费者心态、行为方面的部分。具体包括需求、态度、趣味等内容。

四、广告文案主题创意策略

对于广告文案主题创意的策略运用，可谓"仁者见仁、智者见智"。无论什么样的策略运用，只要在实践应用的过程中取得了积极的效果，就不失为一种可选的策略。下面介绍几种基本的创意策略，即遴选策略、枚举策略、程式策略。

1. 遴选策略

"遴选"即"审慎选择"之意①。所谓广告文案主题创意的遴选策略，就是对广告文案所涉及的信息素材进行全方位把握和多角度分析，然后审慎选择一个最佳角度确定主题的创意方法。

遴选策略的运用，至少需要历经两个步骤。

第 步是"海选"步骤，即对广告信息素材进行尽可能详尽和细致的梳理，在多角度、多层面甄别的基础上，寻找创意生发的突破口。

第二步是"决断"步骤，即在多角度主题创意思路比较选择的基础上，确定一个最优方案。

2. 枚举策略

"枚举"即"一一例举"之意②。所谓广告文案创意的枚举策略，就是在全面掌握广告信息素材的基础上，将若干种主要信息提炼出来以确定主题的创意方法。"枚举"可以是要点的集合，从最能够体现产品（服务）特点的信息要素中选择一些要点；可以是"提炼"和"组织"，形成"要点集群"，来突出主题。

请看这幅平面广告作品中的文案表达（见图 10 - 3）。显然，这是一个通讯产品的宣传海报，抛开画面的形象不谈，我们单看它的文案内容组织，很明显地是在"一一例举"，不仅详细地例举了产品与众不同的功能和特性，甚至还详细地讲述了产品促销活动的细则，极力地将产品的优良品质和合适价格抛出来吸引消费者的关注。

---

① 参见《辞海》，上海辞书出版社，1999 年第 1 版，第 3620 页。
② 参见《辞海》，上海辞书出版社，1999 年第 1 版，第 3020 页。

3. 程式策略

"程式"即"一般的格式、规定的格式"之意①。所谓广告文案主题创意的程式策略，就是全景式地展现有关产品（服务）特点、生产者面貌、消费者需求的信息要素，以成型的格式套路来确定主题的方法。我们来看美国Grand Am 汽车广告的文案主题创意：

满载锋芒豪情，任您尽情挥洒
高度动态，在风中快意地宣泄
高性能，足以超越道路上的任何目标
高感觉，完全的操控尽在掌握中
高安全，第一步要防止意外的发生
高满意度，售后完美的专业服务

图 10 - 3　通讯产品平面广告

不难发现，全部的文字编制和语言表达都是在完成一个既定的任务，就是对文案主题的全景式展示，以求多角度、全方位地介绍产品的特性与品质。

4. "艾达玛"策略

所谓"艾达玛"策略，即"AIDMA"策略，是英文"Attention"、"Interest"、"Desire"、"Memory"、"Action"五个词语的缩写。该策略将广告被认知到引出购买行为的过程，分为五个阶段加以说明（见图 10 - 4）。

图 10 - 4　AIDMA 模式图

通过对这五个阶段的把握，可以找到广告文案主题创意的着力点：

（1）选择"能够吸引广告受众注意的主题创意"。

（2）选择"明白易懂的主题创意"。

（3）选择"能够激发消费者购买欲望的主题创意"。

（4）选择与企业形象联系密切的主题创意。

（5）选择最能引导消费者付诸行动的创意。

---

① 参见《辞海》，上海辞书出版社，1999 年第 1 版，第 4973 页。

第三节 广告文案创意与结构设置

结构，即事物的排列组合方式。广告文案创意的一个重要方面就是针对文案结构的创意，即对文案结构方式的选择和各个组成部分的内容安排。在一般的情况下，正规的广告文案在结构上包括三个部分：标题、正文、附文，下面针对前两个部分阐述一下其创意要领。

一、广告文案标题创意

标题是标准式广告文案结构的信息表现的核心要素，通常对待标题的要求就是四个字"言简意赅"。然而在实际的标题创意过程中，还需要注意以下几点：

（1）与产品（服务）联系的密切性。即一见标题就能够使人立刻联想到商品。

（2）语言表意的明晰性、适宜性。即标题文字的意思明朗，语言组织得当，不会产生误解、歧义，或造成拖沓冗长之感。

（3）诉求方式的单一性。标题创意直接针对产品（服务）的诉求点，尽量采用一点就透、一说就懂的明快表达方式。

（4）表达方式的趣味性。标题创意应努力创造出与众不同的观点或新颖的表达形式，从而引起注意，激发兴趣。

在信息传播高度发达的现代社会，受众接触广告信息的量十分巨大。在这样的情况下，"浏览"就成为受众选择广告文案信息的主要方式，除非有与众不同的标题能够吸引眼球的注意，否则受众的眼光就不会轻易专注于一则标题。这样一来，广告文案创意人员在进行标题创意时，就需要逐一实现以下步骤：

步骤一，吸引受众注意。美国 Clorox 漂白剂广告文案的标题是"以 Clorox 漂白剂开始你的下一餐"，与标题相配合的是一幅令人恶心的图片——一条瞪着眼的死鱼，让所有打算进餐的人倒了胃口，但却忍不住去读文案的正文，并了解到这种漂白剂的强力杀菌功效，意识到餐具消毒的重要性。

步骤二，引导受众阅读。成功的标题创意总会激发受众的阅读兴趣，促使他们希望获取更多的信息内容。

步骤三，交流产品益处。时值今日，单纯地推介或劝服型的标题已经很难打动受众，消费者期待的是通过广告获取对自己有利的实用性信息。而成功的标题创意，总能找到产品(服务)与受众利益的契合点。"凌志"轿车的一则广告标题是："所有车祸的33%是由于侧面冲击相撞/早看到这条广告就好了。""奥迪"汽车的一则广告标题是："拥有肌肉、头脑、长相，如果它是个人，你应该在文中就恨他。"Chevy S－10跑车的一则广告标题是："能开到190马力是有原因的，因为我们把ScotchgardTM(防湿易洗材料)加入了座椅材料中。"

步骤四，巩固品牌记忆。标题创意的结果不是以奇思妙想掩盖产品(服务)品牌；相反，它应该既能取悦受众又能利于产品(服务)品牌发挥创造。美国J&B威士忌酒的一则广告标题是："叮叮当，叮叮当，没有J&B威士忌酒的节日不再一样。"美国纯伏特加酒的一则广告标题是："纯伏特加 A.(ABSOLOTL. A.)。"(一个纯伏特加酒瓶形状的游泳池的图形)

步骤五，取信于受众。由于现代广告宣传的背后动机是"逐利"的，所以大多数受众接受广告信息时，或多或少都有一些逆反情绪和抵触心理。广告创意的运营，必须使信息以可信的面貌呈现于世人的面前。日本三得利纯麦芽威士忌山崎的一则广告标题是："什么也不加，什么也不减。"日本大冢制药的一则广告标题是："5克纤维换算成黄瓜为8条。"泛美航空公司的一则广告标题是："零下的早晨也好，雨夹雪的早晨也好，都是一发动就跑，早点回！"

步骤六，适当配合图像。有人把今日的传播时代，称为"读图时代"，这不无道理。图像的可视性所带来的形象感，往往要超越单纯文字叙述更能吸引人们的注意，也更容易被受众接受和解读。难怪有人说"一张图像抵得过1000个文字"。广告标题创意注意与图像的配合与回应，往往可以创造出非凡的效果，即产生一加一大于二的整体感染力。比如，一个美国的吸尘器广告文案中出现了一个看似沉闷、普通的标题叙述："注意吸头的方向"；但标题一侧的图画上，看到的是一个男人的假发飞向吸尘器的情景。这样奇妙的构思，使得整个广告焕发了光彩。

关于标题的创意，美国广告大师大卫·奥格威曾经提出了十条建议，很有借鉴价值，其主要内容包括[1]：

---

① 引自余明阳、陈先红主编：《广告策划创意学(第2版)》，复旦大学出版社，2003年第2版，第253～254页。

平均而论，标题比正文多五倍的阅读力。如果在标题里未能畅所欲言，就等于浪费了80％的广告费。

标题应该向消费者承诺其所获得的利益，这个利益就是商品所具备的基本效用。

要把最重要的信息纳入标题之中，要始终注意在标题中注入新的吸引人的信息。

标题里最好包括商品名称，不要遗漏品牌名称。

标题要富有魅力，应写点诱人继续往下读的东西，这样才能引导读者阅读副标题及正文。

从推销而言，较长的标题比辞不达意的短标题更有说服力。

使消费者看了标题就能知道广告内容，而不是强迫他们研读正文后，才能理解整个广告内容的标题。

避免写一些故意卖弄的标题，像双关语，引经据典，晦涩的词句应尽量少用，不要写谜阵式的标题。

使用迎合于商品诉求对象的语调。

使用在情绪上、气氛上具有诱惑力和冲击力的语调和词汇。

二、广告文案正文创意

1. 广告文案正文创意的重要性

正文是广告文案的"主干"和"主体"，是广告文案全部内容的整体，是对广告文案主题的具体化陈述和对广告文案标题的详细化展开。正文肩负着铺陈广告文案全部"言说"的功能，肩负着传递广告文案主要信息的功能。因此，广告文案正文的创意是广告文案创意极为重要的一个方面。

我们来看这样一个例子。美国广告人 R·J·瑞诺斯本为一则公益广告撰写了广告词。在这则广告文案中，创意主体规劝人们"不要在床上吸烟"，于是他写下了这样一个有趣而引人注目的题目："在床上不能做的事。"虽然这个标题很出彩，但仅靠它完成不了广告传播信息的完整要求，于是他写下了下面这些精彩的广告文案正文：

你可以读书。
你可以休息。
你可以睡觉。
你可以打电话。
你可以吃早餐。
你可以看电视。
你可以听音乐。
你可以做锻炼。

你可以打鼾。

你可以吃零食——假如你一个人。

对，你可以拥抱。

但是，当你在床上时，不要点香烟。

因为只要你打盹，你的许多梦想就可能随烟而去。

这个案例带给我们诸多启发，它提醒广告文案创意主体，在进行正文创意之前，一定要有一个正确而科学的心态，要清楚正文的内容，不是刻板说教的讲义，不是东扯西扯的闲聊，不是长篇大论的著作，而是针对受众消费者的一次难度极大的劝说和说服。正文的创意一定要新颖有趣，才能使受众、消费者乐于接受、乐于解读。

2. 广告文案正文创意的指导方针

(1)熟悉产品并使之熠熠生辉。美国著名广告大师大卫·奥格威曾经说过：没有乏味的产品，只有乏味的作者。也许一件产品的功能与特性并无出奇之处，但创意人员的睿智和妙想会让它闪闪发亮，熠熠生辉。

(2)坚持主题并使之贯彻到底。在进行广告文案正文创意的过程中，最忌主题松散、茫无边际。只有科学地开发主题，并始终贯彻到底，才能将创意的力量激发出来。美国著名的广告人斯达沃·卡斯普罗斯曾经对此作过生动的讲解：他把一片纸板撞到由 1000 个尖锐的钉子做成的"钉床"上，结果纸板安然无恙，由于钉子连成一片，很难刺穿纸板；然后，他又把纸板对准一个尖锐的钉子撞去，"嘭"的一声，纸板被刺穿。这个生动的演示形象地解释了贯彻主题的重要性。

(3)面向目标并使之有的放矢。我们会发现，一些经验丰富的创意人员在面对数量庞大、面目模糊的消费群体时，机敏地选择了"你"的称呼。当使用这样称呼的广告信息传递到受众个体那里时，往往会使他们产生好像广告是对自己说话的感觉。因而，正文创意的一个重要方针就是学会面向目标有针对性的创意，考虑称谓的人称，考虑尽可能使用单数名词和动词。

(4)润色语言并使之通俗易懂。很多广告文案正文的失败之处就在于他们忽视了受众的接受能力和兴趣习惯。很多创意人员自以为对产品的特色与功能了如指掌，甚至不惜罗列大量专业词汇来卖弄自己的学识。然而，他们却犯了一个大大的错误。创意人员必须学会润色语言，并使之通俗易懂地表达，使这些语言能适应不同消费者的读解能力。有这样一个有趣的案例足以说明问题。美国著名杂志《读者文摘》的一位撰稿人改写了一位科学家的稿件，这位科学家写道："这个生物群演绎了 100% 的死亡反应"；而撰稿人将其改写为更通俗易懂的话语"所有的鱼都死了"。

（5）组织语言并使之言简意赅。在很多的广告文案正文里都充斥着大量"冗余信息"和"垃圾短语"。这些语言信息的传递不仅不会有益于产品形象的树立，还可能带来负面的效果。比如，一则文案宣称这种衣服"适合任何场合穿着"，显然这样一个多余的夸大其辞让消费者产生了嗤之以鼻的怀疑；而诸如"走过路过不要错过"、"数量有限送完为止"、"多买多赠"、"绝对有效"式的陈词滥调，对于拓展正文的创意空间并无好处。

（6）注重表达并使之生动活泼。显然，广告文案正文的创意，要借鉴许多修辞手法和写作技巧，但需要切记的是这些文采的堆砌绝不是为了展示某种文学才华，而是为了使正文的内容更加生动活泼。美国作家多格·威廉姆斯用两种不同的语言表述形式撰写了同样的信息，我们来看一下这两段文字，哪一段更能打动读者[①]：

耳朵需要变化。当我变化句子的长度，并创作有韵律、和谐的音乐时，请听我说。我使用短句，中等长度的句子。有时，我知道读者厌烦时，我就用相当长度的句子鼓舞他们。这些句子富有活力和渐强的冲力。它们有咚咚的鼓声和轰隆的钹声。它们的声音能促使读者去听，因为这很重要。

耳朵需要变化。现在请听我讲，我变化句子的长度，并能创造出音乐。文字也会唱歌。它富有美妙的韵律与和谐。我使用短句。我也同样使用中等长度的句子。有时，当我确定读者腻烦时，我会使用相当长度的句子鼓励他们。这是一种富有能力和火焰般渐强的冲力，咚咚的鼓声和轰隆的钹声的句子。听我说，声音能说明问题。这很重要。

3. 广告文案创意的操作技法

（1）标准式正文创意。即按照广告文案正文写作的传统习惯和传统经验，有板有眼地陈述产品信息、推介产品特点。比如，厦新 A8 手机的广告文案中写道[②]：

这是个酒和音乐的夜晚，七种颜色的灯光在闪耀。男人和女人，空气中迷醉的气息。她微笑着，从人群中走过来，什么才会是她想要的。大气也要亲和的，抑或还有深邃的目光？她眼中的诱惑，永远是你无可想像的魅力所在。

---

① 引自（美）A·杰罗姆·朱勒（A．Jerome Jewler）（南卡罗莱纳大学），邦尼 L·朱奈尼（Bonnie L．Drewniang）（南卡罗莱纳大学）著，郭静菲，黎立译：《广告创意策略（原书第7版）》，机械工业出版社，2003 年版，第 94 页。

② 引自余明阳、陈先红主编：《广告策划创意学（第 2 版）》，复旦大学出版社，2003 年第 2 版，第 254 页。

（2）故事式正文创意。即通过讲故事的方式来烘托产品特色，渲染广告主题。这种正文的撰写通常都有基本的故事人物和故事情节。例如，美国著名广告创意大师乔治·葛里宾（George Gribbin）就曾经为美国旅行者保险公司创作了一则故事性极强的文案，其中写道①：

当我28岁时，我认为今生今世我很可能不会结婚了。我的个子太高，双手及两条腿的不对头常常妨碍了我。衣服穿在我身上，也从来没有像穿到别的女郎身上那样好看。似乎绝不可能有一位护花使者会骑着他的白马来把我带去。

可是终于有一个男人陪伴我了。爱维莱特并不是你在16岁时所梦想的那种练达事故的情人，而是一位羞怯并笨拙的人，也会手足无措。

他看上了我不自知的优点。我才开始感觉到不虚此生。事实上我俩当时都是如此。很快的，我们互相融洽无间，我们如不在一起就有怅然若失的感觉。所以我们认为这可能就是小说上所写的那类爱情故事，以后我们就结婚了。

那是在四月中的一天，苹果树的花盛开着，大地一片芬芳。那是近30年前的事了，自从那一天之后，几乎每天都如此不变。

我希望我们能生几个孩子，但是我们未能达成愿望。我很像圣经中的撒拉，只是上帝并未赏赐我以奇迹。也许上帝想我有了爱维特莱已经够了。

唉！爱维在两年前的四月中故去。安静地，含着微笑，就和他生前一样。苹果树的花仍在盛开，大地仍然充满了甜蜜的气息。而我则怅然若失，欲哭无泪。当我弟弟来帮助我料理爱维的后事时，我发觉他是那么体贴关心我，就和他往常的所作所为一样。银行中并没有给我存了很多钱，但有一张照顾我余生全部生活费用的保险单。

就一个女人所诚心相爱的男人过世之后而论，我实在是和别的女人一样的心满意足了。

（3）诗歌式正文创意。即借助文学中的诗歌体裁套嵌在广告文案正文的撰写之中，以整齐的句式、和谐的结构、舒展的感情，来唤起受众的共鸣。例如，挪威游艇公司的一则广告文案写道：

这里与众不同。
我将本末倒置。
我将欣赏夕阳。
我将更加自在。
我将发现色彩。
我将记住白云。

---

① 引自余明阳、陈先红主编：《广告策划创意学（第2版）》，复旦大学出版社，2003年第2版，第259页。

我将水陆双栖。

我将品尝芒果。

我将晒成漂亮的棕褐色。

（4）罗列式正文创意。即将正文中并列的几条内容或几种信息逐一罗列，形成清单，让人一目了然。例如，美国马萨诸塞州社团保护动物免受虐待的广告文案的标题是："把一切做到最好。领养一个杂种狗。"在这则广告的画面上，一只讨人喜爱的杂种狗正在直视着读者的眼睛。而在文案正文中，则一一罗列了领养一只杂种狗的诸多好处：

Lassie 狗的聪慧

斑点狗的斑点

牧羊犬的叫声

Beagle 狗的友善

St. Bernard 狗的心灵

大丹狗的爪子

以上所阐述的四种正文创意的操作技法，只不过是正文创意众多技法中的沧海一粟。可以说，广告创意的实践领域有多广阔，正文创意的操作技法就有多丰富。在这里将"标准式正文创意"、"故事式正文创意"、"诗歌式正文创意"、"罗列式正文创意"四种技法单独拿出来，目的就是抛砖引玉，激发更多、更高超的创意技法的出炉。

创意赏析

亲切可人的"娃哈哈"

娃哈哈集团公司是浙江省一家集工业、物资、商贸等产业为一体的大型企业集团，该公司创办于1987年，如今成为中国食品业的举足轻重的优秀企业。在业界，人们一直对"娃哈哈"的名称创意津津乐道（见图10-5），很多人认为"娃哈哈"之所以会受到家长们的青睐和孩子们的喜爱，除了产品本身的质量好之外，它的这个亲切可人的名称起到了很大作用。

据说"娃哈哈"这一名称可能最初取自儿歌《娃哈哈》，这首儿歌曾经深受孩子们的喜爱，流传很广。

不仅如此，"娃哈哈"这一名称本身也大有"妙处"，可以说它是科学创意思维和巧取民间智慧的结合。

图 10 - 5 娃哈哈系列产品

例如，从发音上看，"娃哈哈"的三个音节(wahaha)都是由一个声母和一个单韵母 a 组成的，而 a 则是汉语韵母中开口度最大、发音最响亮的音。不难想象，刚出世的婴儿发出的第一个音节就是"啊"(a)，刚学话的孩子学会的第一个词大都是"爸、妈"(ba、ma)。所以有人形容：当孩子们集体演唱《娃哈哈》这首歌时，一唱到"娃哈哈、娃哈哈"这句，就会显得特别响亮、整齐、带劲。在民间智慧的背后，我们不难理解，由于"娃哈哈"这个名称本身的朗朗上口，比较适合儿童的语言表达能力，因而它也就容易被孩子们挂在嘴边儿，成为孩子们喜欢和熟悉的对象。

例如，从听觉效果上看，"娃哈哈"由三个叠韵词组合而成，其中的"哈哈"又是一个叠音词。叠韵、叠音本身就具有一种独特的音响效果，组合在一起更能给人以拟声的愉悦，带来舒畅、爽朗的心境，进而就容易让消费者对产品产生好感。

例如，从视觉效果上看，汉字是一种象形文字，而"哈哈"两个字的字形，很容易使人联想到一张张大开的笑口或一副副欢快的笑脸；再加之"娃哈哈儿童营养液"外包装上那两个模样十分滑稽可爱、逗人发笑的胖娃娃，更是有效地刺激了人们的视觉神经。所以，当"娃哈哈"这个名称出现时，往往可以激发消费者的"通感"或"移觉"，使人产生一种愉快的视觉印象，形成一种愉悦的情绪。

例如，从词义的感情色彩上看，"娃哈哈"一词中的"娃"字颇具感情功能。在日常生活中，当我们听到"小孩"、"胖小孩"这类词语时往往会有亲切、疼爱之感；而"娃"字的使用再次唤起了这种喜爱的情绪，最终这种喜爱的情绪弥漫在"娃哈哈"的名称之中。

实际上，"娃哈哈"这一名称创意，既适合儿童的心理、生理特点，又富有活泼的儿童情趣；既容易激发儿童的童心、童趣，又能巧妙地激发成人的关爱、怜惜之心，还反映了父母对孩子的健康快乐成长的热切愿望，真可谓"恰到好处"。

第十一章 平面广告创意

压题图片

图 11 - 1 饮料产品平面广告

美国著名广告大师詹姆斯·韦伯·扬曾经说过:"广告上的创意,是把所广告的商品,对消费者特殊的知识,以及人生与世界各种事物之一般知识,重新组合而产生的"。这段广告大师身体力行后的亲身感言,向我们提示了有关广告创意思维生成的某些规律性认识。实际上任何创意的生成都是广告人长久思维积淀的产物,都几乎囊括了其全部的心智积累和所有的人生感悟。看看旁边的这则平面广告创意作品吧,这样的创意不可能不让你心动,正如广告所说:"只有喝了才知道它的好处。"

关键概念

平面广告的创意原则——目标诉求优先、信息主题优先、视觉重心优先、视线引导优先。

报纸广告的创意原则——"结晶"原则、"强化"原则、"瞩目"原则、"切题"原则、"通畅"原则。

"注目率"——是报纸广告的一个专业名词,它主要是指接触报纸广告的人数与阅读报纸广告的人数之间的比率,它是测评报刊广告阅读效果的一项重要指标。

邮寄广告——是指利用传统的邮政传输网络传递产品(服务)信息的广告传播活动。邮寄广告是市场经济环境下广告传播活动与邮政传输活动相互联姻的产物，一时间备受推崇。

POP——是英文"point of purchase advertising"的缩写，可以译为"购买点广告"，简称 pop 广告。

招贴广告——英文为"poster"，牛津英语词典将其解释为"展示于公共场所的告示(Placard displayed in a public place)"。

第一节　平面广告创意的基本问题

一、平面广告的历史与内涵

平面广告的说法在广告业界由来已久，这种以空间存在的维度来划分广告媒介物的方法已经成为广告业界的共识。尽管广告媒介物本身可以依照制作方式、信息承载方式、表现样式等标准进行逐层细致的划分，但相对于电子媒介的空间存在方式而言，平面广告这个概念实际上涵盖了以长、宽两个维度存在和表征的所有广告媒介物存在形式。

1. 平面广告的历史面貌

一般认为，平面广告起源于人类社会早期的商品经济活动中。从我国古代广告的历史看，早在战国时代就出现了平面广告的雏形。战国时代，由于商品生产的发达和商品交易的繁荣，各诸侯之间的贸易往来十分活跃，"酒店"、"食肆"等行业十分盛行，《韩非子·外储说》记载"宋人有沽酒者，升概甚平，遇客甚谨，为酒甚美，悬帜甚高"。这段历史文献形象地反映了那时的店主已经自觉地打出旗幌、招揽顾客，而这高悬的"帜"，即为古代有证可考的平面广告形式之一。

在中国古代广告史上，平面广告的首次转变出现在印刷术发明以后。我国封建社会的唐朝时期，基于制造业和商品经济的繁荣，沿街而设的店铺成为城市贸易的主要活动场所，由此掀起了商贾竞相创制印刷品广告、招揽生意的热潮。到了宋代，以纸张印刷为主要形式的平面广告发展迅速，衍生出丰富的样式。例如，在本书论及"广告文案创意"的相关章节提到的我国目前发现最早的北宋时期"济南刘家针铺"的功夫针广告，以白兔为标记、兼有广告文案正文和口号，反映了当时平面广告的发达情况。除此之外，古代平面广告还有其他的一些样式，比如"仿单"。从现有的考古资料看，曾发现过南宋时期万柳堂药铺的仿单铜版，该仿单图文并茂、文字翔实，堪为佳作。另外，我国现存最早的南宋时期的一幅《眼药酸》印刷作品，被视为古代海报作品的代表。

近代中国，由于外强入侵致使民族工商业举步维艰，对中国广告业的延续和发展也产生了深刻的影响。但西方列强的侵入在客观上也带动了中国平面广告的提高，当上海街头出现了色彩鲜艳、形态逼真的西洋广告画后，中国的商家和经营者也开始推动民族广告的出笼。民国时期的上海、天津、武汉等通商口岸出现了第一批广告经营者和广告设计、制作专家，对日后中国广告业的诞生和发展起到了重要的先驱和启蒙作用。

2. 平面广告的形态类别

在经历了解放前夕的萎缩、解放初期的衰退和 20 世纪六七十年代的停滞后，中国的广告业在 20 世纪 80 年代迎来了前所未有的历史契机，走上了蓬勃发展的上升之路。改革开放的新时期，将长久以来的历史重负和进步渴望激发为向上的动力，使得新一代广告工作者以极大的热忱和惊人的毅力迅速地将国际先进的平面广告经验消化吸收，为新时期中国广告业界平面广告的繁荣奠定了基础。

时至今日，在不断追求平面广告表现力和不断拓展平面广告科技含量的趋势下，平面广告这种存在形态早已渗透到日常的商品经济和消费生活中成为人民生活水平提高和经济成长的晴雨表。但由于平面广告这个概念本身的丰富性，有必要将其做进一步的形态类别划分，来把握其规律特点。

应该说，在不同的标准下平面广告有不同的类别所属。以制作方式区分，平面广告可以分为印刷类、非印刷类、光电类等；以媒体使用区分，平面广告可以分为大众传播类、非大众传播类等。在实际应用领域，广告创意人员往往会根据实际需要和实践经验对平面广告的具体形态做进一步的细分。通常来说，"大众传播类"平面广告指借助于大众传播媒介来承载信息的平面广告样式，具体包括报纸、杂志的印刷广告等，同时也泛指电话黄页、旅游图册、车船机票的丰富的形式。而在日常经济生活中经常出现的海报、产品说明书、年历广告、贺卡广告、节目单广告、邮寄广告等样式，被业界习惯性地看做是"纯平面广告"，即信息量集中、针对性强、广告功用纯粹。室外的灯箱广告、招牌广告、LED、磁翻牌广告、霓虹灯广告、激光投射广告等，经常被专门称呼为"户外广告"；而附着于公共交通设施、出租车、公共汽车上的平面广告又被单独归属于"交通工具广告"。值得一提的是，随着数字化技术的不断成熟和普及，平面广告的样式表现又有了许多崭新的应用，比如目前的一些"网页广告"就是传统平面广告理念与现代数字技术结合的全新形式。

二、平面广告的创作与设计

在平面广告的实际操作中，必须有一个清晰的目标指向和一个基本的创作宗旨，否则有关平面广告的任何筹划与设想都将只是漫无目的的误打误撞。今日的社会生活可谓五彩缤纷、绚烂夺目，日益发展和丰富的社会文化为平面广告的创作与设计提供了富足的土壤和广阔的天地，只要平面广告的创作主体肯于调查、善于实践，就一定能够创造出神奇瑰丽的平面广告作品，取得艺术和商业上的"双赢"。

1. 平面广告创作与设计的基本要素

在日常的广告传播过程中，平面广告呈现在受众面前的是一种图文并茂、生动鲜活的样式，其创作与设计时的基本要素包括"图"与"文"两大部分。有关"文"的部分在本书的相关章节有专门的论述，在此仅就与"图"有关的部分作以介绍。这里所谓的"图"，主要指一则平面广告总体的构图安排和形体设计，其具体要素主要包括图案表现、文字形式、标识呈现和色彩变幻。

（1）图案表现。图案在平面广告中发挥着不可替代的作用。总的来说，图案是造成平面广告视觉冲击力的主要因素；图案是促成平面广告直观形象感的主要方式。

首先，图案的吸引力是完成平面广告视觉冲击力的基本保障。心理学和广告学的研究早已证明，大多数人对于图案的直接兴趣要远远大于对于文字的直接兴趣，如果在平面广告中显现插图或画面，那么关注这些图案的人们会是关注广告文字正文的两倍。甚至有广告心理学者总结出人们对图形和文字的注意度分别是78%和22%。在当今广告业界高唱"眼球经济"、"注意力经济"的时代背景下，懂得美化版面、展现图案、涂抹色彩等创作手段是必不可少的。

其次，图案的形象性是造就平面广告形式生动感的有效方式。平面广告图案的价值在于生动形象、直观逼真地表现产品（服务）特质，而且还可以弥补文字陈述的不足，增强平面的说服力，有利于平面广告跨越文化阻隔和知识壁垒，进行有效的信息传递。

例如，下面这幅"奥林巴斯"相机的广告，其运用图案增强广告说服力的举措运用得十分成功。我们很容易理解并赞同创意主体的奇思妙想，一个摄影的爱好者，一个相机的忠实消费者，一个爱"奥林巴斯"的人，他与相机的关系会是怎样的呢？如果用语言和文字来表示，虽然也可以表述得比较清楚，但很难做到形象与生动，一个诸如"形影不离"的词语，或是一句"爱不释手"的比喻，都很难言尽那种蕴涵于内的中心主旨。在这样的情况下，图案的出现，让一切变得光鲜和生动起来，图案的形象性成为最夺人眼球的看点，模特身上的印记正好诠释了对"奥林巴斯"的喜爱(见图 11－2)。

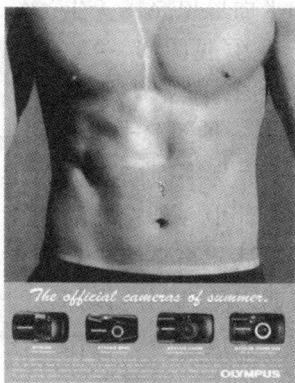

图 11－2 "奥林巴斯"相机平面广告

在实际应用中，平面广告图案又有诸多具体形式，如照片、绘画、漫画、绘图等。

照片，是平面广告创作与设计中使用最为频繁和广泛的一种图案形式。平面广告照片一般包括产品摆放照、操作演示照、使用效果照等，其功能在于生动、具体地反映产品(服务)特质。看看旁边的这幅平面广告作品(见图 11－3)，就使用了照片来演示产品、烘托效果。这则广告推介的 SONY 电子录音机产品，着重显示产品的"体积小、容量大"的特点。照片中有产品的实物形象，又有产品的比例大小，还有附带的产品功能的介绍。受众通过该平面广告，通过目睹照片的真实影像就可以直观、形象地了解从产品外观到功能特点的众多信息，充分显示了图案的积极作用。

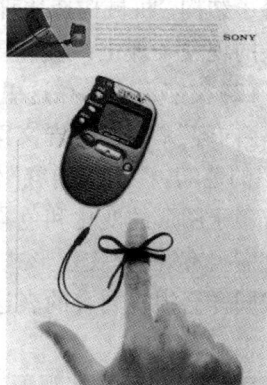

图 11－3 SONY 电子录音产品平面广告

绘画，是广告创作与设计中常见的一种图案形式，它依靠色彩的运用和线条的组织等视觉语言来传递广告信息。绘画可以是传统美术领域中的油画、水墨画、水彩画、素描画等，也可以是现代视觉艺术中的版画、造型画、抽象画等，其功能在于超越普通照片的单纯"写实"，而是更注重氛围的营造和意境的烘托。

漫画，俗称"卡通画"，是一种运用拟人化手法将无生命之物赋予人性的绘画方式，是平面广告创作与设计中一种特殊的图案形式。借助于漫画的奇趣，引发受众的联想，通过卡通漫画本身的幽默性和滑稽性赢得受众好感，是平面广告漫画成功的关键所在。在通常的情况下，此种方式对少年儿童的影响显得尤为突出。在旁边的这幅平面广告作品中，就大量地运用了"卡通画"的形象元素，将游戏主题曲用可爱的卡通形象充当音符做成画面，使整个的平面形象充满了生机与活力(见图11－4)。

绘图，即所谓"示意图"，是一种图解式的绘画方式，是平面广告创作与设计中一种特殊的图案形式。当平面广告在表明产品(服务)内部构造、组成部分、运作机理、整体布局等方面掣肘之时，当平面广告

图11－4　漫画式平面广告作品

在即使运用照片、绘画等手段也无法清晰说明诸如房屋位置、建筑设计、药品分子结构、机械构造原理之时，绘图的出现可以描摹图形、编制图解，使复杂的现象条理化，让抽象的模式形象化。

(2)文字形式。在这里我们讨论的是有关"文字形式"的问题——如果说"文字内容"属于"广告文案"的范畴，那么"文字形式"则属于平面广告中"图"的范畴。"文字内容"仰仗语法逻辑和文思写作，而"文字形式"则更多地有赖于图形的变化和色彩的搭配。从另外一个角度说，好的"文字内容"客观上需要有好的"文字形式"加以呈现；追求文字的内容固然重要，但单调的形式同样会损害内容的表达。"文字形式"主要包括三个方面：字体、字号、文字编排。

字体是文字的外观形态，是文字带给人们直观上的形态感觉，是文字的书写样式。通常情况下，平面广告字体分为三类：印刷体、手写体、美术体。印刷体的风格是庄重、规范，严肃、典雅，常用的基本字体诸如宋体、仿宋体、楷体、黑体等；手写体的风格是灵活、随意，活泼、轻松，常用的基本字体诸如篆

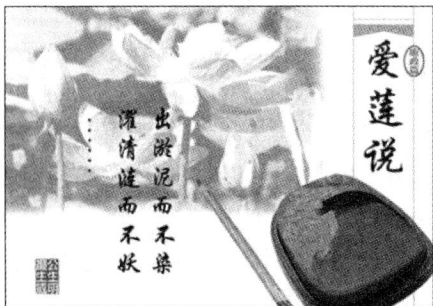

图11－5　使用"行楷"字体的平面广告作品

书、隶书、草书、楷书、行书等；美术体的风格是美观、悦目，具有明显的装饰性和艺术性，常用的字体包括宋体、黑体、变体等。如图11－5的这幅以

"反腐倡廉"为主题的平面广告作品，其中的字体使用的是"行楷"，既不失典雅、大方、庄重，又兼具活泼、动感和表现力。

字体的选择是平面广告文字形式的技巧策略，是施创主体充分考虑广告商品特性、广告主题表现、广告风格特点等诸要素基础上的现实取舍和操作拿捏。在实际的应用过程中，关于字体的选择有很多经验性的总结：宣传电子产品的广告字体，适合使用典雅、内敛又不失优美、轩昂的黑变体等，以凸显产品（服务）的品质与内涵；化妆、服饰、日用等产品（服务）的广告字体，适合使用轻巧秀丽、活泼自由又不失婉约、曲折的宋体等，最忌讳采用粗放、厚重的黑体；儿童产品（服务）可选用变体，显得趣味盎然；具有典型民族风格的传统商品的广告字体，适合使用具有书法韵味的手写体，显得洒脱、大气、饱含文化气息。另外值得注意的是，在单幅平面广告作品中，字体不宜选用太多，否则会造成零乱、芜杂之感。

字号是字体的空间施展，是字体的大小度量。目前国际上通用的计量字号大小的单位是"点"，每点为 0.35 毫米（误差规定在 0.0050 毫米之内），据此逐渐形成了 1～7 号字体（见图 11－6）。依照广告心理学的规律，字号越大则意味着对受众刺激的强度越大，有可能就越引人注意。在实际的应用中，适当考虑调整字号的大小，与其他构图因素相结合，容易产生良好的视觉效果。

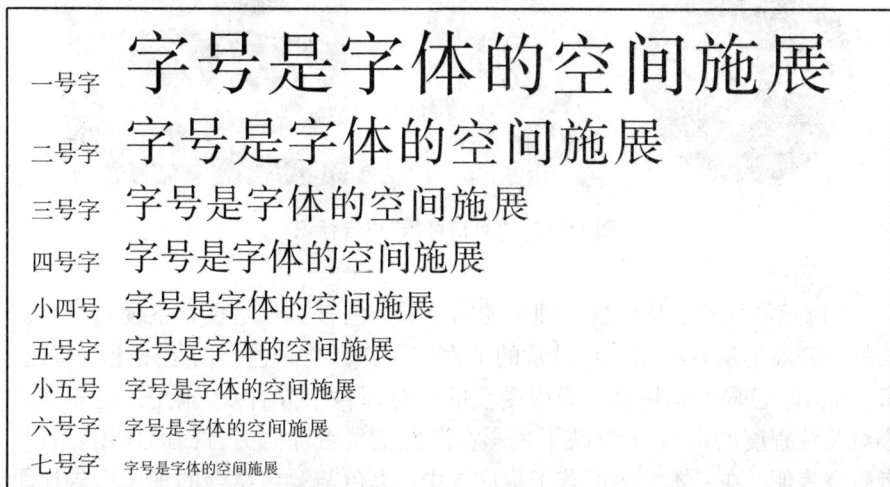

一号字	字号是字体的空间施展
二号字	字号是字体的空间施展
三号字	字号是字体的空间施展
四号字	字号是字体的空间施展
小四号	字号是字体的空间施展
五号字	字号是字体的空间施展
小五号	字号是字体的空间施展
六号字	字号是字体的空间施展
七号字	字号是字体的空间施展

图 11－6 常用字体字号举例

　　文字编排是文字的空间布局，是有关文字的位置、错落形式、排列方式的动势掌握。有关文字的编排有专门的学问，比如"报纸编辑学"中就有细致的研究。一般来说，常见的文字编排形式有横排、竖排、斜排等。

　　（3）标识呈现。标识通常指产品（服务）的商标，俗称"牌子"，是产品（服务）用以显示特色、区别其他的标记，是一种融会产品（服务）内涵特质、文化背景的独特的、可辨别的视觉符号。在平面广告的创作与设计中，标识呈现是一个至关重要的环节。现实的情况是，对标识的突出和强调是提升组织知名度、打造品牌形象的有力手段。标识的构成往往是文字含义的浓缩和图案色彩的抽象，是有关组织各种优势要素的整合后的符号视觉化产物。在平面广告作品中，标识经常与商品名称或组织名称并列，形成统一的产品（服务）形象，由此也产生了广告研究的新的学科领域，如今方兴未艾的"商标学"、"品牌学"就属于这个范畴。

　　我们来看下边的这一组图片。这是可口可乐不同平面广告中的标识呈现情况（见图 11 −7）。其中最显眼醒目的图案就是"可口可乐"的商标形象，即英文的"可口可乐"标志，无论平面的其他图案如何，无论平面的内容如何，无论平面的风格如何，"可口可乐"标志始终处于画面的中心位置，始终成为占据视觉中心的夺目的焦点。

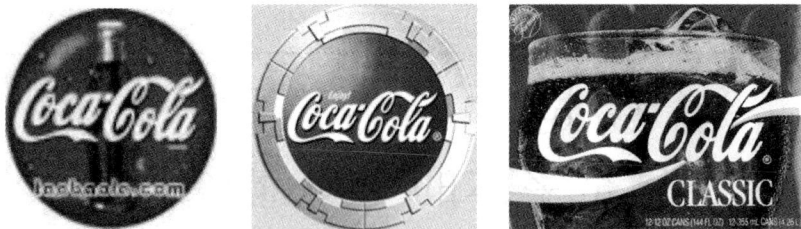

图 11 −7　"可口可乐"广告标识

　　（4）色彩变幻。从广告心理学的角度看，色彩实际是视觉系统对一定波长的电磁波的反映结果。在日常的平面广告作品中，色彩的运用十分普遍。事实证明，色彩的运用对于吸引受众的注意而言十分有效。附图"色彩和大小对关注程度的影响"，反映了色彩在激发消费者注意力方面的作用。有学者研究表明，在一本杂志的若干页广告中，黑色与单色结合的平面广告比黑白广告多吸引 1% 的读者；而四色广告比黑白广告多吸引 54% 的读者。在这里值得一提的是，在黑色与单色结合的平面广告中，单色的使用往往会造成不同的意义解释。在中华民族的传统节日中，产品(服务)的广告经常会采用套红的方式引起消费者喜悦的情感体验，因为红色在民族成员的文化心理上早已有确定的含义，此举激发了此类联想，体现了色彩变幻在平面广告中的价值与作用(见图11-8)。

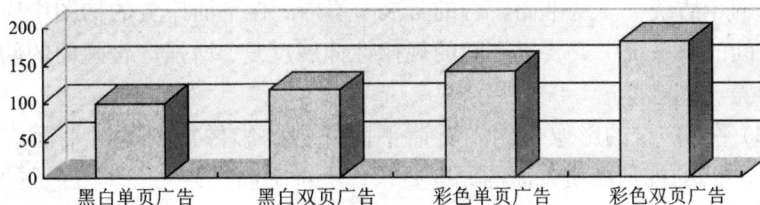

图11-8 色彩和大小对关注程度的影响

德尔 I. 霍金斯等著，符国群等译：《消费者行为学》，机械工业出版社，2000年版。

(注：假设单页的黑白广告的阅读指数为100)

2. 平面广告创作与设计的表现技巧

平面广告传递产品(服务)信息的运作机理是依靠视觉元素的组合与布局作为结构框架，通过承载意义符号，以有形的"图""文"表现无形的"意义"。作为"图""文"交织的平面广告，除去主题的确立、定位的权衡、特点的把握之外，最重要的当属"呈现"问题，也即"表达"问题，在这里一些技巧性的课题就自然地摆在了创作人员的面前。概括地说，平面广告创作与设计的表现技巧主要涉及以下两方面的问题：平面广告的构图规约和平面广告的影像规约。

(1)平面广告的构图规约。所谓平面广告的构图规约是指对平面广告的"图""文"要素进行适当布局、安排的原则要求。具体而言，就是在一定的空间范畴内，将广告的主题、正文、口号、标识、图像等元素整合为一个统一的集合，以达到凸显广告主题、传递广告信息的目的。随着平面广告的发展和成熟，平面广告的构图实践早已超越了单纯的技术性活动，而成为一种需要灌注巨大心智和心思的艺术性活动，必须尊重固有的艺术法则，诸如："稳固"与"变化"的搭配、"主导"与"从属"的配合、"对称"与"平衡"的把握、"对立"与"调和"的协调、"连续"与"反复"的呼应。

从平面广告的结构布局看，平面广告的构图在整体上要求统一、完整，在局部上要求灵活、多变。从平面广告的画面铺陈看，在平面广告的构图中根据面积的大小有所谓"主角"和"配角"之分，面积大、统摄力强的部分应该予以显著地位，面积小、统摄力弱的部分应予以从属地位。从平面广告的重心比对看，在平面广告的构图中根据"图""文"的相互位置关系，主张同形、同量、同距、同色的组合以寻求对称，或合理地安排各个部分的比重，谋求均衡的稳定。从平面广告的要素冲突看，在平面广告的构图中可以适当运用正反元素并列造成分离感，或适当运用冲突元素融会造成过渡感，来实现各个部分的矛盾统一。从平面广告的延展节奏看，在平面广告的构图中应考虑变化之间的联系统一或要素之间的规律性伸展反复，增强广告画面的韵律美和节奏美。

（2）平面广告的影像规约。所谓平面广告的影像规约是对平面广告中"图"、"文"的视觉品质方面的原则要求，是对平面广告"形"与"色"的规律认识。平面广告的影像规约主要涉及以下三个方面："形象"、"明暗"、"色彩"。

"形象"是指能够引起人的思想或感情活动的具体形状或姿态，同时也指基于艺术性创造基础上的生动具体、激发人们思想感情的生活图景。平面广告的"形象"应力求鲜明、典型并可亲、可感，这样才能使得平面广告超越二维的窠臼达到触及心灵的审美感应。

"明暗"是对光强的主观感觉，一个物体的明暗取决于光照的强度和物体表面的反射率。而平面广告的所谓"明暗"是指平面广告创作与设计的过程中，利用色彩浓淡、颜色深浅等技术手段造成的"明暗"感觉。在平面广告画面的图形与色彩的配置上，通过使用明与暗、高彩度与低彩度、高饱和度与低饱和度等对比技法，可以有效地增强平面广告自身的表现力。

"色彩"，即人们通常所说的颜色。从广告心理学的角度来说，人们对于颜色的知觉具有所谓的"颜色恒常性"，即当照射物体表面的颜色光发生变化时，人们对该物体表面颜色的知觉仍然保持不变。这种"颜色恒常性"对于现代声、光、电条件下的平面广告设计具有重要的应用价值，即可以利用人们往往根据固有生活经验解释新的感觉信息的模式，适当灵活调整对象与背景之间的光线、色彩关系，创造出亦真亦幻的视觉效果。

三、平面广告的创意原则

平面广告创意的具体实施，包含着若干实践范畴，例如：平面广告的构图创意、平面广告的文案创意、平面广告的色彩创意、平面广告的主题创意等。在这里，仅从构图或造型的角度讨论平面广告的创意要求。

构图，是一个造型艺术术语，其涵义是艺术家为了表现作品主题思想和美感效果在一定的空间安排和处理人、物的关系和位置，把个别或局部的形象组成艺术的整体，在中国传统绘画当中常常被称为"章法"或"布局"。

平面广告的构图也同样是一种造型艺术，或者说是一种特殊的艺术符号——它的"上下关系"、"纵横交错"、"位置布局"都将直接影响着平面广告的信息传递和主题建构；它以色彩、线条、面积、位置等艺术技巧来编织版面、渲染主题，直接造就了平面广告的外在形象和信息平台。总的来说，平面广告的构图创意，既要实现广告活动的目标诉求，又要兼顾信息发布的传播效果；既要体现广告本身的行业范式，又要同时应和一般绘画艺术的创作规律。具体来说，平面广告的构图创意要求体现为以下几个"优先"：目标诉求优先、信息主题优先、视觉重心优先、视线引导优先。

（1）目标诉求优先。平面广告的谋篇布局首先要符合产品（服务）的目标诉求，有助于销售上的或宣传上的既定目的，做到有的放矢。我们来看旁边的这一则"可口可乐"的平面广告创意（见图11－9）。两幅画面的布局首先考虑的是有助于产品的销售。第一幅表现了足球场上被踢穿的球网，显示出了"可口可乐"饮料瓶的形状；第二幅表现了在赛场的中央一个变形的足球，也恰恰是"可口可乐"饮料瓶的形状。可以说，广告创意营造了这样一种氛围：无论在球赛的哪一方，处处都能看到"可口可乐"的影子。

图11－9　"可口可乐"平面广告

（2）信息主题优先。从构图或造型的角度看，平面广告的创意表现为对形式的追求。但是，从广告传播的全局看，一切的形式创作都是为了内容的完美表达。所以，任何平面广告的形式创意，都有一个潜在的、不可预约的规约，那就是完成信息传递的使命和主题表达的责任。这样就决定了所有的形式都是为信息传递和主题表达服务的形式，没有内容就没有形式。我们来看这一则饮料平面广告（见图11－10）。画面的中心是一只闹钟的形象，上面标明了一天中重要约会的时间，不难看出，派对中最重要的角色Margaritas饮料到了，开派对的时间也到了。这则平面广告主题鲜明地突出了产品的信息。

图 11 – 10　饮料产品平面广告

图 11 – 11　牛奶产品平面广告

（3）视觉重心优先。平面广告对受众的吸引，主要体现为视觉上的功效。有鉴于此，平面广告的构图创意就应该充分考虑运用视觉规律，懂得强化画面的视觉重心。"重心"本是个物理学名词，指物体各个部分所受到的重力产生合力的作用点。在这里的所谓"视觉重心"，主要指受众接受平面广告信息的最佳视域，即平面广告吸引受众注意的焦点。平面广告的构图创意要体现出对视觉重心的强调和彰显。旁边的这幅牛奶产品平面广告创意的例子就很典型（见图 11 – 11）。画面的引人之处在于，它没有展示一个通常我们在广告中很容易见到的美女模特，而是大胆地采用了一个孕妇的模特形象。广告所要表达的主旨再清楚不过：喝牛奶将使你的小生命更加健壮成长。这幅广告创意的成功之处就在于对视觉重心的强调。

（4）视线引导优先。心理学的研究证明，事物的位置反映了刺激的空间特性，不同的位置可能产生不同的注意效果。实验调查的结果是，在做平面观看时，人们的"第一眼"往往最多集中在左方，然后是上方，最少集中在右方。据此，我们可以规划出这样一个顺序：左—上—中—右—下。这个心理学的结论有助于我们认识受众在阅读平面广告时其视线自然流动的习惯，这个视觉流动的过程线路称之为"视觉流程"。平面广告的构图创意应该注意到这个流程的存在，并尊重这个流程的规约，有意识地利用规律引导读者阅读和获知广告信息。旁边的这则平面广告创意十分精彩（见图 11 – 12），画面由 4 幅小画面组成，都是可爱的小狗在展示各自的本领。当读者循着广告的视线引导看完 4 幅小画面后，一定会为创意人员的高超技法而叫好，这则广告的文案告诉我们：第四名的小狗会走圆球；第三名的小狗会钻火圈；第二名的小狗会顶椅子；第一名的小狗会在众多的咖啡中分辨出哥伦比亚咖啡的香味。

图 11 – 12　咖啡产品平面广告

第二节　媒介特性下的平面广告创意

本节着重探讨各种平面广告媒介的表现力及其与创意活动之间的联系。

一、报纸广告创意

报纸可以称得上是历史最为悠久的平面印刷媒体之一，它以承载静态的文字符号和图片符号为特色，成为大众传播领域的主力军。由于报纸所承载的信息必须依靠读者的主动阅读才能完成，因此这就使得报纸广告的传播不具有强制性，即只能是一种读者"主动选择"的媒体（见图 11 – 13）。这个基本的特质带来两方面的影响：一方面，报纸在进行广告信息传递时有所局限，在很多时候报纸广告主要是发挥了向有需要的目标受众提供相对完整、详尽的资讯，加深受众对资讯了解、掌握程度的功能；另一方面，报纸媒体的覆盖区域呈现出地域性特点，影响

图 11 – 13　报纸广告

到的受众群体也具有阶层性特点，这种地域性和阶层性恰恰是报纸广告的优势所在。总的来说，报纸媒体为现代商业广告提供了一个较为明晰的传播舞台，报纸媒体的媒介特质决定了报纸媒体的创意实施。

1. 报纸广告的创意原则

报纸广告的创意实施有一个最基本的"背景"问题，即报纸的媒介特质，报纸广告的任何主观筹划和主动实践都必须首先建立在对其媒介特质的尊重和利用上。简单地说，这种媒介特质大致有这样几个因素：报纸版面所带来的报纸广告的空间局限性；报纸印刷所带来的报纸广告的符号局限性；报纸发行所带来的报纸广告的传播局限性等。这些所谓的局限性，是报纸广告创意人员思考问题的前提条件，从某种意义上说，对于这些局限性的克服甚或利用正是报纸广告创意发生的突破所在。一般来说，报纸广告的创意实施应该遵循以下原则："结晶"原则、"强化"原则、"瞩目"原则、"切题"原则、"通畅"原则。

(1)"结晶"原则——对内容的"纯化"。报纸广告的媒介特质之一，即报纸版面所带来的空间局限性。具体说，由于报纸版面所限，使得报纸广告的篇幅相对狭窄，这就决定了报纸广告的内容安排不可能是"事无巨细"或"长篇累牍"的。因此报纸广告的创意主体首先必须打消"填鸭式"的想法，不要奢求"填满所有的版面空间"，这样做的结果只能是造成阅读上的疲劳而失去受众的关注与兴趣。这时"结晶"原则的价值就体现了出来：报纸广告的版面安排和创意表现一定要"单纯"，一次只传递一个主题，只凸显一个理念，将最独特的属性和最引人的卖点集中表达出来，而避免那些旁枝末节对受众注意力的干扰。"结晶"原则的实质是对报纸广告内容的"纯化"，是在对围绕产品(服务)的诸多信息资源的品评与分析后凝结成为一个最主要的"主题信息"的过程，这个"主题信息"可以是对产品(服务)属性的生动概括，也可以是对消费者利益诉求的直接回应，也可以是产品(服务)的销售重点，等等。"结晶"原则的运用不仅不会影响报纸广告的信息传递，相反它的适当运用是增强报纸广告说服力的有效方式。

(2)"强化"原则——对主题的"突显"。"主题"是报纸广告的中心思想，是报纸广告的灵魂所在；同时"主题"也是产品(服务)属性的集中凝结，是销售重点的集中概括。因此，在报纸广告创意之初，必须紧扣主题的思想指向，全面落实主题的意向重点，展开创想与设计，最终使抽象的主题变为具象的内容。在具体的实践操作中，报纸广告可以利用文字的表述、版面的布局、色彩的渲染等技术手段将主题的无形理念化为纸张上有形的实体。

（3）"切题"原则——形式与内容的统一。俗语中用"风马牛不相及"来形容无视事物合理关联、生硬地胡拉硬扯的做法。由此论及报纸广告的创意过程，也有类似的问题。任何报纸广告的华美形式和机智创想都必须考虑"切题"的问题，即广告的形式与广告的内容尤其是与广告的主题是否具有内在的紧密关联度和合理的逻辑一致性。报纸广告的创意活动最忌讳"哗众取宠"、"强行拼凑"、"避重就轻"等脱离产品（服务）本身的作为，这样的创想即使再奇妙、再花哨也会破坏报纸广告的整体和谐与全局统一（见图11-14）。

图11-14 "突显"主题式报纸广告

（4）"瞩目"原则——对受众的吸引。在本章论及"平面广告的创意原则"已经谈到：平面广告对受众的吸引，主要体现为视觉上的功效；有鉴于此，平面广告的构图创意就应该充分考虑运用视觉规律，懂得强化画面的视觉重心。所谓"视觉重心"，主要指受众接受平面广告信息的最佳视域，在此也即指报纸广告吸引受众注意的焦点，报纸广告的创意要体现出对视觉重心的强调和彰显。报纸广告总要充分利用图片造型、文字编排、装饰线条等手段引人注目，争取在最短的时间内抓住读者的注意力、展现其内容魅力，赢得最佳传播效果（见图11-15）。

图11-15 "视觉重心"式平面广告

（5）"通畅"原则——符合阅读规律。在本章论及"平面广告的创意原则"已经谈到：心理学的研究证明，受众在阅读平面广告时有其视线自然流动的习惯，即所谓的"视觉流程"。报纸广告的创意也应该注意到这个流程的存在，并尊重这个流程的规约，有意识地利用规律引导读者阅读和获知广告信息。比如，在构图时常常用商品的摆放关系、人物的身体朝向、目光的视

线指向或线条的流向、标识的方向等，将受众的注意焦点引入到对产品（服务）信息的关注。

2. 报纸广告创意与呈现方式

报纸广告依赖于版面语言表现广告内容，这种版面语言包括字符、图像、色彩、线条以及空白等。版面语言的不同组合，构成了多样化的报纸广告呈现方式。

从版面语言的符号构成看，报纸广告可以大致划分为两种呈现方式，即"文本型呈现"和"图文型呈现"。

文本型呈现——即报纸广告版面语言全部由文字所构成。这种呈现方式适于表现广告内容相对抽象的主题，而且文本型呈现方式在制作时比较便捷。

图文型呈现——顾名思义，就是指报纸广告版面语言由文字和图片共同构成。这种呈现方式既可以通过图片直观、形象地展现产品（服务）的外貌与特征，又可以凭借文字详细、周到地诠释产品（服务）的内容、主旨。

从版面语言的色彩表现看，报纸广告的呈现方式可以大致划分为三类：黑白广告、彩色广告，留白广告。

黑白报纸广告的色调以黑灰色为主。在相当长的时期内，该种广告一直是报纸广告创意的主要方式，目前也是常见的方式。如同摄影的黑白照片一样，黑白报纸广告创意在报纸彩色化的浪潮下依然保持着独有的魅力。

彩色广告是指报纸用彩色、套色的方法刊登、发布广告。有调查数据显示，彩色广告的注目率远远高于黑白广告，甚至可以提高五分之一之多，回忆率至少可以提高十分之一。因而彩色广告给创意主体预留了更为广阔的思维创造空间。

留白广告就是利用大面积的版面空白，通过虚实之间的强烈反差来达到凸显广告主题的目的。留白广告的使用受到诸多条件的限制，不能随意为之。虽然留白广告在视觉上会形成比较强烈的冲击力，但必须与广告传播的需要相一致、相符合。

3. 报纸广告创意与注目率

"注目率"是报纸广告的一个专业名词，它主要是指接触报纸广告的人数与阅读报纸广告的人数之间的比率，它是测评报刊广告阅读效果的一项重要指标。通常情况下，报纸广告注目率越高，则说明该广告的传播效果越好。因此，报纸广告创意必然要考虑注目率的问题。提高注目率，可以考虑以下几个方面的因素：

（1）版面大小的因素。依照广告心理学原理，版面的大小造成了不同的视觉刺激强度，从而左右了人们的注意程度。按照业界的惯例，报纸版面大致可以划分为"全版广告"、"半版广告"、"通栏广告"等。显然，版面越大，越容易突出广告创意的效果，提高注目率，但这并不是绝对的。所以，报纸广告创意主体要考虑的就是如何用最"节省"的版面展现最"精彩"的内容。

（2）版面位置的因素。版面位置在报业实践中涉及到两个层面的问题，一是版序，即广告被安排在报纸的哪一版上；二是在某一版中具体的空间位置。

就版序而言，每份报纸都有一套成形的、大致可遵循的版序传统。比如"一版"通常为"要闻版"，在版序中居于优势地位。

就某一版中的具体空间位置而言，就涉及到了区序的问题。所谓区序是指版面空间各个区割根据强势大小所排列的次序。比如，把一个版横截为两半，不论是横排报纸还是直排报纸，上区都要比下区更能引起读者的注意；把一个版垂直分为两半，直排报纸的右区具有更大优势，横排报纸的左区具有更大优势。若把上述两种版面的划分重合在一起，则版面的空间可以分为上左、上右、下左、下右四个区。这样一来，以横排报纸为例，按其强势次序排列为：上左、上右、下右、下左。所以，报纸广告创意主体必须对报纸的编排规律有足够的认识和清醒的把握，才能将其与思维创想有机地统一起来，发挥广告传播的最佳效益。

（3）读者阅读因素。今天，报业人士已经习惯地将读者称之为"上帝"。这是因为读者对报纸的选择与取舍决定了报纸的生存与发展。因此，报纸广告创意必须考虑读者阅读方式和阅读习惯的因素，以求报纸广告创意的科学运行。创意主体要善于把握广告内容与版面布局之间的联系，有效引导读者的关注和阅读。例如，可以尝试把整版广告安排在相近的空间位置，或者使广告版面编排打破常规，灵活运用多边形的布局、文字混排、图文借鉴等技巧，增大强势，完成创意的呈现。

二、杂志广告创意

由于杂志的媒介特性，使得杂志广告较之于报纸广告，有着更为宽松的思维拓展空间和实践操作空间。这就意味着杂志广告有着比较大的创作自由度，它可以衍生许多新鲜的花样，帮助创意主体实现创意构想。比如杂志广告中所特有的"加入香味"、"立体折纸"、"附赠物品"、"独立卡片"等形式，是报纸广告难以企及的（见图11-16）。

图 11－16　杂志广告

　　另外，将报纸广告与杂志广告进行简单的对比就会发现：杂志广告在印刷的质量上要比报纸广告好得多；杂志由于其内容设置的传统使得杂志在保存期限上比作为"信息纸"的报纸要长得多；杂志所承载的广告信息也往往比报纸要翔实得多。这些特点使得杂志广告创意与报纸广告创意之间存在着许多不尽相同的运行规律。

　　针对杂志的媒介特性，杂志广告创意的策略在重视整体广告策略的原则下应注意强化高度的视觉效果；在编排、形象呈现和制作方面保持高格调、高亲和力和隽永的审美欣赏价值，只有这样才能实现打动读者、完成主题诉求的重要任务。再有，在文案的风格上，杂志广告创意宜使用精练的编写策略，避免烦琐的堆砌，同时还要注意杂志广告的重复阅读率远远高于报纸，杂志广告必须以耐读的文字表述信息和主题。另外，对杂志媒介的阅读传统造成了读者对杂志广告印刷精度、编排水准的苛刻要求，杂志广告不仅追求瞬间吸引眼球的刺激，更要满足长久凝视品评玩味的阅读鉴赏需求。

　　与杂志广告一乃同胞的是购物指南广告，这是一种多出现于综合购买指南或商品目录上的广告页，相对而言更讲求突出产品（服务）的"商品性"，而不必过于强求广告表现的艺术性和审美性。所以此类广告的创意路径，可以直奔主题，直率强烈。

　　从杂志广告的版面划分看，常见的规格有：跨页、全页、1/3 页、2/3 页、1/2 页、1/4 页、1/8 页、封二、封三、封底等。在实际的广告创意领域，全页杂志广告被考虑得最多，被倾注了更多的创造构思，是杂志广告创意的主要形态；而其他小规格的广告版面则常常被用于连续性的、提示性的广告创意中。究竟使用什么样的版面，还是应该根据广告创意的实际情况而定，切不可主观武断、一意孤行。

三、其他平面媒体广告创意

1. 邮寄（DM）广告创意

邮寄广告是指利用传统的邮政传输网络传递产品（服务）信息的广告传播活动。邮寄广告是市场经济环境下广告传播活动与邮政传输活动相互联姻的产物，一时间备受推崇。尤其是它那种通过信件的形式将信息送到指定的消费对象个体那里的功能格外受人青睐。

邮寄广告的运作方式大体有两种：产品清单式和自由式。

所谓产品清单就是利用目录的方式集结产品（服务）的系列信息，为消费者的消费活动提供资讯，从而减轻受众检索、取舍信息的压力，使消费者有明确的购买目标和消费对象。

所谓自由式是指凡是可以用来提供产品（服务）信息并可通过邮政渠道传输的物品，都可成为广告载体，这意味着在其本身的材质是多样化的。

邮寄广告在创意时，要考虑到很多细节因素。比如，在使用上切忌同一产品清单反复邮寄给消费者，这很容易让消费者觉得信息单

图 11 - 17　邮寄广告

调甚至厌倦。因此，创意之时要细细琢磨邮寄广告的内容不枯燥、重复，从而避免成为被受众抛弃的垃圾（见图 11 - 17）。

但这并不意味着邮寄广告不可以反复传送给同一位受众对象。相反，因为消费者经常性地收到有规律的邮寄广告，定期得到了产品（服务）信息，他们会认为自己获得了某种信息服务；甚至当这种信息消失时，他们会产生不

适应的感觉，这时邮寄广告的功效就产生了。邮寄广告可以用单发、阶段、反复三种方式来进行传递，三种方式之间相互结合的灵活运用会产生更好的效果。

另外，在邮寄广告创意中，文案的写作也有一些需要注意的地方。比如文案的风格以亲切、轻松为宜，应避免表述呆板或一厢情愿。

2. POP 广告

POP 广告源于美国超级市场和自助商店里的店头广告。1939 年，美国 POP 广告协会正式成立后，POP 广告逐渐获得了业界的广泛认可。20 世纪 30 年代以后，POP 广告在超级市场、连锁店等自助式商店频繁出现，开始为商界所重视。60 年代以后，超级市场这种自助式销售方式由美国逐渐扩展到世界各地，所以 POP 广告也随之走向世界各地。

POP 是英文"point of purchase advertising"的缩写，可以译为"购买点广告"，简称 POP 广告。对于 POP 广告概念的理解有广义和狭义之分。

广义的 POP 广告指凡是在商业空间、购买场所、零售商店的周围、内部以及在商品陈设的地方所设置的广告物，都属于 POP 广告。如：商店的牌匾、店面的装潢和橱窗，店外悬挂的充气广告、条幅，商店内部的装饰、陈设、招贴广告、服务指示，店内发放的广告刊物，进行的广告表演，以及广播、录像、电子广告牌广告等。狭义的 POP 广告概念，仅指在购买场所和零售店内部设置的展销专柜以及在商品周围悬挂、摆放与陈设的可以促进商品销售的广告媒体。

POP 广告近些年来在国内外受到普遍关注，其在现代商业活动中的地位也变得越来越重要，很多业内人士将其列为继电视、报纸、广播、杂志四大媒体之后的"第五大媒体"。美国 POP 广告协会主席卡瓦勒（Kawala）指出：20 世纪 70 年代是广告的时代，80 年代是市场营销的时代，现在进入的 90 年代是零售和促销的时代，其中 POP 广告系统是关键性的部分。

广告概念进入中国零售卖场的时间并不长，以 1998 年北京华堂商场大面积应用 POP 为起点，一些零售企业开始逐步采用 POP 广告创意。现在，POP 已从单一广告向系列发展，步入"POP 系统"的发展阶段，即衍生到提升卖场形象、增加吸引力等方面和领域，单一的 POP 广告已经不能胜任。

POP 广告的种类繁多，分类方法各异。如果从使用功能的角度看，POP 广告大致可分为四类，即悬挂式 POP 广告、商品的价目卡（展示卡）式 POP 广告、与商品结合式 POP 广告、大型台架式 POP 广告。在实际的广告传播活动中，POP 广告肩负着"告知新产品"、"唤起消费者潜在购买意识"、"无声

的售货员"、"创造销售气氛"、"提
升企业形象"的功能。

　　在 POP 系列装置中，那些呈平
面形态的、主要以印刷方式呈现的
广告制品很多都属于平面广告的范
畴。所以不难理解，POP 广告的一
些创意要领往往要借鉴平面广告创
意的某些准则。

　　在 POP 广告创意之初，首先要
考虑的是客观环境因素。具体来
说，实际的店面场景、现场环境，
往往是决定 POP 广告传播效果的重
要因素。也许一则看起来文案颇精
彩的广告创意，摆放在实际环境中
就会显得局促，别扭；也许一则广
告图案看起来新鲜刺激，但置于实
际环境中却显得格格不入(见图 11 – 18)。

图 11 – 18　POP 广告

　　再有，POP 广告创意中的一个细节是：在对其内容进行编排时，最好事
先预留一定的位置，以足够的空间面积来标明产品的价格。因为价格是 POP
信息不可或缺的结构单元。

　　另外，在进行 POP 广告创意时，最好考虑实现将其与其他媒体形式的广
告视觉形象统一起来的策略，这样有助于触动受众头脑中已接触过的同一商
品的其他形式的广告记忆，使广告传播效果如石击水面，掀起层层的涟漪。

　　3. 招贴广告

　　"招贴"英文为"poster"，牛津英语词典将其解释为"展示于公共场所的
告示(Placard displayed in a public place)"。在伦敦"国际教科书出版公司"出
版的广告词典里，"poster"意指张贴于纸板、墙、大木板或车辆上的印刷广
告，或以其他方式展示的印刷广告，它是户外广告的主要形式，广告的最古
老形式之一。也有人根据 poster 的词根结构及掌故来剖析招贴的词义，认为
"poster"是从"post"转用而来，"post"词义为柱子，故"poster"是指所有张贴
于柱子上的告示。

　　从中文的角度看，"招"是指引起注意，"贴"是张贴，招贴即"为招引注意
而进行张贴"。招贴在国内还有一个名字叫"海报"。据说我国清朝时期有洋人

以海船载洋货于我国沿海码头停泊，并将 poster 张贴于码头沿街各醒目处，以促销其船货，沿海市民称这种 poster 为海报。依此而发展，以后凡是类似海报目的及其他有传递消息作用的张贴物都称之为"海报"（见图 11 – 19）。

图 11 – 19　招贴广告

　　在国际广告业界，招贴的大小有标准尺寸。按英制标准，招贴中最基本的一种尺寸是 30 英寸 × 20 英寸（508 × 762mm），相当于国内对开纸大小，依照这一基本标准尺寸，又发展出其他标准尺寸：30 英寸 × 40 英寸、60 英寸 × 40 英寸、60 英寸 × 120 英寸、10 英寸 × 6.8 英寸和 10 英寸 × 20 英寸。大尺寸是由多张纸拼贴而成，例如最大标准尺寸 10 英尺 × 20 英尺是由 48 张 30 英寸 × 20 英寸的纸拼贴而成的，相当于我国 24 张全开纸大小。专门吸引步行者看的招贴一般贴在商业区公共汽车候车亭和高速公路区域，并以 60 英寸 × 40 英寸大小的招贴为多。而设在公共信息墙和广告信息场所的招贴（如伦敦地铁车站的墙上）以 30 英寸 × 20 英寸的招贴和 30 英寸 × 40 英寸的招贴为多。以美国为例，最常用的招贴尺寸有四种：1 张一幅（508mm × 762mm）、3 张一幅、24 张一幅和 30 张一幅，其中最常用的是 24 张一幅，属巨幅招贴画，一般贴在人行道旁行人必经之处和售货地点。

　　招贴广告多数是用制版印刷方式制成，在公共场所和商店内外张贴。当然，也有一些出于临时性目的的招贴，不用印刷，只以手绘完成，此类招贴属 POP 性质，如商品临时降价优惠，通知展销会、交易会、时装表演或食品品尝会的时间、地点等。这种即兴手绘式招贴，有时用即时贴代替，大多以手绘美术字为主，有时兼有插图，且较随意、快捷，它不及印刷招贴构图严谨，但传播信息及时，成本费用低，制作简便（图 11 – 20）。

印刷招贴广告可分为公共招贴和商业招贴两大类，公共招贴以社会公益性问题为题材，例如纳税、戒烟、优生、竞选、献血、交通安全、环境保护、和平、文体活动宣传等；商业招贴则以促销商品、满足消费者需要之内容为题材，特别是市场经济的出现和发展，商业招贴也越来越重要，越来越被广泛地应用。

招贴广告的主要特点在于形象生动、栩栩如生。"图形"是招贴广告的核心，文字是招贴广告的有益构成部分。因此，招贴广告创意的焦点是如何创造"图形的视觉化特色"。当

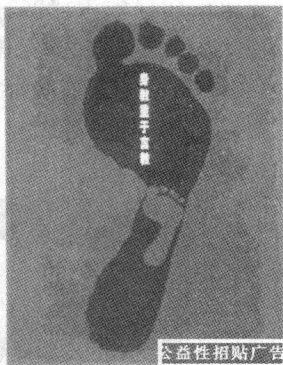

公益性招贴广告

图 11 – 20　公益性招贴广告

招贴广告从传统的绘画时代走进当今的数字时代时，在摄像、摄影、电脑绘图等高新技术大规模渗透的背景下，如何实现既能凸现广告主题又能缔造新奇感受，既能传递广告信息又能满足受众要求的最终任务，是招贴广告创意必须解决的课题。可以说，在招贴广告创意领域，组织、构建视觉形象的工作永无止境。也正因为如此，那些优秀的招贴广告作品已经成为人们收集、保存、欣赏的物件。

4. 户外广告创意

必须指出的是，这里所谓的"户外广告"并非一个严谨的概念，而只不过是一个笼统的说法，它指所有除报纸、杂志、招贴、POP 广告之外的平面媒体广告形式，主要包括路牌广告、场地广告、霓虹灯广告、灯箱广告、光电磁显示屏广告、三面翻转广告牌、车身广告、车厢广告、车站广告、电话亭广告、电话簿（黄页）广告、路旗广告等。下面对其创意要领作简单阐述。

有人将户外广告形象地称为"都市的第二表情"。因为户外广告的面貌反映了一个社会市场经济的发展状况和文化传播的发展水平，人们可以通过户外广告揣测到一个社会的文明程度（见图 11 – 21）。

就路牌广告而言，它往往设置在人群活动密集、车水马龙的道路两边或公共场所，以大型的图形或文字展示广告信息。因此它的主要

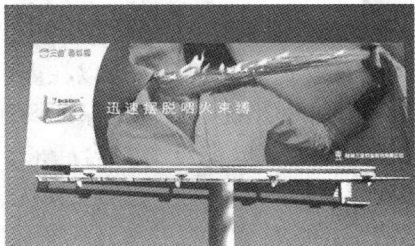

图 11 – 21　户外巨型广告牌

特点就是尺幅的巨大和画面的吸引力，又加之它不受空间时间的阻隔，具有比较显著的传播效果。但它的优点有时候也往往是它的缺点，路牌广告虽然尺幅巨大但终久影响的范围狭窄，而且人们接受信息的状态也常常是"一走一过"的瞬间浏览。这些都给路牌广告的创意带来了难题。因而路牌广告的创意要领在于鲜艳醒目的画面、简洁诱人的文案、别具一格的造型(见图11－22、图11－23)。

图11－22　形形色色的户外广告牌

图11－23　路牌广告

就场地广告而言，它的传播途径是现场观众和大众传播媒介(尤其是电视媒介)的转播。我们经常可以在重大体育比赛的现场看到场地广告的大行其道。成功的CI统筹运行是保证场地广告发挥作用的前提。因而场地广告的创意工作必须与CI工作结合起来，相辅相成。

就霓虹灯广告而言，它的主要优势在于高亮度和丰富的光线变化，而其创意的难点也在于对亮度和光线变化的把握。霓虹灯广告的光线变化主要在于品牌标识和背景底色的部分做不同灯光的闪烁组合，而广告画面中的其他视觉单元不宜做过于繁复的变化，否则会造成对主要信息的冲淡。另外，在灯光创意上要注意将霓虹灯一次动态循环的时间控制在 20 秒以内，因为考虑到统计数据中的人们从广告前经过的时间不超过 10 秒钟的事实，每种变化方式最好在两三秒内完成，否则会让人感到不耐烦（见图 11 – 24）。

图 11 – 24　户外霓虹灯广告

就灯箱广告而言，其特点是色彩由透光方式呈现，所以就需要利用和发挥这种透光特性，使之与广告主题保持一致。这样看来，灯箱广告更适合饮料、食品、药品、烟酒类的广告信息传播。另外，色调的运用对灯箱广告传播的效果也有很大的影响，鲜明的色调容易生动地表现内容，而深沉的色调则应谨慎使用（见图 11 – 25）。

就光电磁显示屏广告而言，它曾经以在同一地点与面积的广告位发布数量更多的广告的优势而流行一时。但它的最大问题在于图形表现力的局限，所以当表现文字信

图 11 – 25　灯箱广告

息时，它的呈现效果尚可，但其点阵呈像的原理使得它的还原较差，近些年遭到了市场和业界的冷遇。

就翻转广告牌而言，其装置的制作大多是不透光的，多用于机场、车站等场所。翻转广告牌翻转的速度比较慢，信息承载的数量也十分有限，当它翻转完成之时，其功能就与路牌、灯箱广告的功能十分相近了，其创意要领也大致相似。

就车身广告而言，它属于一种动态媒体的广告发布形式。我们日常所

图 11 – 26　车身广告

见到的安装在出租车顶的广告牌、公交车上的广告牌及整体彩绘等都属于车身广告的范畴。车身广告创意的基本原则就是追求内容的单纯和色彩的鲜明，车身广告创意必须考虑调动各种有效的图形表现手段去尽量展现广告信息的丰富内容，但这个过程中图形是主导，文字要慎用（见图 11 - 26）。

就车厢广告而言，在火车、公共汽车、地铁、轮船等交通工具的内部，乘客对广告媒体注目的时间显然要比在马路上飞驰而过的车身广告长得多，据业内人士统计至少要在 5 分钟左右。所以，相比之下这类广告的内容展示就会有更加详尽的可能性。

图 11 - 27　车厢广告

在广告的视觉构成上，车厢广告的宽容度比较大，其创意要领与报纸、杂志广告比较近似（见图 11 - 27）。

就车站广告而言，它主要是指公共汽车候车亭的灯箱或广告展示板。目前车站广告在我国的都市广告领域被广泛地使用，取得了不俗的成绩。以业内人士的统计为依据，通常人们在等车的间隙注目车站广告的时间在 5 分钟左右，因而车站广告有足够的时间和机会去展示产品（服务）信息，它的创意要领与灯箱广告基本相似（见图 11 - 28）。

图 11 - 28　车站广告

就电话亭广告而言，它被安置在城市街头电话亭的四面。由于城市中的电话亭本身就设置在人群密集的公共场所，所以行人接触电话亭广告的几率也比较多。电话亭广告创意时要考虑的一个现实问题就是制作成本。同时还应注意一些基本的科学规则，比如科学的电话亭广告应该使电话亭除门之外的三个立面的广告内容相一致，这样才能达到行人不管从哪个角度经过观察都可以看到统一内容的效果（见图 11 - 29）。

就电话簿（黄页）广告而言，这种形式在西方由来已久，当今社会还十分普遍地应用着。电话簿（黄页）广告的创意要注意使用一些能够使信息脱颖而出的技法。时至今日，电话簿(黄页)广告在呈现方式上进行了许多大胆的探索，比如出现了大量的彩印广告页，与杂志、报纸等媒体的广告发布有相似之处，其中的很多技法在不断地改革与创新之中(见图 11 - 32)。

图 11 - 29　电话亭广告

图 11 - 30　黄页广告

图 11 - 31　路旗广告

就路旗广告而言，它主要指在街道两旁悬挂的旗帜或条幅。路旗广告创意的一个要领就是对广告内容的"纯化"处理，只有经过纯化之后才会在整条街道上面呈现出统一的广告效果。所以，路旗广告的创意和制作并不复杂，只要能够实现色彩鲜明、文字清晰就可以。当然，还有一些细节因素也必须考虑进去。例如，路旗广告常常是"迎风招展"的，所以路旗广告创意在形象的配置和文字的输入上也还要同时考虑路旗受风后的摆动因素等(见图 11 - 31)。

创意赏析

"首届中国汽车广告奖"获奖作品创意说明

"首届中国汽车广告奖"是由中国发行量最大的汽车专业媒体《汽车杂志》与专业广告传播杂志《广告导报》主办，国内多家主流媒体《北京晚报》、《新民晚报》、《羊城晚报》、《成都商报》、《经营者》、《明日汽车 MOVE 周报》，以及网易的汽车频道和专业汽车网站 AM 汽车传媒网等媒体联手协办的一项大型活动。

此次活动共收到来自全国 45 家汽车广告代理公司选送的作品近 400 件，其中平面广告 291 件、影视广告 40 件、广播广告 16 件、网络广告 7 件。这些作品几乎涵盖了中国国内所有畅销汽车品牌的广告。

本次大奖共评出获奖作品 30 件（包括平面 11 件、影视 11 件、广播 1 件、网络 2 件），其中 Volvo 四轮驱动越野车的广告"洗礼篇"、"朝圣篇"系列广告作品获得平面类金奖，别克的售后服务广告"围巾篇"、大众汽车新甲壳虫赞助国际乒联巡回赛的广告"球拍篇"获得平面类银奖。以下是部分获奖作品的创意说明。

1. 金奖

客户：Volvo 四轮驱动越野车——朝圣篇、洗礼篇

代理公司：灵智大洋（广州）广告有限公司北京分公司

创意说明：Volvo 四轮驱动越野车是进口高级轿车中档次极高的越野车，因此开这款车的车主早已超越了越野功能面的需求，而且在一路跋山涉水的过程中，领悟出更高层次的生活信仰的追求（见图 11 - 32）。

图 11 - 32　Volvo 越野车平面广告

2. 银奖

A. 客户：上海通用　别克关怀——围巾篇

代理公司：达彼思（达华）广告有限公司上海分公司

创意说明：通过围巾、枫叶等元素，表达出别克的售后服务"比你更关心你的车"这一主旨，哪里有别克关怀，哪里就有宾至如归的热情接待，以及常

年不间断的主动关怀(见图 11 - 33)。

B. 客户:大众汽车 新甲壳虫——球拍篇
(国际乒联巡回赛)

代理公司:精信广告有限公司

创意说明:为了宣告新甲壳虫成为 2003 年大
众汽车国际乒联职业巡回赛总决赛指定用车的消
息,以乒乓球和乒乓球拍巧妙地组成了新甲壳虫
的形状,画面简单、直接而有趣,将信息传达得
非常清楚(见图 11 - 34)。

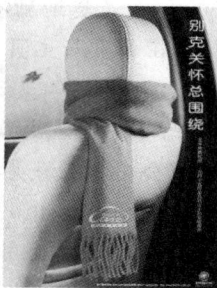

图 11 - 33 别克"围巾篇"

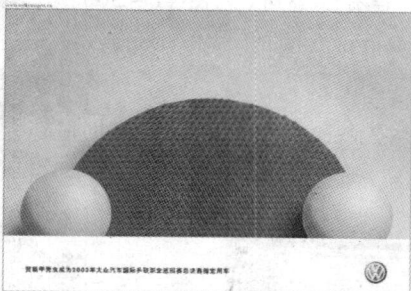

图 11 - 34 大众汽车新甲壳虫"球拍篇"

3. 铜奖

A. 客户:一汽大众 奥迪——撕纸篇(见图 11 - 35)

代理公司:上海灵狮广告有限公司(北京办事处)

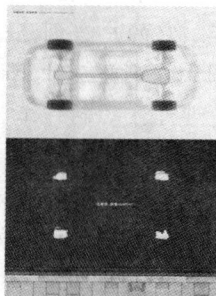

图 11 - 35 奥迪"撕纸篇"

创意说明:

　　quattro，是奥迪独有的全时四驱技术，性能上最大的特点就是超强的抓地能力，在加页与主页间加上粘胶，使观者可以亲身体会 quattro 带来的抓地感觉。

　　B．客户：一汽大众　奥迪——昆虫篇

　　代理公司：上海灵狮广告有限公司（北京办事处）

　　创意说明：quattro，是奥迪独有的全时四驱技术，性能上最大的特点就是超强的抓地能力。用昆虫脚爪勾住布面，将这项复杂的技术，别具趣味地表现出来。

　　C．客户：大众汽车　新甲壳虫——海浪篇、喷泉篇（上市广告）

　　代理公司：精信广告有限公司（见图 11 - 36）

图 11 - 36　大众汽车新甲壳虫"喷泉篇"、"海浪篇"

　　创意说明："因忆绿罗裙，处处怜芳草"？是的，一部如此时尚而动感的经典之车，它的广告创意概念，就是可以用这样一句经典诗歌来概括。

　　德国大众新甲壳虫 New Beetle，是多少人的梦中最爱？令人神往的传奇历史，精湛可靠的制作工艺，最令你不能忘怀的，是它那举世无双的完美线条。在大众自己的词汇里，它被称作：永远不会误认的轮廓。

　　由于人类还没有掌握精确控制喷泉和海浪的技术，这两个想法被远送到澳大利亚执行，那里通透的阳光和快乐的人们，更能让你感受到新甲壳虫所宣扬的生活态度。勇敢的创意人员，甚至在某些版本里刻意没有放上产品的图片，因为如果你不知道什么是新甲壳虫，那你可能真的不是我们期待的消费者。

第十二章　广播广告创意

压题图片

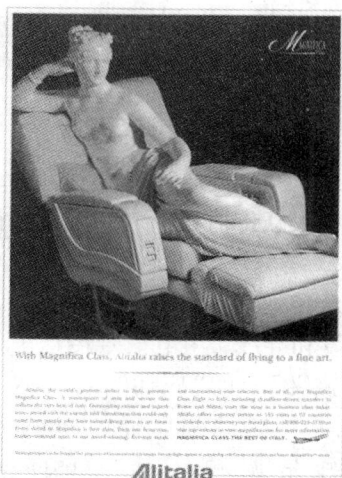

图 12 – 1　意大利航空公司平面广告

优秀的广告创意总是有一种摄人心魄的魅力，从创意生成的角度看，点、线、面、体积、色彩、音响、形象……本身并没有特殊的意义，但由于在它之中倾注了广告主的销售诉求、创意主体的运筹帷幄、广告对象的心理期许，它最终被用来作为广告传播的驱动核心，被用来构成传情达意的信息枢纽，被用来形成广告文化的社会风景，于是它就在人们的心目中具有不可磨灭的含义，也构成了形式因素的象征意义。让我们来看看左边的这幅作品，创意主旨显而易见——在意大利航空公司的豪华客舱中感受艺术的氛围。

关键概念

广播——目前在业界，对"广播"概念的理解有"广义"和"狭义"之分。从"狭义"的角度来说：通过无线电波和导线，用电信号向广大受众传送音响的媒介统称为"广播"。

广播广告创意的三个基本要素——人声、音响、音乐。

广播广告创意的基本原则——"听众至上"原则、"独辟蹊径"原则、"靶心定位"原则、"听觉主导"原则、"动之以情"原则、"自由想像"原则。

第一节　广播广告创意概述

一般来说，广播广告通常是指利用"声音广播"这种媒介来传播产品(服务)信息的广告。广播广告是有声广告，是整个广播节目的一部分。众所周知，广播媒介是一种有声语言、音乐和音响混合型的单一声音的媒介。因此，广播广告最大的"魅力"就在于它的"声音"；此外，广播广告还充分利用了广播媒介时效性强、传播范围广、声情并茂、通俗易懂、形式多样的特点，实现着快捷、广泛、通俗悦耳和灵活多样的信息传播。总之，和电视广告、报纸广告等其他广告式样相似，广播广告也是现代广告家族中的一个不可或缺的成员。

一、广播广告的历史描述

广播媒介是当代社会生活中比较常见的几种大众传播媒介之一。目前在业界，对"广播"概念的理解有"广义"和"狭义"之分。从"狭义"的角度来说：通过无线电波和导线，用电信号向广大受众传送音响的媒介统称为"广播"。从"广义"的角度来说，也指通过无线电波和导线，用电信号传送图像的媒介。在此需要声明的是：本章主要探讨"狭义"上的"广播"概念。"狭义"上的"广播"概念，其形式主要有两种：一种是调幅广播(Amplitude Modulation，简称 A·M·Broadcast)；另一种是调频广播(Frequency Modulation，简称 F·M·Broadcast)。由此，这里所谓的"广播广告"是指以声音广播为媒介的广告。

从 19 世纪末无线电技术的发明算起，广播广告从孕育到发展已经走过了一个多世纪的路程，大致经历了"萌芽"、"诞生"、"发展"等几个阶段，其历史脉络简要描述如下。

萌芽阶段——1895 年，意大利科学家马可尼和俄国物理学家波波夫分别通过各自独立的研究中，几乎同时发明无线电技术，这标志着无线电通讯时代的到来。1920 年 11 月 2 日，美国工程师弗朗克·康拉德在宾夕法尼亚州创立的 KDKA 电台正式开始播音，这家电台是美国商业部记录中第一家取得营业执照的标准广播电台，标志着无线电广播事业的诞生。据资料记载，1920 年 9 月 29 日，该电台播出的一段为某家百货公司推销收音机的广告，这个事件促使电台的经营者努力把 KDKA 改变为商业性的电台。1920 年 11 月 2 日，重新开播的 KDKA 因为及时播发了美国总统选举的最新消息而一举成名，从此广播电台在美国如雨后春笋般蓬勃兴起。

诞生阶段——1922 年 8 月 28 日，美国电报电话公司在纽约州开设的电台 WEAF 首次正式受理商业广告业务，一家房地产公司以"100 美元十分钟"的价格成为该台的第一个广告客户。于是该台以一种"软销售式"的语调轻松缓慢地读完了在当时被称为"通告"的广告。一般认为这个事件是迄今为止有确切记载的世界上最早的付费广播广告。

发展阶段——从 20 世纪 20 年代商业广告诞生起，广播广告逐渐步入飞速发展时期。尤其是在西方发达国家，广播广告被视为"赚钱的机器"。以美国电台广告收入为例，1924 年只有 400 美元，到了 1929 年就增加到 4000 万美元；在美国全国的广告总数当中，广播广告所占的比重由 1935 年的 6.5%上升到 1945 年的 14.6%。

二、广播广告的特性描述

在新传播技术迅猛发展的当今社会，作为传统大众传播媒介的广播正面临着越来越大的挑战。从媒介特性的角度看，广播广告既具有某些优势，同时又具有某些局限，两个方面构成了广播广告的特性所在，现简要描述如下。

广播广告的"迅捷性"——所谓"迅捷"，可以理解为两个层面的意思：一是说广播广告传播速度快，即"迅速"；二是说广播广告信息获取容易，既"便捷"。以"迅速"而论，众所周知，广播广告凭借每秒 30 万公里的速度，在极短的时间内将信息扩散开来；以"便捷"而论，显而易见，收听广播广告十分简便、自由和随意，随着收音机向小型化发展，这种"便捷"表现为"随时随地"和"随手可得"。

广播广告的"灵活性"——所谓"灵活"，主要针对广播广告的制作周期而言。通过比较几种大众传播媒介广告的制作周期不难发现，广播广告的制作周期最短。因此，广播广告更容易适应在激烈竞争的市场条件下，企业随时调整宣传策略和传播技巧的需求，更有利于广告传播的灵活实施。

广播广告的"渗透性"——所谓"渗透性"可以理解为两个层面的意思：一是说广播广告的受众广泛、群体多样，可以较少受到个体的文化程度、教育程度等因素的制约，而体现为"门槛"较低，容易被受众理解和接受；二是说广播广告与人们的许多日常生活行为可以同步发生，不易产生冲突，广播广告往往会成为难以阻挡的"家庭访问者"融入到人们的日常活动之中，会对受众产生潜移默化的作用。

广播广告的"共鸣性"——所谓"共鸣性"指广播广告善于凭借"声音"而打动"心灵"，以"只闻其声、不见其人"的方式拓展受众的想像空间，同时以饱含感情色彩的有声语音来激发受众心理上的共鸣。历史上，美国流行歌手凯特·史密斯在二战期间进行的"马拉松广播"就是生动的一例。凯特·史密斯为了号召美国民众购买政府发行的"战争公债"，在电台广播节目中连续进行了 24 个小时的广告说服，创造了帮助售出几千万美元公债的奇迹。

广播广告的"单调性"——所谓"单调性"指广播广告在符号运用上单纯依赖声音符号的局限性。由于广播广告依赖于听觉媒体，因此无法展现有关产品(服务)的"形"与"色"，更无法做到像电视广告那样的"声画兼备"，因此在其表现力和影响力上往往逊色许多，显得"单调"和"有限"。

三、广播广告创意的三个基本要素

广播广告的独特之处就在于它通过声音来传递信息，即所谓"以声夺人"，而广播广告创意离不开三个基本要素。

(1)"人声"，顾名思义，主要是指广播广告中的人的语言，同时也包括人所发出的"歌声"、"情绪声"、"呼吸声"以及由多人造成的"嘈杂声"、"交谈声"等。需要注意的是，广播广告中的"语言"和平面媒介中的"语言"有着明显的不同。在平面媒介中，比如报纸和杂志的广告语言，主要是以"文字"为代表的"文字语言"；而广播广告中的语言则是"有声语言"。

有人曾形象地把广播比喻为"脑海中的剧院"，这说明广播广告是以"人声"为主要手段来进行叙事的。因此广播广告必须注意把握语言特色：通俗易懂，即广播广告的语言应保持口语化，少用晦涩难懂的字词，少用同音词、缩略语，少用语法结构复杂的长句；简洁明快，即广播广告的时间应尽量短暂，意义表达应力争集中明确，同时注意节奏和韵律，恰当使用修辞，讲求技巧，增强感染力。

(2)音响，是指广播广告中除了"人声"和"音乐"以外的一切声音。音响一般包括行动声音、自然声音、人造声音等。音响的存在构成了广播广告的主要表现手段，是提高广播广告表现力和感染力的有效方式。

音响具有"叙事性"的特点，是促使听众依照声音产生联想的前提。音响产生作用的机理在于，现实中的事物都有与之相伴相生的独特声音，正如风声、雨声、读书声、鸟鸣、马嘶、水流声，这些声音总会激发人们对此类事物的经验性回忆，从而使其参与到了广播广告的"情境构建"之中。

音响还具有"表现性"的特点。音响的"表现性"往往由独特而成功的广告创意所引发，将原本关联疏松的事物以一种"有趣"的方式联系起来，从而使许多难以呈现的东西"举重若轻"地传递给听众。例如，一则胃肠药的广告，运用了这样的音响组合：

雷声（约 5 秒钟时间的雷鸣）——雨声——（倾盆大雨）——号角声——（雨停后约 2 秒）——胃肠药品名。服后的效果表现得恰如其分。

音响也具有"象征性"的特点。所谓"象征性"，即将特定的声音与特定的产品（服务）相组合，以声音为标志促使听众自然而然地联想到声音所指代的产品（服务）。例如"海鸥"表采用海浪声和海鸥的鸣叫声；美国 Aron 化妆品用优美动听的门铃声作为标志等。

（3）音乐是人们喜闻乐见的艺术形式，一直在人类的社会生活中释放着无穷的魅力。音乐凭借其"节奏"和"旋律"，超越了语言的阻隔，实现了超越种族、年龄、地区、民族的沟通。广播广告中的音乐大致可以分为两类：背景音乐和广告歌曲。

背景音乐主要利用乐曲来烘托气氛，配合有声语言的使用。背景音乐既可以显出产品的类别，也可以表现产品的特点；既可以针对目标受众，也有利于树立品牌形象。

广告歌曲就是把广告中所传递的主要信息，用歌曲的形式展现出来。广告歌曲既具有诱惑力，同时更产生煽动力；广告歌曲既有利于广告信息的扩散，又增加了广告本身的感染力；广告歌曲既有利于消解听众的"抵触心理"，又容易吸引受众的"注意"。有的时候，人们正是通过记住了某段广告歌曲而最终记住了某种产品（服务）。

第二节　广播广告创意的基本原则

在国际广告界，很多叱咤风云的创意大师都从各自的实践经验出发，提出有关赢得成功创意的"规约"。比如大卫·奥格威所说的"神灯"，李奥·贝纳所谓的"十戒"，魏特·哈布斯笃信的"铁则"等。广播广告创意作为广告创意领域的一个重要组成部分，显然也会受到一些规律性因素的制约，正所谓"无以规矩、不成方圆"，下面着重谈一下广播广告创意的基本原则。

一、"听众至上"原则

在大众传播时代，尤其是在市场经济的条件下，广告传播的受众就是广告创意主体的"上帝"。就广播广告而言，它首先是一门"听"的艺术，"无人来听"或"无人问津"的结果是广播广告的"石沉大海"、音信全无。因此，广播广告首先要树立的原则就是"听众至上"的原则，即广播广告的创意要始终围绕听众的所思所想，要不断掌握听众的收听习惯，要不断揣摩受众的听觉心理，要持续争取听众"耳朵"的"注意"。这样一来，从听众的需求出发，寻找明确的诉求，给予切实的承诺，就成为广播广告创意人员的明智选择。只有广播广告传递出为听众本性所关注的信息，才能完成广播广告的"感染"与"说服"的使命。

我们来看这样一则广播广告：

（古色古香的乐曲）
在300多年前，浙江宁波有个走街串巷的卖药郎，名叫乐尊育，正是他在公元1699年创建了同仁堂。数十年后，同仁堂的药剂以配方独特、选料上乘、工艺精湛、疗效显著获得了向清皇供应药品的特权。同仁堂的近百种传统中成药，以"不省人工、不减物力、货真价实、制作精细"的传统特点在众多的百姓中极负盛誉。如今百年老字号同仁堂更以讲药德、守信誉的美称而名扬四海，享誉八方。
（古钟鸣响）同仁堂……

这则广告创意作品很懂得让听众"听懂"的重要性，很注重向听众传达完整、详尽的信息，很善于向听众显示可信赖的品质，因而比较好地体现出了"听众至上"原则。

二、"独辟蹊径"原则

广播广告创意贵在一个"创"字，即"创造"、"创新"、"与众不同"。在这里，所谓"独辟蹊径"的原则，就是要求广播广告创意尽量避免与同类广告创意相雷同，尽量避免与同类广告创意走一条路，尽量寻求广告创意的"首创"与"突破"。这种原则要求并非"空穴来风"，而是由广播广告所面临的现实挑战所决定的。现实的情况是，广播广告在极短时间内，仅仅凭借音响来吸引注意、打动听众、传递信息、留下记忆。要想能够顺利完成这个过程，没有"独创性"的构思，没有"新鲜"的音响内容，没有与众不同的"魅力"，是很难实现的。

我们来看这样一个例子。下面的这则"奥普浴霸"广告曾经获得了第七届全国广告节的好评该。广告创意巧妙地运用了钢琴的音响，为产品的宣传营造了一个充满浪漫气息和弥漫童真童趣的良好氛围：

女孩：妈妈，今天洗澡真暖和！

妈妈：我们家安装了奥普浴霸……

女孩：奥普浴霸？有点像太阳。

妈妈：澡洗完了，该练琴了吧？

女孩：好的。

（哆）取暖

（来）照明·

（咪）抽风

（发）杀菌

（索）装饰

女孩：妈妈，奶奶家有没有太阳？

男白：奥普浴霸，称霸更称心！

三、"靶心定位"原则

任何一则广播广告都不可能面面俱到地完成所有的传播要求，它只能取其重点、集中"攻坚"。所谓"靶心定位"原则，即广播广告的创意应确定创意的核心，依据具体目标，有针对性的构思，以期取得直接的、积极的传播效果。

当广播广告创意以提高产品"知名度"为"靶心"时，则所有的创意构想都应紧紧围绕如何推介企业产品形象、唤起消费者的好奇等问题而进行；当广播广告创意以提高产品"美誉度"为"靶心"时，则所有创意构思都应紧紧围绕如何强调产品质量、激发消费者信任感等问题而进行；当广播广告创意以建立听众"需求""偏好"为"靶心"时，则所有创意构想都应紧紧围绕如何改变听众态度、鼓励其采取行动等问题来进行；当广播广告创意以增加产品销售为"靶心"时，则创意构思还要在介绍功能特色之外，说明优惠条件、购买方式等。

应该说，对于广播广告的创意而言，"靶心"的方向不同，作为"射击手"的创意主体的立足点也不同。在具体的广告实际操作中，会有多种多样的方式呈现。

我们举一个例子来说明问题。下面的这则"善存片"广告是第七届全国广告节的获奖作品，这则广告的创意直指消费者的心理需求，有目的、有针对性地集中推介，力图迅速拉近与消费者的心理距离，直奔受众的靶心而去：

（钢琴曲《致爱丽丝》第一乐句）

男：钢琴的每个键都有它特殊的功能，把每一个清亮的音聚在一起，才能奏出完美的乐章……健康又何尝不是这样？某一种微生元素或矿物质的缺乏，就可能让您的生命乐章清涩暗哑。这个时候您需要的正是"善存片"。

（音乐起）

女：善存片，富含 30 种微生元素和矿物质，补充每日膳食无法摄取的营养元素，使您的表现更加出色。

男：善存片，源自美国，全面照顾。

四、"听觉主导"原则

说到底，广播广告的创意过程是一种"诉诸于听觉的创作"，即广播广告创意的全部努力都是为了让听众用耳朵去听、由听而想。因此，文稿的语言、配乐的旋律、一切的筹划都要遵循"听觉主导原则"。

"听觉主导原则"要求广播广告创意施动行为必须"立竿见影"、"一听就懂"。具体说来，有很多细节问题需要加以注意。从文字语言的角度看，文字是有声语言的符号，但又不完全等同于有声语言，在实际的操作过程中，就应该注意诸如"音同字不同"的现象，避免产生歧义。例如："某某商店出售食油"、"有 75% 的孩子缺锌"、"每到 3 月桑事繁忙"这样的广播广告用语，在文稿上可能不会引起误会，但在经过声音播报后就不可避免地闹笑话了。

另外，"听觉主导原则"还要求整体规划"三要素"，使其和谐统一。每一条广告都由人声、音响、音乐三要素构成，在实际的创意运筹时，要特别注意协调好这三者之间的关系，否则造成"一条广告三张皮"的效果，就得不偿失了。具体说来，也有很多需要细致加以思考的问题。从主次地位的角度看，一条广播广告中，究竟以哪一种要素为主、哪种为辅，先后顺序、强弱安排如何等，都需要创意主体科学地加以把握，其基本要求是平衡适度、和谐统一。

五、"动之以情"原则

从某种程度上来说，广播广告创意的过程是一种"被动的高情感型媒介的创作"过程。从媒介特性的角度看，传统的广播媒介与传统的电视媒介一样，其传播过程都具有"单向型"、"缺少反馈"的特点。尤其是传统的广播媒介，由于缺乏视觉符号的手段，听众在接受信息时的"被动性"就显得尤为突出；再加之以"播出序列"的限制，使得听众只有在广播流程的完结之时才能完整地把握其内容。但是这些媒介特性并没有影响广播媒介对人们情感的触动。相反，由于广播广告的"只闻其声、不见其人"，更容易激发起听众的"联想"与"想像"，引起听众情感上的共鸣。

因此，克服广播媒介的局限性，提升广播广告影响力的重要指导原则就是所谓"动之以情"的原则。这个原则要求广播广告创意要完成几个重要的任务："一个好的开头"、"亲切感人的风格"、"简洁单一的信息"。

"一个好的开头"是针对广播听众收听习惯上的"随意性"来说的。在大多数听众处于"无意注意"状态下的收听习惯，广播广告采用充满吸引力的开头可以有效地激发听众的注意和兴趣；反之，如果开头无法吸引听众注意，接下来的信息传递就很难取得良好效果。

"亲切感人的风格"是针对广播广告以声音语言为主要传播手段来说的。广播广告是一种大众传播，在传递信息时往往使用我们日常生活中的交际语言，以"口语"为最多。这就要求广播广告中的"话语"，要让人听着顺耳、顺心，符合人际交往的"人之常情"，和蔼可亲、贴近生活。具体来说，要注意尽量少用"书面语言"，少用繁复的修辞语言，少用华丽的文字技巧，多用口语、生活语，多用短句等。

"简洁单一"主要是针对广播媒介传递信息时"转瞬即逝"的特点来说的。越是简洁明了、指向集中的信息，越容易被听众记住；越是单纯清澈、方便轻巧的内容，越不会引起听觉上的疲劳。所以，广播广告最忌讳冗长繁琐、复杂晦涩，有时候说得越多，反而效果越差。

六、"自由想像"原则

其实，换个角度看问题，广播媒介的某些局限性有时也可以转化为不可多得的优势——"有声、无形"是广播媒介最大的缺点，但同时又是广播媒介的"魅力"之所在。"只闻其声、不见其人"的广播留给人们广阔的联想和想像的空间，也赋予了创作者以极大的自由。因此，广播广告的创意应充分考虑到"自由想像原则"的价值。

从广告心理学的角度看，所谓联想是指由一事物而想起另外一事物；所谓"想像"就是在已知经验基础上创造新的形象的过程。成功的广播广告创意，总能激发听众无尽的联想与想像，激发听众由广播广告信息出发构建起一个因人而异、丰富多彩的"思维空间"。

对于"自由想像原则"的实践操作来说，可谓是仁者见仁、智者见智。有人主张以亲昵的话语、迷人的音乐、悦耳的音响惹人"心驰神往"；有人主张借助听众想像完成其他媒介所不能完成的使命；有的业内人士开玩笑说"描述天下第一名女，最好用广播"；美国营销学家曼尔玛·赫伊拉说"不是卖牛排，而是卖煎牛排的吱吱声"。还有人主张，努力塑造"声音的个性"，让广播广告中与众不同的声音、令人难忘的音乐共同组成一个企业或一个品牌的"声音识别系统"，叫 AI（Audio Identity）。

第三节　广播广告创意的表现技巧

一、广播广告创意的价值

作为 20 世纪最先降临人间的大众传播媒介，广播以其跨越千山万水的广泛覆盖性和"亲闻其音"的有声可感性迅速融入到了现代人类社会当中，也为广告经济活动提供了广阔的空间。

时至今日，广播虽然没有诞生之初那么风光，但依然发挥着不可低估的作用。就普及率而言，小小的收音机显然要比一台电视机更便于携带，也更能适应不只是家庭的各种复杂环境。因此，自 20 世纪 40 年代电视普及以来，广播不但没有消亡，反而继续保持着它的优势。

那么广播广告创意的价值究竟是什么？《广告创意策略》一书中有一段精彩的论述[①]："为什么收音机广告的作者喜爱这一媒体呢？有的人说因为收音机写作好像是奇异的探险，完全超越了照相机镜头的局限和拍摄日程的限制。有的人说收音机是比'性'更性感的东西，因为它必须能接触，并打动听众的心才能有效地工作。有经验的收音机广告的作者，会告诉你收音机是个可视的媒体，听众能看见作者想让他们看见的东西。作者对收音机了解得越多，听众能看见的就越多。它这个媒体怎么工作呢？就看你如何展示你的广告了。你可以简单地使用一个声音说："现在你和我一样漫步在曼哈顿的街上"或者"我坐在这儿看着池子的脏盘子"，或者你可以使用声音来告诉听众事情发生的地点，用有代表性的出租车司机的抱怨声和汽车喇叭声或摔盘子的声音，可以展示纽约拥挤的交通。音乐也可以展示广告的地点。想像一下，当你听见巴伐利亚人乐队，或柴可夫斯基的 1812 戏曲，或苏格兰风笛，

---

① 引自（美）A·杰罗姆·朱勒（A．Jerome Jewler）（南卡罗莱纳大学），邦尼 L·朱奈尼（Bonnie L．Drewniang）（南卡罗莱纳大学）著，郭静菲，黎立译：《广告创意策略（原书第 7 版）》，机械工业出版社，2003 年版，第 123 页。

你能'看见'什么？或者，只是一个说话声也会让你'看见'一个地方，如，夸张的拉长调子，南方人说话或西印第安人不连贯的英语，或是新英格兰的鼻音？"——这段论述用轻松的语言、真挚的情感、动情的叙述为我们形象地描摹出了广播广告创意的价值所在。我们可以这样说，广播广告创意以其独有的媒介特性和独特的制作效果为受众打造了一道绚丽的听觉风景线。

　　我们来看一个例子。下面这则美国的广播广告是为明尼苏达州动物园做宣传的，目的是鼓励父母在节假日带着孩子到动物园参观，广告中声音的运用可谓精彩至极：

旁白：世界上最快的汽车，经常使用跑得最快的动物的名字。
　　　福特 Mustang0 – 45 英里……
SFX：汽车加速的声音
旁白：6.9 秒
　　　大众兔子。
　　　0 – 45 英里……
SFX：汽车加速的声音
旁白：6.4 秒
　　　Jaguar XKE
　　　0 – 45 英里……
SFX：汽车加速的声音
旁白：4.3 秒
　　　但是四个轮子的最快的汽车也追不上四只脚的动物美洲豹，45 英里只要两秒钟。
SFX：喷气式飞机的咆哮声
旁白：去追上美洲豹。劳动节在明尼苏达动物园。

　　很显然，这样一则创意新颖的广告，打破了我们耳朵的习惯，创造了全新的声觉感受。事实上，广播广告创意的优势恰在这里："收音机是一个很好的花小钱办大事的媒体，令人兴奋的、有创造力的、好玩的都可以展示，而其费用与电视相比就少了很多。你不用画出直线或曲线，也不用为字体和图片的设计苦恼。与其他媒体相比，收音机广告要求你的写作有更大的想像空间……"。①

---

① 引自（美）A・杰罗姆・朱勒（A．Jerome Jewler）（南卡罗莱纳大学），邦尼 L・朱奈尼（Bonnie L．Drewniang）（南卡罗莱纳大学）著，郭静菲，黎立译：《广告创意策略（原书第 7 版）》，机械工业出版社，2003 年版，第 124 页。

二、广播广告创意基本要素的表现技巧

1. "人声"的表现技巧

如前所述，广播广告是"以声叙事"、"以声达意"、"以声传情"、"以声夺人"的，这既是广播广告最大的特色，也是对广播广告创意中"人声"因素的总体要求。

在广播广告创意中，"人声"的基础和前提是"解说词"的写作。"解说词"在总体上应符合使听众"顺心顺意"的原则，即做到"赏心悦耳"。同时还要兼顾"简洁准确"、"优美响亮"、"生动形象"、"真实自然"等要求。

如《孔雀手表》广播广告中的开头一段：

世界上什么东西是最长又最短，最快又最慢；最能分割又是最广大的；最不受重视，又是最受惋惜的？它使一切渺小的东西归于消灭，它使一切伟大的东西生命不绝。

这段广播广告的开头，巧妙地借用法国大思想家伏尔泰的至理名言，虽然论的是"时间"，但对广告产品即"手表"的形象却起到了极为贴切的"烘托"作用，其"生动形象"可见一斑。

又如一则台湾《拒吸二手烟》的公益广告：

（旁白）

男：话说，唐三藏师徒西天取经，这一天，中了圣婴大王红孩儿的调虎离山之计，唐三藏被生擒洞中，孙悟空一气之下，单枪匹马来到枯松涧火云洞前。

（风声）

孙悟空：红孩儿，快把师父还给我。

红孩儿：大胆妖猴，竟敢在我家门前叫阵。

孙悟空：红孩儿，乖乖把我师父交出来，免得自讨苦吃。

红孩儿：哈哈哈……要想救师父，先尝尝我"三味真火"的厉害。（喷火声）

孙悟空：哈哈！"三味真火"算什么，有本事尽管使出来啊！

红孩儿：好！既然你不怕火，那我们就来点新鲜的玩意儿。（打火机声，吐烟声）

孙悟空：啊！"二手烟"哎呦！我的妈，快跑啊！

（咳嗽声，龙腾虎跃音乐起）

孙越：各位听众，我是孙越，您听听连神通广大的齐天大圣，都怕"二手烟"，何况是平凡的你、我呢？为了自己的健康，我们拒吸"二手烟"。

　　显然，这则广告试图表达一个公益性的主题，广告的语言风格很有特色，在借鉴中国古典文学名著《西游记》的基础之上，又进行了适当而富有幽默感的夸张，在一个假想的情境之中与现实问题发生了关联，巧妙地折射出现实生活的不合理处，以一种众人易于接受的方式宣扬了广告的主题。毫无"说教"或"做作"之感，相反显得真诚而自然。

　　2. 音响的表现技巧

　　在实际的信息传播过程中，音响大致包括"一般的声响"和"特别的音效"两大类型。值得一提的是，在一些特殊场合，"无声"是音响的一种特殊形式。

　　音响具有"创造逼真氛围"的功能，即运用恰当的音响效果，可以有效地设定广播广告的故事、情节发生的实际情境，揭示诸如时代、地域、时间、空间环境的特点。音响也具有"呈现产品特质"的功能，即运用巧妙、有特色的音响效果，不仅可以增强广告的真实感，还有利于刻画产品（服务）的外部特点，揭示诸如外形、大小、重量、功效、品质等特质内容。音响还具有"强化听觉刺激"的功能，即恰当运用音响效果可以有效地吸引广播广告受众的注意力，加强听觉印象，有利于增强广播广告的记忆效果。音响更具有"塑造产品形象"的功能，即合适的音响效果不仅可以营造情绪和气氛，引起听众注意，更会引发听众丰富的"联想"和"想像"，使人产生"通感"和"移觉"，继而主动地参与到产品形象的构建中去。

　　在"音响"的表现技巧中，有三个要点需要特别加以注意："音响内容的准确典型"；"音响意蕴的和谐传神"；"音效使用的谨慎恰当"。

　　"音响内容的准确典型"主要是针对音响本身"逻辑性差"的问题而提出的。例如天津人民广播电台曾播出一则"海鸥表"的广播广告：

（海浪声。海鸥的欢快的鸣叫声）
　　女人：多么熟悉的声音
　　男人：多么亲切的呼唤
　　女人：海鸥表，我们可靠的朋友
　　男人：海鸥表，我们亲密的伙伴
　　女人：海鸥表——
　　男人：中国计时之宝

　　这则广告的成功之处在于以"大海波涛声伴之海鸥欢鸣声"为主体音响，

准确地把握住了音响与产品之间的逻辑关系，充分展现出产品的特色，有效地创造了一种厚实、悠远、博大的产品形象，让人过"耳"不忘。

"音响意蕴的和谐传神"主要是针对音响本身所具有的"象征性"而言的。由于音响可以营造气氛和传递情感，因此音响本身就具有某种象征意义——"惊涛拍岸"的音响可能象征着"激情澎湃"；"鸟语燕喃"的音响可能象征着"温馨和快乐"；"电闪雷鸣"的音响可能象征着"恐怖和阴森"等。如前文所述，台湾一则药品广告中以"雷声、倾盆大雨声伴随着嘹亮号角声"等音响，来象征服用胃肠药以后的清爽感受。

"音效使用的谨慎恰当"主要是针对"音效滥用"的问题而言。利用声音特技如电子发生器、混响等模拟制作的特殊音响效果，可以使声音"变形"，造成神奇、幽默、荒诞的效果。但这种音效的使用往往缺乏"耐听性"，即缺乏听觉上的"魅力"，如果过量使用，很容易引起反感，甚至还会减弱广播广告的感染力，使其沦为恼人的"噪音"，因此必须谨慎地加以使用。

3. 音乐的表现技巧

通常来说，在广播广告中出现的音乐主要有"背景音乐"和"广告歌曲"两种类型。"背景音乐"主要作为"配乐"来使用的，起衬托、渲染的作用。"背景音乐"往往从现成的音乐资料中选取，背景音乐既可以是"器乐"，也可以是"声乐"，如：吉林人民广播电台播出的《人参娃娃香皂》广播广告以"儿童音乐"为背景；山东人民广播电台播出的《青岛虾味汤料》广播广告，以《假日海滩》音乐作配乐等。

广告歌曲是将广告中所传递的主要信息用歌曲的形式展现出来，是广告音乐的重要形式。自广播事业创始以来，受到了特别的垂青和重用。有业内人士把广告歌曲分为五种类型："亲切型"、"震撼型"、"印象型"、"气氛型"、"悠扬型"。

广告歌曲的表现技巧中，有四点需要加以注意：广告歌曲的"通俗性"、广告歌曲的"审美性"、广告歌曲的"劝服性"、广告歌曲的"个性"。

广告歌曲的"通俗性"要求广告歌曲的创作要有利于广播广告在大众传播渠道中的信息扩散。因此，广告歌曲必须节奏鲜明、旋律悦耳、歌词浅显、短小精悍、朗朗上口，才能够完成易学、易唱、易记的传播要求。1969年台湾"快乐香皂"的一则广告歌曲中唱道："快乐、快乐、真快乐，happy、happy真 happy，happy，happy…"这首广告歌曲简单、易懂，又富有旋律的动感，曾经在台湾街头风靡一时。除此之外，改革开放之初，日本"松下电器"和"日立电器"的许多广播广告歌曲也曾经引起国人的传唱。

　　广告歌曲的"审美性"要求广告歌曲的创作要兼顾听众的审美趣味，给听众带来或优雅生动或轻松明快的审美愉悦。例如一则在台湾广为流传的广播广播广告歌曲：

　　滴嗒滴嗒滴嗒滴，时钟敲，滴嗒滴嗒滴嗒滴，春天到，小鸟儿吱喳吱喳，歌声响亮，朵朵的美丽花蕾争先开放，充沛活力请 ASPALA。安赐百乐安赐百乐 ASPA – LA，平安健康是 ASPA – LA，喔。

　　广告歌曲的"劝服性"要求广告歌曲要完成改变听众态度，诱导其产生行动的使命。说到底，广播歌曲不是艺术歌曲，它仍然是广告传播活动中的一种"变形"了的劝服性传播方式。因此，它天然的被赋予了推销商品的使命，它的最终传播目的是令听众加深印象，产生好感，付诸行动。例如：1999 年中国广告节获奖作品《香巴拉牛肉干》广播广告歌曲：

　　香巴拉牛肉干。
　　香巴拉，香巴拉，芝麻香。
　　香巴拉，香巴拉，辣椒香。
　　香巴拉，香巴拉，牛肉香。
　　香也香不过香巴拉，牛肉干要吃香巴拉。
　　香巴拉牛肉干。

　　广告歌曲的"个性"要求广告歌曲在节奏、旋律甚或是词句、曲调风格上都尽量地有别于他人。广播广告创造一支广告歌曲并不难，难的是创造一支动听、有新奇性、能够与众不同的广告歌曲。例如农药产品"来福灵"的广告歌曲就曾经引起很好的传播效果，歌曲唱到："我们是害虫，我们是害虫，……正义的来福灵，正义的来福灵，一定要把害虫杀死杀死！……"歌曲以拟人化的手法和诙谐幽默的风格描写了农药与害虫之间的战斗，一时间广为流传。无独有偶，日本一家 nika 威士忌公司，受到"人们进酒吧时习惯用手敲柜台"这个细节的启发，借用"答！答！答！"的敲击声创作出一支歌曲，唱到"da！da！dan！nikka whisky"，不仅迅速被听众传唱，还实现了提升产品"知名度"的效果。

三、广播广告创意技法

　　1. 有效进行广播广告创意的十种技法

　　美国广告人士彼得·霍士得恩曾经总结了若干广播广告创意的技法，很值得我们加以借鉴，其内容如下：

要明确你的声音效果，否则会让听众迷惑。

让音乐成为声音的效果。

让你的广告围绕着一种声音。

利用好广告时间。

尝试不使用合成音效。

小心使用幽默。

如果你的广告是可笑的，可以用一个骇人听闻的前提来开始。

保持简单的内容。

让您的广告适合它播出的时间、地点和特殊的听众。

尽量给客户提供录音样品。

2. 缔造出色广播广告创意的操作要领

以上技法的经验总结，主要是就广播广告的整体而言的，除此之外还应考虑到广播广告创意的基础环节，即广播广告文案的创意技巧问题。在《广告创意策略》[①]一书中，美国专家学者们为我们总结出如下一些技巧：

让每一个字都有用

为耳朵而写，而不是眼睛

使用真正有意思的幽默

反复强调客户的名字

避免数字

简单明了

让宣传活动有所变化

要考虑时间限制

我们来看这样一个优秀的广播广告案例：

RENT. NET

60 秒播音

"吸血鬼"

SFX：棺材吱吱地打开，令人毛骨悚然的音乐响起，然后淡出。

吸血鬼 1：嗨，你在干什么？你知道我们不能白天出去的！吸血鬼 6 号！

吸血鬼 2：别担心，我只是想给咱们找一个新的公寓，可能是一个更好的。

SFX：湿淋淋的水龙头

---

① 引自（美）A·杰罗姆·朱勒（A．．Jerome Jewler）（南卡罗莱纳大学），邦尼 L·朱奈尼（Bonnie L．Drewniang）（南卡罗莱纳大学）著，郭静菲，黎立译：《广告创意策略（原书第 7 版）》，机械工业出版社，2003 年版，第 127 页。

吸血鬼1：我告诉你，这可是唯一的在白天房东能跟我们见面的地方。

吸血鬼2：（讽刺地）呀，疯狂的蝙蝠！

吸血鬼1：（紧张地）但是无论如何你不能现在干，你怎么能出去到阳光下拿到一张报纸呢？你现在不能出去。

吸血鬼2：放心吧！我在用 RENT．NET！

SFX：上网拨号声音

吸血鬼1：什么？

吸血鬼2：（气恼地）你还住山洞吗？RENT．NET！它是全面的网上租房指南，我们可以马上找到你想住的公寓，通过城市的名称或是卧室的数目查询，我们还可以选择想要的价格，查看房子照片和公寓内的设施。

吸血鬼1：哦，找找有宠物的房子，你明白的，有那种可爱的小狗的。

吸血鬼2：你真的有病。

吸血鬼1：嗨，一个吸血鬼得吃东西呀！

旁白：RENT．NET，在任何城市中，用最简单的方式找到你的新家，而不用离开你的……（SFX：可怕的公寓的噪音）舒适的家。

　　显然，广告宣传的是一家提供租房服务的网站。在广告中，创意主体充分展开了想像的翅膀，以两只吸血鬼蝙蝠的声音虚拟出一个吸血鬼上网租房的有趣故事。在这则广告中，音效的处理极为生动：不仅增加趣味性，而且十分新颖；不仅有效地吸引听众，而且巧妙地表现了主题。这个案例为我们生动地演绎了一个好的广播广告创意是如何打动听众的。

　　我们再来看一则推介 Ortho 公司生产的防蚁杀虫剂的广告。这则广告运用了一个播音员十分严肃的口吻[①]：

播音员：红蚁一点不可爱。

　　　　人们不喜欢红蚁的玩具。

　　　　它们抱着不舒服，也不机灵，它们只咬你，留下红肿，又痛又痒，让你想哭。

　　　　所以它们应该去死。

　　　　而且现在马上死。

　　　　你不希望它们得慢性病，只想它们死，马上死。

　　　　你也不想在花园里洒药，那太慢了，而且可能要一星期才能起作用。

　　　　不！我的朋友，你想要的就是 Ortho 公司专门制造的红蚁杀虫剂。

---

　　① 引自（美）A·杰罗姆·朱勒（A．Jerome Jewler）（南卡罗莱纳大学）、邦尼 L·朱奈尼（Bonnie L．Drewniang）（南卡罗莱纳大学）著，郭静菲、黎立译《广告创意策略（原书第七版）》机械工业出版社，2003 年 6 月，第 127 - 128 页。

　　你只要在房子周围放几勺，就完事了，你甚至不用浇湿。公蚁会把它带回洞中。

　　这是最主要的优点。所有的都死了，包括蚂蚁王，就这么快，就这么好，因为杀灭红蚁不应该是专家的工作，虽然很有意思！

　　Ortho 公司的红蚁杀虫剂，立刻消灭红蚁！

　　这则广播广告简单明了、主题集中、创意新颖、效果显著，显示出了广播广告创意的高超技巧。

　　3. 广播广告呈现方式的创意

　　在很多的时候，广播广告不会以单一的方式来完成创意诉求，而往往是根据产品的特点和对象的特征来寻求生动的呈现方式，这就形成了丰富多彩的呈现方式。下面我们针对广播广告呈现方式的类型作一归纳阐述。

　　（1）独白式的广播广告创意。独白式的广播广告创意一改日常充满喧嚣的广播广告呈现方式，以其专注、安静的特色，让人们的耳朵聆听信息。美国纽约迟亚特得公司的创意人员为理光相机制作了一则独白式广播广告，就显示出了这种"独白的魅力"：

　　旁白：两星期以前，我买了一台 35 毫米理光全自动照相机。我打开说明书，上面写着"会思考的相机"。后来我发现这的确是真的。当用理光相机拍照时，它思考正确的曝光度，思考正确的焦距和正确的速度。为了给你一张完美的照片，所有的事情它都想到了。

　　让我来过问你……

　　你觉得理光相机不照相的时候它思考什么呢？它是不是思考你将要用它呢？或是作为圣诞节礼物送给别人？它相信有圣诞老人吗？它认为你相信圣诞老人吗？你相信吗？它思考的时候是用日语吗？它做梦吗？如果它做的话，它是做彩色的，还是黑白的呢？或是由你所使用的胶卷决定？它会不会担心被摔到地上？我会的。

　　它是不是认为你一定有一个螺丝松了，才会想起这件事情？想想吧……

　　（2）对白式的广播广告创意。对白式的广播广告创意，顾名思义，就是利用两个人对话的形式来传递广告信息、表达广告主题。对白式的广播广告创意的弱点是：频繁的言语交谈容易变得枯燥乏味；同时，对话双方对产品的强调，很容易让听众失去对其谈话内容的信任感。因此，在进行对白式广播广告创意时，一是要考虑到如何使对白简洁、生动，富有表现力；另外，也要学会将对话双方放置于情节之中，而在情节之外以主持人的口吻推介产品。

　　我们来看下面的这个例子，这是纽约 TBWA 广告公司为嘉士伯啤酒所创作的广播广告：

> 女：嗨，宝贝？
>
> 男：怎么了，心肝？
>
> 女：我要承认一个错误，亲爱的。
>
> 男：怎么了？亲爱的？
>
> 女：你知道客厅里的钟？
>
> 男：祖父留下的，17世纪的果木的钟？
>
> 女：我把它敲坏了。
>
> 男：别担心！
>
> 女：哦，猪排，你太理解我了。
>
> 男：只是钱的事。
>
> 女：甜豌豆？
>
> 男：好的。
>
> 女：你知道你房间里的厚毯子？
>
> 男：我书房里的豹子皮？
>
> 女：我洗它的时候，那些点被洗掉了。
>
> 男：别担心，你这小傻瓜。
>
> 女：我放心了。
>
> 男：我的就是你的。
>
> 女：夹心饼？
>
> 男：好的，棉花糖？
>
> 女：你记得冰箱里的那些雪茄？
>
> 男：手卷的洪都拉斯雪茄？
>
> 女：它们受潮了。
>
> 男：你知道怎么办？胡萝卜。
>
> 女：当我挪动嘉士伯啤酒……
>
> 男：（突然打断）我告诉你不要动我的嘉士。
>
> 女：黄瓜。
>
> 男：让你的律师明早给我的律师打电话，糖和梅子。
>
> 主持人：嘉士伯啤酒，不能碰的，重要的，嘉士伯啤酒。哥本哈根，丹麦。

（3）群言式的广播广告创意，顾名思义，即广告声音中出现数个人说话，但不是彼此对话，而是完全面对听众来表达。这种呈现方式既不同于独白式的"自言自语"，又不同于对白式的"你一言我一语"，而是表现为多个说者众口一词地向听众诉说。因此这种呈现方式的广告创意对于听众而言，既不是安静、专注的谋求倾听，也不是设置情节的谋求影响；而是众口一词的直接劝服。我们来看这样一则广播广告。这是一个宣传艾滋病危害的公益广告，在广告的制作过程中，创意主体使用了几种不同的声音以促使听众尤其是青年听众提高警惕。广告声音的主体部分表现的是许多年轻人在被问及艾滋病危害时的种种回答：

第一个声音：不可能在我身上发生。
第二个声音：他不可能得上。
第三个声音：你不会从女孩身上得上。
第四个声音：还没有医治的方法吗？
第五个声音：我知道她没有这种病。
第六个声音：我只是想开心。
第七个声音：我不是同性恋。
第八个声音：我希望那不要发生在我身上。

此外，广告当中还穿插了一段主持人对艾滋病常识的介绍。这是一则典型的群言式的广播广告创意。

（4）戏剧式广播广告创意就像是排演一出戏剧那样建构剧情和框架，有故事的结构，有楔子、序幕、开场、进展、矛盾、高潮、结局、落幕，或者可以依靠解说来完成。或者不是时间比较长的、特别完整的故事叙述，也可以是类似于小品、短剧式的内容架构。我们来看看这样的一则案例。下面这则广播广告可以称得上是短剧式的广播广告，它所表现的内容是美国乔治·拖拉特戏剧院的情景：

旁白：17 号，轻轻地笑。
SFX：男人轻轻的笑声。
旁白：22 号，傻笑。
SFX：女人吃吃的笑声。
旁白：56 号，鼻子发出喷气声。
SFX：女人大笑，同时鼻子发出喷气声。
旁白：61 号，用鼻子大笑。
SFX：男人用鼻子大笑。

这则广播广告，用简单明了的声音、精练清晰的旁白，成功地渲染出了戏剧院独特的演出氛围和环境特点，生动传神地向听众呈现出了广告创意所要表现的主题倾向，很值得我们去研究和借鉴。

（5）歌曲式广播广告创意。大卫·奥格威曾经说过："如果你不知道怎么说，就唱吧。"在实际的广告传播活动中我们经常会发现，有时与其长篇大论地推销，倒不如传递一首动听的曲子更能给消费者留下深刻而美好的印象。客观的现实也证明，一些广播广告的成功是从人们接受了那一首脍炙人口的广告歌曲开始的。在这方面，全球知名的饮料品牌可口可乐就有许多成功的经验。比如，国际知名品牌 Epson 在 1999 年聘请了中国香港当红女歌手陈慧琳演唱了"Epson1999"广告歌曲《真感觉》，取得了不错的传播效果，歌中唱道：

似看破四面墙似看到太平洋
我与你去翱翔飞得那么欢畅
是你的一张肖像叫我这么多联想
我看见你眉头我看见你鼻梁
我看见你面容一些美好印象
是你的一张肖像占据这刻的意向
不必变身只需非常留神
相信你的心便能超过限制
凝望眼前人眼前人我灵魂你灵魂
刹那接近更加逼真
情是即刻想到你已经即刻想见你
其实我挂念你无限的新奇
即刻想到你已经即刻感觉你
无论你远或近这一刻我要吻你
发觉这晚悠长发觉我懒洋洋
我要你也在场方可觉得欢畅
让你的一张肖像叫我这么多联想
看到你调皮时看到你困惑时
看到我已茫然一些美好印象
让你的一张肖像占据这刻的意向

以这样生动活泼的歌曲形式发布广告信息或烘托产品形象，往往起着事半功倍的效果。再比如，大家比较熟悉的"麦当劳"广告歌曲，最近麦当劳聘请香港知名女歌手孙燕姿演唱了其主题歌，取得了很好的宣传效果，歌曲中唱道：

调整脚步再继续/ 好让欢笑天天都洋溢在爱的角落里/ 放松自己换个心情欢乐感觉
这里的点点滴滴都是为你随时随地/ 这份熟悉/ 抓紧你的心真真切切/ 笑容填满每一

天/ 麦当劳 every time a good time 永永远远/ 付出的爱永不变/ 麦当劳/ 欢聚欢笑每一刻 想起那美好的一切

轻松自在/ 多让人回味真心的微笑/ 一起分享/ 就在身边开心滋味/ 麦当劳是你最好 的朋友无时无刻/这朋友伴着你走向前/始终都在/ 不管现在或未来麦当劳 every time a good time/ 永永远远/ 付出的爱永不变麦当劳/ 欢聚欢笑每一刻/那一扇欢迎的门/ 随时 都打开每个相聚的日子都有温馨/ 填满胸怀/ 朋友始终都在 YA——真真切切/ 笑容填满 每一天/ 麦当劳 every time a good time YA——/永永远远/ 付出的爱永不变/ 麦当劳 every time a good time 欢聚欢笑每一刻

综上所述，广播广告的呈现方式五光十色，很难用一种或几种类型加以 概括，上面所罗列的也只是一些常见的方式，并不能代表广播广告的呈现方 式的全部。事实上，随着广播广告创意实践的继续发展和广播广告创意理论 的不断成熟，我们完全有理由相信广播广告的呈现方式会更加丰富多彩，其 创意思维也会更加成熟完善。

创意赏析

看见灯光：汤姆·波戴特销售价廉舒适的第 6 汽车旅馆

第 6 汽车旅馆，1962 年在加利福尼亚的圣芭芭拉开业的时候，它的"没 有装饰"的理念（无电话、电视，只是一个舒适干净的房间）占领了市场。

1986 年，为了在众多低成本的汽车旅馆中保持地位，他们使用播音广告 作为他们的宣传媒体并开发新的客户群。

道尔理查集团广告公司有名的创作总监大卫·福勒。

邀请汤姆·波戴特为第 6 汽车旅馆录制了一系列广告。当他完成了他那 有亲和力的独白时，还剩有一点时间，他就顺便加了一句："我们的灯将为你 而亮着。"

后来，汤姆·波戴特放松的风格和诚恳的表达使他的名字与第 6 汽车旅 馆的广告公司一样，人人皆知。

以下是一个例子，展示汤姆·波戴特是如何为第 6 汽车旅馆创作可爱友 好的开端的，而主题"看见灯光"是如何被更新而且贯穿于每一篇播音稿的。 每一篇长 30 秒钟。

音乐：（第 6 汽车旅馆的主题曲贯穿始终）

汤姆：你好，第 6 汽车旅馆的汤姆。你知道，瞎眼的山洞火怪没有看见 过光。当然了，他们最后有的只是透明的皮肤和两个黑洞，而不是眼睛，另外他们很粘。你不想变成那样，对吗？那么来见光吧，节省你的钱和皮肤。致电1-800-4-MOTEL-6，我们的灯为你而亮着。

音乐：（第6汽车旅馆的主题曲贯穿始终）

汤姆：你好，第6汽车旅馆的汤姆。当你看到北极光的时候，你就亲眼目睹了高价值的电离层被太阳风击破的景象。哇，太漂亮了！当你看见第6汽车旅馆的灯光的时候，你不会被其高价值的房间而击破。也很漂亮，不是吗？非常好的价钱。致电1-800-4-MOTEL-6，我们的灯为你而亮着。

音乐：（第6汽车旅馆的主题曲贯穿始终）

汤姆：你好，第6汽车旅馆的汤姆。你知道，当你照完相以后，你看到的闪光灯的光线会在你的眼内停留。这可不太好。你也知道，当你看到第6汽车旅馆的灯光后，你的钱会在你的口袋里停留吗？这不错嘛！看见灯光，让它停留。致电1-800-4-MOTEL-6，我们的灯为你而亮着。

第十三章 电视广告创意

图 13－1 "奔驰"汽车平面广告

美国著名的广告大师詹姆斯·韦伯·扬曾经说过："在每种产品与消费者之间都有其各自相关联的特性，这种相关联的特性就可能导致创意。"在这里，广告大师在提示所有的创意人员，要去努力发掘产品背后、受众心中那些看不见的东西。而且这种发掘的努力有赖于创意主体深厚的从业素养和扎实的思维积累。我们一起看看旁边的这幅广告创意作品，一只看似平淡无奇的白炽灯泡，但当你仔细看时，你会为这绝妙的创意拍手叫好。白炽灯泡中的"奔驰"标志让你眼前一亮，它也是生命当中的伟大创举。

关键概念

电视广告的特性——视听觉综合化、视听觉认知化、视听觉体验化、虚拟现实化。

电视广告创意的基本要素——从电视广告构成的角度来看，画面、解说（包括配音字幕等）、音响是最基本的要素。这三项基本要素各司其职、各尽所能，成为构筑电视广告创意大厦的基础性力量。

电视广告创意的特征——艺术性思维、形象化创造、动态性展现、多元化表达、情绪化渲染。

电视广告创意的原则——"聚焦"原则、"融通"原则、"简明"原则、推进原则

"蒙太奇"——英文为"montage"，这个词汇是在电影出现之后才产生的，

最早"蒙太奇"是法国建筑术语的译音，指连接、装配、构成；后来逐渐成为影视领域一个专用术语。

电视是当代社会生活中最重要的大众传播媒介之一，当然也是最重要的广告媒介之一。电视声像兼备、视听结合，是目前为止最具综合表现特色的传播媒介。因此电视广告自然而然地成为一门融合视觉与听觉、结合时间与空间、跨越形象与抽象的艺术范畴。时至今日，电视广告已经成为诸种广告类型中规模最大、影响最广的一支，电视广告的发展和进步必将起到先锋和引导的作用，带动整个广告事业的腾飞——在这样的宏大背景下探讨电视广告创意若干原则问题和实践问题，就成为必需。

第一节　电视广告创意概述

一、电视广告的历史描述

1. 电视的诞生和电视广告的萌芽

电视可以被看作是 20 世纪人类传播史上最伟大的发明之一，其技术的历史可以追溯到 19 世纪前期。从最初科学家提出"用电来看东西"的理论假设到电视技术成熟和普及，前后经历了一个多世纪的历程。

电视广告萌芽于电视媒介蓬勃兴起的 20 世纪 40 年代，从那时开始，电视广告破土而出，初步显示出根本变革传统时代广告传播整体面貌的超凡力量。由此开始，电视广告很快地成为广告界的新宠，并从此一直保持着"主角"的地位。1941 年，美国开办电视事业以后，NBC（全国广播公司 National Broadcasting Company）播出了可能是世界上最早的一条电视广告。但由于早期的电视不能录播，只能进行现场实况直播，因此当时电视广告大多形式单一：广播员拿着稿子在摄影机前朗读，再将图片插入其中。

2. 电视广告的发展与成熟

20 世纪 50 年代中期开始，电视广告进入了大发展时期。1954 年美国正式播出彩色电视节目，是世界上第一个开办彩色电视事业的国家。1953 年，李奥·贝纳创作的"万宝路"香烟广告的形象打破了旧有的电视广告模式；大卫·奥格威请美国总统罗斯福的夫人为"好运"牌奶油进行宣传，制作了著名的"名人推荐式"电视广告。

20 世纪 60 年代以后，伴随着电视技术进入成熟期，电视广告也步入了成熟发展阶段。这个时期，电视广告的影视语言技巧得到进一步完善，电视广告制作人员的专业化程度不断提升，电视广告行业悄然兴起。

进入 20 世纪 80 年代，电视广告已经成为一个庞大的经济产业。有资料统计，当时美国电视广告收入已经接近 250 亿美元，大约占所有广播电视总收入的 75%。

到了 20 世纪 90 年代，面临信息社会的浪潮，承受多媒体技术、数字化技术风暴洗礼的电视广告，开始走上一条高科技发展之路。

3. 我国电视广告的发展脉络

我国大陆最早出现的电视广告是 1979 年 1 月 28 日上海电视台播出的"参桂补酒"电视广告片。这条广告片长约 1 分 35 秒，没有运动镜头，很像电视新闻片，但却是一个极具开拓意义的起点。同年 3 月 15 日，又播出的第一条外商电视广告《瑞士雷达表》；12 月，中央电视台开办《商业信息》节目，集中播放外国商业广告。通常来说，业界一般将 1979 年至今的中国电视广告发展历程划分为三个阶段，即初创阶段、探索阶段、成长阶段。

初创阶段，1979 年～1985 年。这个阶段，我国电视广告业务发展的速度很快；电视台成为电视广告制作的主要力量；广告制作的水平和观念相对落后；有数据表明，1983 年全国广播电视广告营业额为 3400 万。

探索阶段，1986 年～1988 年。这个阶段，在借鉴国外电视广告经验的基础上，我国电视广告的创作观念和制作水平有了较大提高。1987 年 10 月，中央电视台特别推出公共广告栏目《广而告之》，在观众中赢得了积极反响。

成长阶段，1989 年至今。在 20 世纪的最后 10 年中，我国的电视广告也进入了快速成长期。1998 年，全国广告经营效益达到 537.8 亿元，其中电视广告为 135.6 亿元，占 25.2%。与此同时，电视广告代理机制不断成熟；电视广告制作水准开始与国际接轨；电视广告产业初具规模；相关政策、法规建设也逐步完善健全；电视广告普遍脱离模仿、追求创新，注重文化与品位，诉求生动、人性化的表达，成为构筑当代社会文化的一道绚丽的风景线。

二、电视广告的特性描述

电视广告是一种依赖电视媒介向受众传递广告信息的广告样式。电视媒介本身所具有的特性，也在电视广告身上打下了鲜明的烙印。可以说，电视广告的特性就是电视媒介特性的深化与发展。

1. 视听觉综合化

与其他媒介广告形式相比较，电视广告"形神兼备"、"声画合一"，使用了多种传播符号，集视觉符号、听觉符号、语言符号、非语言符号于一身，基本上顺应了人们感受客观事物的规律，至少在人类获取信息的最重要的两个渠道"看"和"听"上，使信息的传递畅通无阻，从而大大消除了受众对传播内容理解上的障碍。这种"符号综合化"的特点，使得电视广告更容易传递信息，更利于引起受众的注意，更有效地加强了传播效果。心理学实验早已证明：视听结合、多种符号的信息传递所带来的记忆效果，比单纯使用视觉和听觉一种手段传递信息所带来的记忆效果高出三倍以上。传播学的研究也证明：在面对面的人际传播过程中，语言符号所传递的意义和信息至多不超过35%，有65%的社会意义是通过非语言符号传递的。

视听综合化、多种符号融合的特性，使得电视广告有着极为广阔的信息展现空间——不仅利于信息的传递，更利于信息的呈现；不仅善于表现广告信息内容，更善于营造广告传播的情境；不仅能够绘声绘色，更能够引发共鸣、直指人心。

2. 视听觉认知化

电视广告的这个特性也可以简单地叫做"看听即认知"——这一特性，充分体现了电视广告的独特作用，也明显地将电视广告与其他媒介广告区别开来。

在将电视广告与报纸广告或广播广告等进行比较时不难发现：

首先，报纸传递广告信息是以抽象化的视觉文字符号为载体的，这种传递需要读者的知识水平作为基础，所以识字的多少、语文水平的高低等一系列因素都会成为人们通过报纸了解广告信息的门槛；而电视广告是以形象化的声音、图像作为载体来传递广告信息的，显然其"门槛"要低得多，正所谓"看听即可认知"。

其次，广播传递广告信息是以"声""响"为载体的，在某种程度上比报纸媒介更易于人们接受，但是最大的问题在于当人们凭借"声"、"响"去领悟广告信息的时候是需要有生活经验为基础的（比如：一个从小生活在南方的人一生没有见过下雪，那么他很难单凭广播广告中的声响效果认知暴风雪的威力），况且"声"、"响"的表意经常是模糊的（比如：人声嘈杂的背景音响，可能是拥挤的火车站，也可能是繁华的商业街，单凭耳朵和臆断无法充分理解内涵），再者"声""响"有时候很难说清楚现场的情景（比如产品外观上的变化或功能上的多样是很难用语言表达清楚的）。面对这些难题广播广告可以说是无能为力；而电视广告则可以依靠"声情并茂"的画面、随时运动的镜头、面面俱到的场景来一一展现产品（服务）的方方面面，真正做到"看听即可认知"。

其实，对于由电视媒介而带来的电视广告的这一特性，许多学者早已注意到，其中最为著名的是加拿大的传播学者麦克卢汉。麦克卢汉曾说过一段著名的话："……应举双手欢迎电视时代的到来，因为电视恢复了人的本性，'报刊书籍'妨碍了人们像现实生活中那样立体地认识世界，而且无情地剥夺了小孩、文盲接触媒介的权利。正是托电视的福，一举克服了这些缺陷。"

3. 视听觉体验化

电视广告的这个特性也可以简单地叫做"看听即体验"。当人们读一篇精彩的报纸广告时，如果没有一定的语文修养很难体会到作者用词的精妙、构思的精巧、文笔的优美；当人们听一段广播广告时，如果没有丰富的生活阅历、联想力，就很难听懂庞杂的背景声中传达的信息——而电视广告却为人们创造了一种方便简易的"视听觉体验"：当人们震撼于电视广告营造的逼真场景时；当人们震惊于电视广告带来的新奇的视听感受时；当人们流连于电视广告制造的迷离幻境时——人们是在通过"看"和"听"而"体验"。

视听觉体验化的特性使得电视广告既可以依凭人们日常的感官经验，激发受众的兴趣，引发受众的共鸣；也可以超越人们通常的所思所想，缔造惊人的声像，触动受众的好奇。视听觉体验化的特性使得电视广告既可以诱导人们由亲身的经历推想产品（服务）的功能；也可以通过新鲜的视听刺激促使受众期待不曾经历的身心感受。当成功的电视广告吊足了观众的胃口、套牢了受众的信任之后，受众往往会将本体融入电视广告之中，与之"同欢乐、共悲伤"，这都是"视听觉体验化"特性的显现。

4. 虚拟现实化

在传播学研究的历史上，早在20世纪20年代，美国著名新闻工作者李普曼就提出了"拟态环境"（pseudo-environment）的看法。李普曼指出：在大众传播媒介高度发达的社会中，媒介信息传播所带来的信息环境，并非现实环境的"镜子式"的再现，而是传播主体选择和加工、重新加以结构化所提示的环境，即"虚拟环境"。这个理论对我们理解电视广告的特性，具有重要的启发意义。从某种程度上来说，电视广告正是对现实中产品（服务）信息的"提纯—结晶—光辉泛化"的过程。电视广告以"视听兼备"的途径提供信息、竭力宣传、卖力叫好，以刺激受众，形成关注；电视广告以"声画合一"的手段，提供形象、营造气氛、制造幻想，以说服受众，产生认同；电视广告以"形神兼备"的方法彰显文化、鼓吹价值、树立形象，以催促受众采取行动、实施消费。电视广告不仅为当代经济活动编织起一道轻柔朦胧的面纱，更构建起作为现实社会文化折射的"虚拟现实"景观。因而从文化寓意上看，当代电视广告就是当代社会经济文化的"曼陀罗之梦"。

三、电视广告的类型描述

就电视广告的分类而言，目前学术界尚无一个统一、规范的"定论"。研究者和从业者往往依据各自不同的标准，结合自己科研或实践的需要，为电视广告进行类别划分。因此，分类标准的多元化使得电视广告类型归纳结果的多元化。以下就电视广告领域常见的一些类型划分方法，作一简要介绍。

1. 以"介质"为标准对电视广告进行的类别划分

从电视广告制作的角度看，由于电视广告制作材料的不同，即"介质"的不同，电视广告可以分为 FM 电影胶片广告、CM 电视摄录广告、数字化合成广告等。

FM 电影胶片广告是指以电影胶片拍摄、制作的广告。

CM 电视摄录广告是指以电视专业摄像机拍摄、制作的广告，即将广告内容直接通过电视摄录设备记录在磁带上，经过剪辑、加工以后直接播出的广告。该类广告在我国的电视广告领域中被广泛使用。

数字化合成广告是指以现代数字化手段直接在电子计算机上创作影像制作完成的广告。

除了上述三种类型外，也有一些广告业内人士从"介质"的角度对电视广告进行了更加细致的类别划分，细分出"幻灯片广告"、"字幕广告"等。

2. 以"内容"为标准对电视广告进行的类别划分

从电视广告的内容构成看，电视广告大致包括"电视商品广告"、"电视节目广告"、"电视公益广告"等几种类型。

"电视商品广告"是电视广告的主要类型，也是我们在一般意义上所说的电视广告，即通过电视媒介、以声画兼备的符号系统向社会大众传播产品（服务）信息的电视广告。

由于电视商品广告本身的丰富性，因此可以对其进一步分类。

从电视商品广告功能作用的角度看，可以分为"认知性广告（awareness advertising）"、"竞争性广告（competitive advertising）"、"提醒性广告（remind advertising）"几种类型。

从电视商品广告内部属性的角度看，可以分为产品广告（product advertising）和非产品广告（non-product advertising）两种类型。

电视节目广告指电视传播机构关于自身的形象广告或以节目形式传递产

品(服务)信息的广告。前者如在电视频道中出现的"节目预告"、"节目导视"或"形象宣传"的形式；后者如"电视直销节目"、"专题销售节目"等。

电视公益广告指为实现公共利益而实施的非商业性电视广告，其内容为传播公益观念，其功能为完成和引导社会公益行为。这种广告类型在国际上被称为"公共服务性广告(Public Service)"。这类广告的最终目的不是为了推销产品(服务)、赚取利润，而往往是要唤起人们对于各种社会现实问题的关心，或呼吁人们行动起来抵制危害社会公众利益的不良行为，宣扬积极、健康、正确的社会公德和风尚。

3. 以"播出"为标准对电视广告进行的类型划分

从电视广告的播出类型看，可以分为栏目型广告、时段型广告、假借型广告、隐型广告等。

栏目型广告是指在电视栏目中播出的广告。

时段型广告也称为"插播广告(Spot Commercial)"，就是穿插在节目当中的电视广告，具体地又可细分为穿插在同一节目内容之中和穿插在不同节目内容之间等具体形式。这种广告类型最为普遍，可以说是当今世界电视广告的主要形态。

至于其他的类型，由于其在现实中纷繁流变，而大多又都是"在栏目型广告"、"时段型广告"基础上的改良、变种，在这里就不一一介绍了。

四、电视广告创意的基本要素

从电视广告构成的角度来看，画面、解说(包括配音字幕等)、音响是最基本的要素。因此，这三个要素也就天然地成为电视广告创意所必须考虑的三项基本要素。可以说，这三项基本要素各司其职、各尽所能，成为构筑电视广告创意大厦的基础性力量。

画面，在三项要素中居于主体地位。离开光影闪烁的画面，电视广告创意便无从谈起。画面是电视广告创意全部构想的着力点，是电视广告创意整体构思的焦点。在实际的电视广告创意过程中，既要注重画面的有机构成，又要关注画面的运动状态；既要把握色彩、形状、线条的视觉呈现，又要拿捏剪辑、转换、调度的视觉表达。由于电视广告创意不可避免地要涉及到视觉语言的问题，因此对于"蒙太奇组合"等视觉语言领域的原理与技巧的把握，也显得尤为重要。

解说，在三项要素中居于基础的地位。缺乏生动洗练的解说，电视广告创意便失去了一个有效的传播渠道。解说是电视广告创意全部构想的助力器,是电视广告创意整体构思的基础性手段。在实际的电视广告创意过程中,要将解说处理得"恰到好处"绝非易事。一般来说,解说往往包括"配音"和"字幕"两部分。从文案构成的角度看,解说的文字贵在一个"精"字,即"言简意赅"、"生动凝炼"。有业内人士甚至提出了行内的不成文标准:30秒钟的广告,解说文字最好在100字左右。而且解说的基础性地位决定了它与画面的"从属"关系,即解说是为画面服务的,是用于展开、解释、辅助画面的。一般来说,能用画面单独叙述完成的情况下,就尽量不再加之以解说;解说的词语表达还要考虑到受众接受的"易得性",口语化、形象化、生动化是其最基本的要求。作为字幕的解说,还必须从外观形式上(诸如字体、字形、间距、叠加背景)入手考虑符合电视广告的整体视觉展现。

音响,在三项要素中也居于基础地位。失去悦耳动听的音响,电视广告创意便失去了吸引受众注意的有力武器。音响是电视广告创意全部构想的催化剂,是推进电视广告创意整体构思的有力杠杆。在实际的电视广告创意过程中,音响往往起到配合电视广告画面与解说烘托氛围、凸显主题的作用。音响具体还包括音乐、声响等部分,这些部分都成为电视广告创意的有机组成部分,它们不仅不是一种简单的"陪衬物"、"附属物",相反是形成电视广告创意风格、特色、魅力的重要元素。

第二节 电视广告创意原理

一、电视广告创意的内涵分析

广告创意人员常常把电视广告创意的思维过程描述为这样一个耗费心智、殚精竭虑的过程:创意主体基于产品(服务)有形和无形的特质,进行想像、加工、组合、创造,将产品(服务)显在和潜在的优势转化为使受众可感、可知的信息,通过形神兼备、声画合一的传播,吸引受众的注意,劝服其改变态度,催促其采取行动。通过这个描述,电视广告创意的内涵可见一斑。广告创意大师大卫·奥格威曾经说过:"要吸引消费者的注意,同时让他们来买你的产品,非要有好的点子不可,除非你的广告有很好的点子,不然就像会被黑暗吞噬的船只。"奥格威所谓"好的点子",就是电视广告创意思维过程中的"灵感顿现"。正是这种"灵感顿现"为航行于漆黑汪洋中的船只找到了驶向彼岸的合理路线。因此,电视广告创意的内涵正在于此:在产品(服务)诸多可能性与浩大市场的未知性之间架起一座桥梁;为产品(服务)

顺利实现销售确立一条便捷、可行、安全、高效的航线。

电视广告创意是整个电视广告传播活动中最引人注目的环节,是造就广告传播策略的智力环节;同时也是广告传播过程中最难以描述和阐释的环节。美国著名广告人戈登·E·怀特(Gorden·E·White)将"创意"形象地比喻为"X因子",指出各种广告创意方法的潜在效率不能像其他广告活动决策那样比较容易确定。在这个意义上,正如广告大师李奥·贝纳在《广告的地位》中所说的那样:"最终,其中有一个人要创造出一则广告,广告业的生命、宗旨和核心便是创作广告。"

二、电视广告创意的特征分析

1. 艺术性思维

艺术,英文为"art",解释为"美的事物(尤指肉眼可见者)的创造和表现"。在现代汉语中,艺术指的是"用形象来反映现实但比现实有典型性的社会意识形态"。所谓"艺术性"指的是:"文学艺术作品通过形象反映生活,表现思想感情所达到的准确、鲜明、生动的程度以及形式结构表现技巧的完美程度"(《现代汉语词典》)。不可否认的是:当代电视广告正以其形象的视听语言,生动地展现生活情态,无论从内容感染力或者是形式上的表现力看,都已经达到了相当的高度,具有着相当的艺术性。

从思维过程的角度看,在当今国际广告界,电视广告创意依然是一种"专业化"的创造性活动——它既要遵循广告创作的生产规律,又要考虑创意主体的素质养成;它既要迎合大众传播的文化趣味,又要彰显产品(服务)的独特魅力。因此不难理解,当代电视广告立足于传统艺术的深厚土壤之中,成就于当代文化的纷繁背景之下。电视广告创意既吸纳传统艺术,又整合传统艺术;既发掘艺术内涵,又创新艺术样式。

大凡成功的电视广告创意,往往包含着胜人一筹的艺术性思维,具有既反映生活、又超越现实的艺术趣味性和感染力,以独具匠心的构思生发了人们思维的丰富意义。比如第44届戛纳国际广告节获奖作品《塔巴斯辣酱》电视广告:

一幢林中小木屋前,身材肥胖男子坐在那儿吃着比萨饼。

男子不停地往比萨饼上涂抹着辣酱,发出挺大的声响。脚边扔满了几瓶已经用光了的辣酱瓶子。

一只蚊子嗡嗡地飞来,落在这个男子赤裸的大腿上。

　　男子毫不理会，静静地看着它。蚊子刺破皮肤，吸血。

　　在男子目送中，满足的蚊子飞走了，在半空中炸成一团火球。

　　男子得意地笑了，继续吃着他的比萨饼。

　　这则广告的创意构思可谓妙趣横生，创意人员针对原始材料进行了适度的艺术夸张：他们将产品的特性与优势有意地安排在一个特定的情境中，虚拟了一个有趣的故事情节，于不动声色中恰如其分地突显了广告主题"塔巴斯辣酱强劲的辣味"。由此不难理解，好的电视广告创意如何将产品的特性、假想的情境、有趣的情节、精彩的艺术性结合到一起产生"化腐朽为神奇"的力量。

　　2. 形象化创造

　　电视广告创意不仅表现为"艺术性思维"的特点，从创意具体构思的角度来说，这种"艺术性思维"是靠生动逼真的"形象化"创造完成的。

　　电视广告的媒介特性成为电视广告创意主体所有运筹、构思的基本"凭借"，这种"凭借"先天地决定了电视广告创意的思维指向必须是"形象化"。电视媒介传递信息的符号体系决定了"非抽象化"、"非概念化"、"非逻辑化"的"电视思维"特色——电视广告创意也必须适应这种思维规律，遵循这种思维规律，利用这种思维规律，发挥这种思维规律。电视广告创意的"点子"，应该是高度"形象化"的点子，是可以通过鲜活生动的视觉符号、听觉符号来表现广告主题的点子，是可以转化为"活色生香"的影像的点子，否则电视广告创意的一切盘算终将落空。

　　比如，第八届全国广告节获奖作品《中国平安保险公司》的电视广告创意。该广告所要表现的主题是"关注民生、保护平安"的抽象理念，但广告所呈现的却是一幅幅充满了诗情画意的具体形象，创意主体巧妙地将这样一个宏大的主题转化为一系列富有意象性和象征性的美丽画卷，以青海平安县委、北京平安大街、广西平安乡、东北平安屯、上海平安里等祖国各地的"平安之地"为展示对象，配以孩子快乐玩耍、家庭其乐融融、乡村风土人情等温馨的生活场景，形象而生动地诠释了广告主题的多重内涵，可谓是匠心独运。

　　3. 动态性展现

　　电视广告创意的过程，并非一个随心所欲、天马行空、绝对自由的思维过程；相反，它总是要考虑电视广告传播活动如何或怎样才能进行"动态性展现"的过程。

从电视广告艺术设计的角度看，电视广告展现信息的方式是基于"立体空间"的"动态性展现"过程。所谓"立体空间"是影视艺术理论中的一个概念，它通常是指：设计师、置景人员用多种手段制作的景物，或对实景加工的景物，是长、宽、高加上时间而构成的四维态势；如果引申开去，它也指信息展现的舞台及其一切可能性。从媒介文化演进的历史看，这种"立体空间"适应了影视艺术的运动特性，以多景别的场景设计、场面调度、机位变化、角度变化等而得到的画面变幻，使屏幕形象有别于传统的视点固定的舞台形象，从而完成视觉传播的进步。时至今日，电视广告面临着播出时间极为有限（通常是几十秒）、受众收受状态随意（通常是"漫不经心"的状态）的现实，在其创意初始就必须考虑到如何解决"动态性展现"的问题。

4. 多元化表达

从电视广告荧幕造型的角度看，其构成要素是"多元化"的，这种"多元化"恰恰反映了电视广告创意在其思维构想上的多元化表达的特点。一方面，电视广告创意要考虑到影像、色彩、光影、声音、时间、人物、产品等要素；另一方面还要安排到各个工种的技术设计。

从前一个方面看，电视广告创意至少要有这样的考虑：如何设计诸如场景、道具、布局这些东西，且使之与广告主题一脉相承；如何筹划颜色、光线、运动这些东西，使之与广告主题和谐默契；如何构思音乐、对白、话语这些东西，使之更生动地传递信息；如何创想人物、故事、情节这些东西，使信息传播变幻多姿、摄人心魄。

从后一个方面看，电视广告创意主体必须充分熟悉电视制作的流程，并对电视创作手段的可能性有基本的把握，能够恰当地安排各个相关工种的分工合作，多角度、全方面地展现创意主旨。

5. 情绪化渲染

电视广告创意最神奇之处还在于它的"情绪化渲染"的特点。在本书关于电视广告特性描述的部分已经指出电视广告所具有的"虚拟"特点，这里进一步深入下去会发现，从某种意义上讲，电视广告创意的过程就是一个"虚拟情境"的过程。任何成功的电视广告创意最终能够打动人的都是基于"虚拟情境"条件下的"情绪化渲染"，即受众接受了电视广告虚拟的情境，在情境之中受情绪化的熏染，被其触动，受其感动。实践证明，无论是西方广告界推崇的"人情味"或是我国广告界主张的"以情动人"，都揭示出这样一个规律：创造真实自然、愉悦亲切的情绪氛围，与受众进行"心灵"的对话，依靠委婉、含蓄的暗示或诱导，比单纯的兜售与叫卖效果更好。

三、电视广告创意的原则分析

电视广告创意不仅要遵循广告创意的共通原则和基本规约，同时也应该遵循本领域独属的原则和规约。基于前文对电视广告创意的内涵分析与特征分析，下面对电视广告创意应遵循的原则做如下分析。

1. "聚焦"原则

聚焦原则是指电视广告创意应该首先完成吸引受众注意的使命。正如广告大师大卫·奥格威所主张的那样：什么是好点子？要问自己 5 个问题，第一个问题就是"在我第一眼看到它时，它是否就紧抓我的注意力？"国际广告界备受推崇的 AI&AS 广告法则，A-Attention 所代表的意思即为"广告应引起消费者的注意"。因此，电视广告创意的优先规约就是以形式各异的手段和独具魅力的方法尽可能多地吸引受众关注的目光，使之产生"聚焦"。"聚焦"是电视广告传递信息的前提，是电视广告创意的首要原则。

2. "融通"原则

在人们通常的印象中，创意总是与"特例独行"、"标新立异"联系在一起。电视广告创意要追求"新颖独特"和"与众不同"，但这种"独特"与"新颖"又不能超越受众的审美感悟能力和信息理解能力。因此所谓"融通"原则，是指电视广告创意应该完成让受众明白、令受众知晓、搭建起产品（服务）与受众之间彼此融合、沟通的桥梁。有人把"融通"原则形象描述为"意料之外、情理之中"，即电视广告创意一方面要求新、求奇，让人为之一震、出人意料；另一方面，又要让人释然，让人理解，求得沟通，求得认可。从传播学的角度看，"传播"一词的英文对译词为"communication"，它的词根意中就包含有"共享"、"交流"的意思。由此启发，电视广告创意的初衷不是用"奇异"、"怪诞"阻隔信息的传递；相反，正是以"惹眼"、"生动"来有助于信息的共享交流，即所谓"融通"。

3. "简明"原则

当今社会被称为"信息社会"，人们的大脑从未承受过如此巨大信息负重。当今时代被称为"知识爆炸"的时代，大众传播将信息传递变成"信息海洋"。在当代经济活动中，电视广告可谓是"铺天盖地"，在总量上已经达到惊人的程度。就每一则电视广告内部而言，由于电视媒介本身所具有的符号的丰富性，使得电视广告可以荷载的信息十分丰富，如何整合这些信息要素使之有助于凸显主题、诉诸受众，就是一个极为重要的问题。因此所谓"简明原则"是指：电视广告创意应该完成立意清晰、简洁明了、去繁趋简、直指主题的使命。世界著名广告公司萨希萨奇(Saatoh&Saatchi)有句名言:"在既定目标下生动地表现单一概念,因为我们认为只有单一概念是最有效的。"所以,只有简洁明快、指向集中的信息才容易被识别,被记忆。

4. 推进原则

广告大师奥格威提醒创意人员:"我们的目的是销售,否则便不是广告"——这个忠告对于电视广告创意人员也同样适用。所谓"推进原则"是指电视广告创意应该完成扩大产品(服务)知名度、促进产品(服务)销售的使命。说到底,电视广告创意的过程是一个"商业化"过程,它的最终目的既不是展示创意人员的奇思妙想,也不是进行纯粹的艺术创造,而是"兜售商品"、传统信息。因此,这就要求电视广告创意必须有助于推进产品(服务)的销售过程。

第三节　电视广告创意实施

一、电视广告创意流程分析

一直以来,人们形象地把大脑思维的过程看作是像河水一样流动不居的过程,出现了诸如"意识流"之类的说法。从电视广告创意的思维过程来看,似乎也具有这种"流动"的特点。因此,我们暂且将电视广告创意思维的"起承转合"以"流程"而论述。概括地说,电视广告创意的流程大致经过四个阶段:搜索阶段、取舍阶段、演绎阶段、呈现阶段。下面简要地加以介绍。

1. 搜索阶段

形象地说,"搜索阶段"是电视广告创意人员"眼观六路、耳听八方"的阶段,即信息的采集阶段。占有、掌握大量的信息素材是进行电视广告创意的基本前提。

2. 取舍阶段

现代传播学中有著名的"把关人"理论,这个理论强调在社会生活的诸多渠道中都存在着对信息进行筛选和过滤的"把关"行为。借用"把关人"的理论看待电视广告创意的流程不难发现:在经历了搜索阶段之后,面临丰富而芜杂的信息素材,电视广告创意人员接下来所做的就是类似于"把关人"的取舍工作。取舍阶段着重要解决两个关键性问题,即"诉求点的确定"与"定位点的选择"。

3. 演绎阶段

演绎本是一个逻辑学概念，指"由一般到特殊"的逻辑思维过程，这里借用过来说明电视广告创意人员基于信息搜索与取舍基础上的思维升华阶段。在这个阶段，电视广告创意人员逐渐为"定位点"找到了一个贴切而有效的形式载体，使得主题有所集中，使得主旨有所依附，使得表达有所凭借，使得想法有所依托。

4. 呈现阶段

呈现阶段可以形象地称为电视广告创意流程的"亮相"阶段，这就好比一台戏剧的酝酿过程，最后是异彩纷呈的舞台亮相。实际上，呈现阶段的全部努力就是将电视广告创意形象化、实践化的过程。也就是说，呈现阶段要考虑将此之前三个阶段的运筹帷幄转化成可感、可知、可见、可听的具体事物。

二、电视广告创意技巧分析

1. 蒙太奇艺术

"蒙太奇"（montage）这个词汇是在电影出现之后才产生的，最早"蒙太奇"是法国建筑术语的译音，指连接、装配、构成；后来逐渐成为影视领域一个专用术语。通常认为，"蒙太奇"的雏形出现在19世纪末期卢米埃尔兄弟的早期电影里，在19世纪和20世纪之交的英国人杰姆斯·威廉的影片（《莱亨赛船》、《中国教会被袭记》）和斯密士的影片（《小医生》、《玛丽·珍妮的灾祸》）中得到确立；然后经由美国导演格里菲斯20世纪初期将这种实践推向高峰；再经20世纪20年代的苏联电影大师们（如维尔托夫、库里肖夫、爱森斯坦、普多夫金等人）吸收前人精华、逐步发展，并且拍摄出了一系列经典影片（如《战舰波将金号》、《母亲》等），使蒙太奇进入了一个新的阶段。这时，蒙太奇理论才真正确立。

今天，影视文化学者对"蒙太奇"的研究逐渐深入，尤其是明晰了"蒙太奇"手段的运用对影视文化的内在影响，发现了以"蒙太奇"为基本结构方法、以视听符号为主要表现方式的影视文化的"片段化"、"变幻"、"跳跃"的特点。

国内学者的研究认为，从"蒙太奇"与"视听注意机制"的关系上看，"蒙太奇"思维是人类视听机制的基本方法，并从电影理论、文艺理论、历史学、音乐、文学、美术等多方面加以证实。[①] 这种研究指出，"蒙太奇"的本质是

---

① 引自张凤铸《影视艺术新论》第四章，北京广播学院出版社，2000年版。

"选择和处理现实的方法、是电影时空的结构方法"。①

这种研究的结果告诉我们，影视媒介不是一刻不停地、连续不断地、照搬照抄地、毫无遗漏地传递现实世界的信息，而是"删掉现实中难以避免的只起连接作用的一切不重要的中间过程，而只保存那些鲜明的尖锐片断"（普多夫金语）、"从一个场面所包含的一整段时间中，他只选取他最感兴趣的那一部分；从事物所占据的空间中，他只挑出最关紧要的那一部分"（爱因汉姆语），创造一种新的"时空整体"，而这种新的时空整体是由两部分组成的，"其一是选择一些最能展现主题内容的片断，其二是选择组织这些片断的最理想的序列"——因此"片段"和"序列"直接决定了影视媒介在文化传递上的"易碎性"。

一般来说，一则影视广告的时间只有大约 30 秒或更短，电视广告创意主体就必须争分夺秒地编织创想。电视广告创意与其他媒介广告最大的差别就是"讲故事方式"的差别，即创意主体不仅要学会文字的编排写作，图片的结构布局，音响的组合搭配，尤其还要熟悉可视化的叙事方式和蒙太奇的艺术原理。

2. 电视广告创意的运筹

在当今视听信息"海量化"的时代，真正能够吸引受众注意并使之印象深刻的广告创意少之又少。因此，当创意主体运筹帷幄之时，可以尝试问自己如下一些基本问题②：

中心信息和创意是什么？

与创意相关的开头场景的价值是什么？

你有没有沉浸到广告中去，如果有，哪一点让你沉浸？

与语言相比，图像讲故事到什么程度？

语言是多余的还是锦上添花？如果是锦上添花，那么这个"花"是什么？

屏幕上有趣的、令人兴奋的、复杂的美丽画面对于完全理解和欣赏是否足够长？屏幕上的静态画面是否太长以至于显得呆滞？你怎样使它表现得更好？

故事是无关的吸引观众，还是产品是故事的组成部分？

你欣赏这个故事吗？你相信它或在这个故事中发现其他价值了吗？或者这是一个与产品毫无关联的故事，只是让你观看？

最后你能用一句话说出你为什么关心这个产品和服务吗？

---

① 引自张凤铸《影视艺术新论》第四章，北京广播学院出版社，2000 年版。

② 引自（美）A·杰罗姆·朱勒（A．Jerome Jewler）（南卡罗莱纳大学），邦尼 L·朱奈尼（Bonnie L．Drewniang）（南卡罗莱纳大学）著，郭静菲，黎立译：《广告创意策略（原书第 7 版）》，机械工业出版社，2003 年版，第 137 页。

下面我们以美国的"贝尔头盔"电视广告创意流程为例,大致描述一下电视广告创意运筹系统的实践操作。

(1)"从问题到视觉"。在实践活动启动之初,创意主体要扪心自问,一个广告要表达怎样的创意思路。面对有限的 30 秒时间,你究竟要告诉受众什么样的信息。在"贝尔头盔"的电视广告创意中,自始至终的场景都着力表现当骑车者的头部得到妥善保护后他才能冷静地安全驾驶。

当一个诉求主旨渐渐成型之后,创意主体紧接着要学会将它转化为"可视"的形式,并考虑这种形式能够吸引受众眼球的呈现方式。"贝尔头盔"的创意人员想到了将"贝尔头盔"的标志嵌合于广告之中的方法:随着满屏的"贝尔头盔"标志的出现,画外音高声念到这个名字;一个模型人的头上戴着一顶巨大的头盔自天而降,下颌用皮带牢牢系紧,发出有力的嗒嗒声;而整个的情节可以是一个大汗淋漓的骑车场景,并有会心微笑的镜头;画面背后的潜台词是"戴着贝尔头盔,你可以冒着极少的风险全身心地享受这项运动"。

(2)"从形象到脚本"。当电视广告创意主体的思维运筹取得阶段性成果之时,鲜明的形象正在他的头脑中跃跃欲试。接下来的工作就是从"形象"到"脚本",也就是实践操作,具体把握的过程。"贝尔头盔"的创意人员设计了这样一种讲故事的方式:慢动作表现一个小伙子频繁地从自行车上跃起的动作,使之成为开场白;接下来切换镜头,表现类似的小伙子在道路上飞驰;再切换画面,打出醒目标语,提示广告宣传语"贝尔头盔,给头部勇气"。整个屏幕形象充满了混乱的场景和动荡的影像,但声响设计却只有伴随全片的轻快柔和的口哨声———一紧一松,一张一弛,强烈的对比反衬出主题。当把这一切都规划好,创意人员写下了下面这样一个文字脚本:

贝尔头盔:30 秒电视

"理由"　　　　　SFX:轻柔的口哨声贯穿始终,没有其他噪声

1.(不平滑的电影胶片从头到尾)汽车在轨道上冲撞

2.戴上头盔的小伙子在自行车上蹦下跳

3.标题(白纸黑字)"人类是唯一的"

4.当他离开自行车时,戴着头盔的小伙子在空中飞扬

5.标题(白纸黑字)"雄心壮志的理由"

6.LS 不同的镜头(其他冲撞情况)

7.标题(白纸黑字)"有时候"

8.小伙子在半空中冲撞上蹦下跳的过程

9. 标题（白纸黑字）"他们曾经用它"
10. 切换到全屏贝尔头盔的标识语
    旁白（VO）：贝尔头盔
11. 切换到"大脑"头盔包裹它
    SFX：嗖的一下头盔覆盖了头，下巴紧紧地系好了绳子
12. 切换到标题："给头部以勇气"
    旁白（VO）：给头部以勇气

3. 电视广告创意的技术性环节

（1）摄像机运动。电视广告创意应该考虑到实际拍摄过程中的一些技术性问题，其实这些技术性问题恰恰是实现广告创意构思的关键性层面。如下的一些拍摄须知是最基本的[①]：

极端特写镜头（ECU）——在这个镜头中，你要离拍摄对象尽量近些，而且依然展示出需要展示的部分：脸的一部分，产品的一个细节。极端特写镜头允许进行夸大生活的一瞥，制造戏剧性的优势，给故事增色。

特写镜头（CPU）——在这个镜头中，一张脸占满屏幕，或者一个产品高高树立，吸引你的注意。早期的电影制片人如 D·W·格利夫斯发明了特写镜头，放大运动画面的感情交流以局部补偿声音的缺乏。现在它依然是强调视觉效果的有力方法。特写镜头不包括分心的事物，它只是展示你想给观众看的东西。当这一幕结束时，我们很少能知道这个动作发生在什么地方。因此，选择特写镜头还是广角画面取决于拍摄的目的。

中景（MS）——在这个镜头中，尽管摄像机聚焦于某些特别的东西，某种程度上人们还是能够知道场景发生的地点。典型的 MS 展示的是两个人的上半身，进行一场对话（也叫 2－镜头，因为它包括两个人）。MS 中展示的许多动作是框定动作的理想折中。当 CU 表现太琐碎，而长镜头（LS）又不能突出重点时，拍摄通常居于中间，选择中景。

长镜头（LS）——就像远景一样，长景广泛地覆盖了一个区域，立刻展示出我们在哪儿——是在云中飞，还是在厨房炒菜，还是在健身房锻炼。如果你的观众需要在开始就知道你的故事发生在什么地方，那么用长镜头作为开场白。或者运用特写镜头作为开场白，有意将发生地点留到后面介绍。再说一遍，所有这些选择都取决于你想要讲的故事。

除了以上所说的景别的变化运动之外，还要注意摄像机的位置移动所造

① 引自（美）A·杰罗姆·朱勒（A．．Jerome Jewler）（南卡罗莱纳大学），邦尼 L·朱奈尼（Bonnie L．Drewniang）（南卡罗莱纳大学）著，郭静菲，黎立译：《广告创意策略（原书第 7 版）》，机械工业出版社，2003 年版，第 140～141 页。

成的实际拍摄效果。

放大或缩小——这大致包括两种情况，一种情况是摄像机原地不动而调整镜头的焦距，使得依靠镜头的旋转而获得接近或远离物体的视觉效果；另一种是移动摄像机的位置，使之靠近或疏远被拍摄物体。究竟采取何种方式进行放大或缩小，取决于创意主体对广告整体的设计。

全程横向拍摄——这大致包括两种情况，一种情况是摄像机的镜头横向移动；另外一种情况是摄像机在侧面跟随移动物体一起做横向运动。两种方法所产生的效果会有所不同。

全程纵向拍摄——大致包括两种情况，一种情况是摄像机的镜头纵向移动；另外一种情况是摄像机在侧面跟随移动物体一起做纵向运动。两种方法所产生的效果会有所不同。

（2）画面剪辑。在影视艺术实践中，将分散、零碎的镜头连接在一起的活动称为"镜头的组接"；而早期电影胶片的组接是依靠剪刀来完成的，因此又称为"剪接"。如果是同样的镜头，但剪接的意图和逻辑不同，其结果就大相径庭，这种有着强烈意图表现的、按照一定的思想逻辑和原则进行的剪接就称之为"剪辑"。通常来说，电视广告的画面剪辑有这样几种时空转换的基本方式：

切换——这是一种最基本的镜头过渡方式，即把两个具有一定联系的镜头直接连接在一起，前一个镜头叫做切出，后一个镜头叫做切入。这种方法因其便捷、易行的特点又被称为"无技巧剪辑"。这种剪辑方式实现了时空之间快速、直接、方便、朴素的转换，形成了节奏紧凑、对比强烈的传播效果。大部分的电视广告和电视广告的大多数段落都广泛地使用这样一种剪辑方式。

叠化——也称之为"溶解"，与切换直接式的过渡相比它属于一种相对柔和的过渡方式，即前后两段镜头画面重叠起来印在同一位置，一个画面的渐渐消退同时伴随着另一个画面的渐渐显现。叠化的剪辑方式能够比较好地表现时间的推移，从而表达特定的思想倾向或内容。你不想浪费时间完整展示20分钟的洗头发的过程，那么你就可以利用叠化的手法，从洗发的镜头叠化到理发的镜头，以表示讲述者省去了大段时间而直接推进到事件最重要的单元。甚至还可以主动利用这种方法，将叠化运用于整个广告之中，把一系列时间、空间关联不太紧密的东西叠化到一起，从而制造一种特殊的广告氛围。

淡入淡出——即前一画面逐渐暗淡而后一画面逐渐明晰，用以表现某一个情节的完结和另一个情节的开启，就有如戏剧演出的幕布或关闭或拉开。这种转换方式以其舒缓、平稳的运动给人间歇过渡的感觉。

划变——即后边的镜头画面从前面的镜头画面上划过，前后交替、彼此取代。划变的使用常常为了特定的视觉效果，尤其是善于表现时空转移的情景或同一时间不同空间所发生的事件。这种方式在电视广告中的运用也很普遍。

（3）逻辑视点。视点也就是我们平常所说的"视角"的问题。电视广告的视点选取和展现，在很多情况下有助于受众理解创意主体的表述意图。从总体上看，电视广告的视点无非就是两类，即和客观视点。

从主观视点的角度看，摄像机就等于广告场景中某个人的代表性视角，当其他的人物、事物对着镜头运动、表现时，我们理解那不是对观众的运动和表现，而是对那个主观视角的运动和表现。比如这样的广告场景，一个人冲向镜头，冲着镜头挥舞拳头袭来，接着镜头一片黑暗，稍后一只手从摄像机方向伸出来指向刚才那个挥舞拳头的人……这样的逻辑视点安排对于我们的观众来说是完全可以理解的。

从客观视点的角度看，摄像机记录下了观察者看到的全部场景。客观视点所反映的是"他者"的眼光，往往摄影机置身于事外，只是作为观众窥视事物的一扇窗户。事实上，大多数的电视广告频繁地而大量使用客观视点，而观众也不会置疑此时摄影机的身份问题，因为它本身天然地符合了电视广告的逻辑视点。

当然，在实际的电视广告运行中，还有诸种逻辑视点的变化使用，比如俯视就是很有特点的一种，这里就不再赘述了。

创意赏析

"浓情化不开"

"一股浓香，一缕温情"，为南方黑芝麻糊营造出一个"温馨"的氛围，深深地感染了每一位观众。当人们在超市看到南方黑芝麻糊时，可能就会回忆起那片温情。20世纪90年代末期，在我国电视广告宣传中的一个成功案例即"南方黑芝麻糊"的电视广告创意传播。

"黑芝麻糊哎——"随着一阵亲切而悠长的吆喝，随着具有浓郁地域特色和乡土气息的美妙吹奏，在中国南方的街头巷尾，一位大嫂挑着盛满芝麻糊的担子晃悠悠地出现了。一个天真活泼的小男孩听见吆喝声便再也坐不住了。很快孩子就吃完了一碗香甜可口的黑芝麻糊，但意犹未尽，于是就一遍又一遍地舔碗边。大嫂忍不住笑了，又给孩子添了半勺……

这个广告播出之后，"南方黑芝麻糊"企业很快就从一个默默无闻的小厂，发展成一个全国著名的"黑色食品"集团。同时，这个广告片荣获第三届全国广告作品评选一等奖，还催生出一大批"文化怀旧"之作。在这个案例中，对情感诉求的运用相当出色，取得了很好的社会效益和经济效益。它所表现的情感显得十分亲切，产生了动人心魄的魅力。

南方黑芝麻糊的这段经典广告，是典型的情感销售广告。由于在受众与广告之间产生了联动效应，由此触发人们购买产品的欲望，并促进人们购买行动的产生。

可以说，南方黑芝麻糊广告片利用了人们的怀旧心理，拨动了人们的情愫。该广告片的整个画面、背景、底色、人物装束打扮和声音的处理上，处处渲染和营造着一种怀旧的氛围。当人们在看这则广告片时，会不知不觉的被其引到了一个南方的小镇，特别是有同样生活经历的人，很容易在内心油然而生对过去生活的怀念和追忆。画中那个可爱的小男孩，吃得满嘴黑糊糊的，还在舔着碗边，馋馋的伸出碗向那位大婶讨吃的样子，会令人想起自己的童年的情境，会心的露出微笑。而小男孩直勾勾的眼神，馋馋的动作，又会刺激受众的味觉，让他们感到香郁滑软的芝麻糊正穿过他们的舌尖、喉咙滑进胃里。

人是总是在生活中成长，对童年时代的回忆有可能终身难忘。因此，所宣传的产品如果能够引起人们美好的童年回忆，无疑会是一个成功的广告。

"浓情化不开"，这或许就是南方黑芝麻糊广告创意的真谛。

参 考 文 献

[1] 余明阳，陈先红主编. 广告策划创意学(第 2 版). 复旦大学出版社, 2003 年 4 月第 2
版

[2] (美)A·杰罗姆·朱勒(A. Jerome Jewler)(南卡罗莱纳大学)，邦尼 L·朱奈尼
(Bonnie L. Drewniang)(南卡罗莱纳大学)著，郭静菲，黎立译. 广告创意策略(原书
第 7 版). 机械工业出版社, 2003 年 6 月

[3] 张崇婉著. 广告创意与语言艺术. 光明日报出版社, 1997 年 6 月第 1 版

[4] 卫军英著. 广告策划创意. 浙江大学出版社, 2001 年 4 月

[5] 陆佩鹤编著. 广告技巧·创意·纠纷. 中山大学出版社, 1997 年 2 月第 1 版

[6] 人民日报社华东分社《广告文萃》编辑室编. 现代广告文案创意. 上海科学技术文献
出版社, 1997 年 12 月第 1 版

[7] [美]唐纳德·帕伦特(Donald Parente)著. 王俭译. 广告战略营销传播策划指南，中
信出版社, 2004 年 5 月.

[8] 祁聿民，苏扬，李青著. 广告美学：原理与案例. 中国人民大学出版社, 2003 年 12 月
第 1 版

[9] 大卫·奥格威著，林桦译. 一个广告人的自白. 中国物价出版社, 2003 年 7 月第 1 版

[10] [美]威廉·阿伦斯著. 当代广告学(第 7 第 1 版版). 华夏出版社, 2000 年 1 月第
1 版

[11] 李思屈等著. 广告符号学. 四川大学出版社, 2004 年 7 月

[12] 丁邦清，程宇宁著. 广告创意——从抽象到具象的形象思维. 中南大学出版社,
2003 年 9 月第 1 版

[13] 胡川尼编著. 广告创意表现. 中国人民大学出版社, 2003 年 6 月第 1 版

[14] 丁俊杰著. 现代广告通论——对广告运作原理的重新审视. 中国物价出版社, 1997
年 1 月第 1 版

[15] 安亚利，吕美艳编著. 广告禁忌. 首都经济贸易大学出版社, 1997 年 2 月第 1 版

[16] [法]热拉尔·拉尼奥著. 广告社会学. 商务印书馆, 1998 年 1 月第 1 版

[17] [美]杰罗姆·朱勒，鲍尼·朱奈尼著. 傅如昕，李剑峰，伊隆，魏立源译. 广告创
新战略. 中国经济出版社, 1999 年 3 月第 1 版

[18] 王忠诚编著. 各国广告概况. 中国财政经济出版社, 1998 年 5 月第 1 版

[19] 康文久主编. 现代广告教程. 新华出版社, 1998 年 7 月第 1 版

[20] [日]LEC·东京法思株式会社编著. 广告精要Ⅲ计划与管理. 复旦大学出版社,
2005 年 5 月第 1 版

[21] [日]LEC·东京法思株式会社编著. 广告精要Ⅱ创意与制作. 复旦大学出版社,

1999 年 11 月第 1 版

[22] [日]LEC·东京法思株式会社编著. 广告精要 I 原理与方法. 复旦大学出版社，2000 年 3 月第 1 版

[23] [美]谢理琳·赛格勒，赫伯特·霍华德著. 广播电视广告教程. 新华出版社，2000 年 1 月第 1 版

[24] 刘绍庭编著. 现代广告运作技巧. 复旦大学出版社，2000 年 1 月第 1 版

[25] 张崇婉著. 广告创意与语言艺术. 光明日报出版社，1997 年 6 月第 1 版

[26] 杨群祥编著. 现代广告学. 中山大学出版社，1997 年 3 月第 1 版

[27] 段赛民编著. CI 战略与广告攻心传播. 中山大学出版社，1996 年 3 月第 1 版

[28] 德国街广告. 上海人民美术出版社，1998 年 5 月第 1 版

[29] 倪宁，陈绚. 广告精点. 中国建材工业出版社，1996 年 3 月第 1 版

[30] 韦箐，王曦等编著. 广告调查与设计. 经济管理出版社，1998 年 1 月第 1 版

[31] 周建梅，路盛章，董立津著. 电波平面广告——四大媒体广告的实际创作. 中国物价出版社，1997 年 5 月第 1 版

[32] 徐智明，高志宏. 广告策划——广告策划的全新范本. 中国物价出版社，1997 年 1 月第 1 版

[33] 高志宏，徐智明. 广告文案写作——成功广告文案的诞生. 中国物价出版社，1997 年 1 月第 1 版

[34] 何海明著. 广告公司的经营与管理. 中国物价出版社，1997 年 1 月第 1 版

[35] 黄升民，黄京华，王冰著. 广告调查——广告战略实施基础. 中国物价出版社，1997 年 1 月第 1 版

[36] 陈俊良著. 广告媒体研究——当代广告媒体的选择依据. 中国物价出版社，1997 年 1 月第 1 版

[37] 马谋超著. 广告心理——广告人对消费行为的心理把握. 中国物价出版社，1997 年 1 月第 1 版

[38] 陈培爱著. 中外广告史——站在当代视角的全面回顾. 中国物价出版社，1997 年 1 月第 1 版

[39] 张金海，姚海鑫主编. 广告学教程. 上海人民出版社，2004 年 4 月

[40] 丹尼斯·希金斯(Denis Higgins)著. 顾奕译. 广告文案名人堂. 中国财政经济出版社，2003 年 12 月第 1 版

[41] [美]肯尼斯·罗曼，简·马斯. 詹正茂译. 如何做广告. 新华出版社，2005 年 5 月

[42] 东尼·博赞(Tony Buzan). 思维导图：大脑使用说明书. 外语研究与教学出版社

[43] 木月编著. 广告创意艺术. 中国友谊出版公司，1994 年 5 月第 1 版

[44] 甘忠泽主编，刘绍庭编著. 现代广告运作技巧. 复旦大学出版社，2000 年 1 月第 1 版

[45] 张金海. 20 世纪广告传播理论研究. 武汉大学出版社，2002 年 11 月第 1 版

［46］王健. 广告创意教程. 北京大学出版社, 2004 年 11 月第 1 版

［47］王军元. 广告语言. 汉语大词典出版社, 2005 年 6 月第 1 版

［48］［美］迈克尔·舒德森(Michael Schudson). 陈安全译. 广告, 艰难的说服——广告对美国社会的影响扑朔迷离. 华夏出版社, 2003 年 7 月第 1 版

［49］苏特·杰哈利. 马姗姗译. 广告符码. 中国人民大学出版社, 2004 年 9 月第 1 版

［50］白光主编. 中外早期广告珍藏与评析. 中国广播电视出版社, 2003 年 8 月第 1 版

［51］张金海主编. 世界经典广告案例评析. 武汉大学出版社, 2000 年 10 月第 1 版

［52］潘肖珏主编. 体育广告策略. 复旦大学出版社, 2004 年 7 月第 1 版

［53］陈瑛, 姚尧, 潘俊鲜 编著. 广告策划与设计. 化学工业出版社, 2004 年 10 月第 1 版

［54］纪华强编著. 广告媒体策划. 复旦大学出版社, 2004 年 10 月第 1 版

［55］穆虹, 李文龙主编. 实战广告案例·创意. 中国人民大学出版社, 2005 年 1 月第 1 版

［56］王纯菲, 宋玉书主编. 广告美学——广告与审美的理性把握. 中南大学出版社, 2005 年 4 月第 1 版

［57］王怀明, 王泳编著. 广告心理学. 中南大学出版社, 2003 年 12 月第 1 版

［58］宋玉书, 王纯菲主编. 广告文化学——广告与社会互动的文化阐释. 中南大学出版社, 2004 年 5 月第 1 版

［59］杨荣刚等主编. 现代广告学概论——现代广告全书之一. 辽宁人民出版社, 1994 年 5 月第 1 版

［60］王纯菲, 赵凌河著. 广告心理学. 辽宁师范大学出版社, 2002 年 5 月第 1 版

［61］刘光明编著. 中外企业文化案例. 经济管理出版社, 2000 年 7 月第 1 版

［62］曾迪来编著. 影视广告设计. 中南大学出版社, 2001 年 11 月第 1 版

［63］刘友林主编. 电波广告实务. 中国广播电视出版社, 2003 年 1 月第 1 版

［64］王诗文主编. 电视广告. 中国广播电视出版社, 2001 年 5 月第 1 版

［65］廖政道著. 广告传播技巧研究. 国防科技大学出版社, 2002 年 12 月第 1 版

［66］卫军英著. 广告的倾斜度. 厦门大学出版社, 2004 年 9 月第 1 版

［67］张岱年, 方克立主编. 中国文化概论. 北京师范大学出版社, 1994 年 5 月